中国经济文库·应用经济学精品系列（二）

本书是国家社会科学基金青年项目“最低工资标准提高对我国就业的影响研究”（批准号：13CJY024）的成果之一；同时，也是河南理工大学工商管理学院能源经济研究中心、工商管理省一级重点学科的成果

最低工资标准提高对中国就业影响的研究

The Study on the Impact of the Minimum Wage Standards Raise on Employment in China

傅端香◎著

中国经济出版社
CHINA ECONOMIC PUBLISHING HOUSE
北 京

图书在版编目（CIP）数据

最低工资标准提高对中国就业影响的研究／傅端香著.
北京：中国经济出版社，2017.12
ISBN 978-7-5136-2346-9

Ⅰ.①最… Ⅱ.①傅… Ⅲ.①工资制度—影响—劳动就业—研究—中国 Ⅳ.①D669.2

中国版本图书馆 CIP 数据核字（2017）第 331386 号

责任编辑　宋庆万
责任印制　巢新强
封面设计　华子图文设计公司

出版发行　中国经济出版社
印 刷 者　北京九州迅驰传媒文化有限公司
经 销 者　各地新华书店
开　　本　710mm×1000mm　1/16
印　　张　15.75
字　　数　232 千字
版　　次　2017 年 12 月第 1 版
印　　次　2017 年 12 月第 1 次
定　　价　56.00 元
广告经营许可证　京西工商广字第 8179 号

中国经济出版社 **网址** www.economyph.com **社址** 北京市西城区百万庄北街 3 号 **邮编** 100037

本版图书如存在印装质量问题，请与本社发行中心联系调换（联系电话：010-68330607）

目 录

第1章　绪论

1.1　研究问题的提出

2004年，中国遭遇“民工荒”。由“民工潮”到“民工荒”，这是中国国情的一个重大变化。“民工荒”的出现引起了社会各界的广泛关注与争论。主流的观点认为，中国的“民工荒”只是短期局部地区内的民工短缺现象，很难改变中国劳动力供给大于需求的局面。近年来，中国经济发展由于受全球经济等多种因素的共同影响，出现了以发展速度回落为主要特征的新常态。外需低迷、投资下降、有效需求不足，实体经济发展面临较大的挑战，特别是小型加工企业面临更大的发展困境。

国家统计局数据显示，中国经济环境、制造行业整体不大景气。中国政府为了更好地解决就业难题，提出了“大众创业、万众创新”的战略，鼓励创业带动就业，以推动中国经济的发展。虽然中国就业水平整体上保持了稳定，但是自主创业规模较小，整体就业质量不高。在这种宏观经济形势下，企业招工难和劳动者就业难的结构性矛盾依然严峻。2016年春季，泉州、成都、上海等地部分企业在春节后出现了“用工荒、招工难”“保洁员工资高过公司主管”等现象。有媒体报道，广州市人力资源市场中心2016年前对当地424家企业进行的调查统计数据显示，广州市春节后缺工人数达18.91万人。在该中心举办的首场综合招聘会上，有70多家企业进场，提供了2000多个职位，然而进场求职的异地务工人员却寥寥无几。① 这种“招工难”现象普

① 2016年春节后招工难，月薪4000仍难招人［EB/OL］.（2016-02-23）［2016-03-25］. http：//www.chinanews.com/cj/2016/02-23/7768164.shtml.

遍存在于一些东部沿海城市，其主要原因在于外来务工人员的减少。随着许多劳务输出大省特别是中国西部省份的经济发展越来越快，企业越来越多，工作机会也不断增加，一些外来务工人员已不愿再当“候鸟”到异乡打工和到异地发展，而是选择就地发展。另外，很多进城务工的农民工对薪酬福利待遇的要求提高，同时对工作环境和劳动强度的要求更高。部分“90后”求职者渴望更多的自由时间，不愿意上夜班和加班，这无形中加大了企业招工的难度。“就业难”主要是因为在“互联网+”时代与行业转型过程中，伴随着“海归潮”、新增高校毕业生等新增就业劳动力数量增加，劳动力供给大于需求。据不完全统计，2016 年，海归留学生约为 30 万人，高校毕业生达到 770 万人，毕业生参与就业竞争人数达到 1000 万以上。①

最低工资是政府对劳动力市场工资进行直接干预的一项制度。近来，中国经济下行压力较大，但最低工资标准调整没有停步，各地区都对最低工资标准进行了较大幅度的持续调整。相关部门统计数据显示，2004 年以来（2009 年除外），中国最低工资进入了快速频繁的调整阶段。2010—2015 年，中国最低工资标准持续上涨，31 个地区调整的比率分别为 96.8%、77.4%、83.9%、61.3%和 90.3%。深圳、上海的最低工资标准在 2014 年调整后超过 2000 元/月。2015 年，中国最低工资平均增长 13.8%。广东最低工资为 1895 元/月，天津达到 1850 元/月。最低工资标准最低的是海南，为 1270 元/月。深圳最低工资标准为 2160 元/月。② 截至 2016 年 4 月，上海最低工资达到 2190 元/月，全国最高，超过了深圳。

同时，亚太地区外派人员生活成本最高的 20 个城市中，包括香港在内，中国有 11 个城市上榜，超过半数。上海、北京等地的生活成本也排在了亚洲前列；上海位居榜首，是全亚洲生活成本最高的城市，也是国际外派人员生活成本最高的亚洲城市。中国政府对民生问题特别是低收入劳动者的就业、社会保障等问题的关注不断加强，在经济增速放慢的情况下，多数省份的最

① 王学军．让青春扬帆启航——中国儿基会联合智联招聘支持大学生就业创业［N］．慈善公益报，2016-04-12.

② 李小彤．最低工资对就业影响有多大［N］．中国劳动保障报，2014-11-05.

低工资增长幅度超过了 GDP 的增速。① 如，2015 年中国 GDP 的增长速度为 6.9%，而最低工资却增长了 13.8%。

山东大学经济学院教授侯风云指出，在劳动力市场出现新变化的情况下，工资不上涨，企业就会招不到员工。工资上涨政策，一方面是让劳动者分享经济发展成果；另一方面，工资增幅下降是考虑经济下行企业对成本的承受能力。如果工资上涨造成的企业成本过高，则会对就业有影响。她认为应该通过降低税费、社会保险费来减少企业的负担，提高企业涨工资的空间。② 中国社科院人口与劳动经济所所长张车伟也做出了相似的表示，认为大力减轻企业的税收负担，可以为企业创造员工工资提高的动力和空间。同时，他认为要对最低工资标准调整机制逐步完善并及时、合理地调整最低工资标准。③

诺思在《最低工资经济学》中指出："最低工资法的实施在某种程度上减少了一部分人的就业机会。"常凯认为，诺思的观点有一定的道理，前提条件是在一个无限制的劳动力市场，而这种劳动力市场不符合中国的劳动力市场特点，因为在中国还没有形成这样一个劳动力市场，它的限定条件是很严格的。目前，在中国还没有形成统一的劳动力市场，劳动力市场的规制尚不完善，同时工会在就业方面的影响力较小。代表工人利益的工会在劳动力市场中与雇主的力量不均衡，需要政府对劳动力市场进行适当的干预以保护劳动者的权益，增强与雇主的对话权。因此，从这一方面来说，实施最低工资制度是很有必要的。

近年来，中国关于最低工资对就业影响的研究虽然越来越多，但是关于中国最低工资标准提高对中国就业影响的全面深入分析和研究的成果并不多见。本书在宏观分析最低工资标准的同时，结合中国最低工资就业效应问卷调查和中国劳动力市场的特点，在理论和实证两个方面研究最低工资标准的提高对中国就业的影响。

---

① 白天亮．最低工资，10 年涨了两倍多［N］．人民日报，2015-03-24.

② 李小彤．最低工资对就业影响有多大［N］．中国劳动保障报，2014-11-05.

③ 十三五规划建议：完善最低工资增长机制［EB/OL］．（2015-11-04）［2016-03-16］．http：//www.kuaiji.com/news/2969169.

1.2 研究背景和研究意义

1.2.1 研究背景

（1）学术界广泛关注最低工资标准的提高对就业的影响

1894年，新西兰在世界上最先强制对工人实施最低工资制度，并且颁布了《劳资协调与仲裁法》，不仅缓解了劳资双方的矛盾，而且维护了工人的基本权利。进入20世纪后，最低工资制度相继在澳大利亚、美国、法国和日本等国家实施。最低工资制度从60年代逐步在发展中国家推行。1993年，中国发布了《企业最低工资决定》，标志着最低工资制度开始实施。《企业最低工资决定》在2004年被劳动保障部废除，同时颁布的《最低工资规定》规定最低工资标准至少每两年调整一次，并规定了最低工资的范畴、小时最低工资标准和违反规定应受到的处罚。中国西藏地区也在2004年开始实施最低工资制度。目前，中国所有地区都建立了最低工资制度，并根据社会平均工资水平、最低生活费用、劳动生产率、就业状况以及经济发展水平等因素确定和调整自己的最低工资标准。目前，世界上绝大多数国家和地区都已实行了最低工资制度。

最低工资标准对就业的影响引起了学术界的广泛关注，尤其是国外经济学家在最低工资制度诞生后就对其产生了广泛的兴趣。但是，纵观历史，最低工资标准就业效应的研究结果存在争议，有些学者认为最低工资标准提高有利于促进就业，也有些学者认为其提高对就业有抑制作用。早在1946年，斯蒂格勒（Stigler）就在《美国经济评论》(*American Economic Review*）上发表文章指出，最低工资标准扭曲了劳动力市场，在整体上对就业产生了负效应。目前，国外关于最低工资标准研究的主流和热点就是对其就业效应的研究。最低工资标准提高是促进就业还是减少就业？最低工资标准提高对不同劳动者群体、不同行业就业的影响都有所涉及。无论是在美国、德国、英国、法国等市场经济发达的国家还是在印度、印度尼西亚、墨西哥、哥伦比亚、巴西等发展中国家，无论是在理论研究方面还是在实证研究方面，关于最低工资标准对就业影响的研究都在逐渐加强并趋向规范。但是，就最低工资标准的提高对就业影响的研究结论往往不一致，一直存在争议。

在中国，关于最低工资标准提高对就业的影响如何也产生了分歧。以张五常（2006）①、平新乔（2005）②为代表的学者认为，最低工资标准不可取，它的提高会导致低收入的工人找不到工作，提高企业的用工成本和违法成本，导致资本外流等，工人工资应由劳动力供求来决定。王光新、姚先国等认为，最低工资标准提高对单位非正式职工的就业会产生负面影响。李忠认为，最低工资标准提高虽对绝大多数企业没有影响，但对劳动密集型的中小企业有影响。同时，杨涛、张丽宾、常凯等学者认为，最低工资标准提高不会使就业减少。③

（2）中国大量低收入群体的社会保障不完善

低收入群体是创造财富能力较弱群体的简称或是年收入或月收入低于国家或省规定标准的人群。中国的失业人员、在职低工资人员、大部分农民工、伤残人员、享受国家低保的人员等都属于低收入人群。2009年底，中华全国总工会对职工工资的调查数据显示，有4.8%的在职职工工资低于当地的最低工资标准，10.9%的职工工资高出最低工资50元以下，高出最低工资50~100元的职工占12.5%，三者合计占28.2%。如果把员工的加班工资和其他本不包括在最低工资标准之内的收入排除掉的话，则徘徊在最低工资标准附近的职工所占比例约为1/3。④ 2010年两会期间，温家宝总理指出：“中国低收入者大约有两亿七千万，困难群体约有一个亿。这些人都是‘提低’的对象。”⑤ 2011年9月，民政部统计数据显示，中国农村低保对象、“五保”对

① 张五常．中国大陆应该学习香港不搞最低工资［EB/OL］.（2006-09-15）［2016-03-16］. http：//news.163.com/06/0915/18/2R361UNC000121EQ.html.

② 平新乔．关注民企劳资关系［J］. 中国改革，2005（4）：61-62.

③ 赵珊．劳动保障研究专家：设最低工资不会造成就业减少［EB/OL］.（2006-10-09）［2016-01-18］. http：//info.finance.hc360.com/2006/10/09083955527.shtml.

④ 张建国，石毅．实行最低工资制度的现实意义［EB/OL］.（2010-07-07）［2016-01-08］. http://www.360doc.com/content/10/0707/18/535749_37484644.shtml.

⑤ 童大焕．提高低收入人群收入是分好财富蛋糕的重点［N］. 广州日报，2010-03-04.

象、城市低保对象和国家优抚对象四类保障对象分别为5237.2万人、553.2万人、2282.4万人和623.3万人，合计近9000万人，再加上城镇失业者900多万人，全国共有低收入群体接近1亿人，占总人口的近8%。2010年调查数据显示，中国居民贫富差距正在不断扩大。贫富差距可以从收入差距和财产差距两个方面来衡量。从收入差距来看，如果按收入中最高10%群体和最低10%群体二者之比来衡量中国居民收入差距，1988年二者比例为7.3∶1，而2010年上升至23∶1。① 2014年，中国的居民收入基尼系数为0.469。从财产差距来看，可以用财产基尼系数来衡量中国财产不平等程度。2014年，《中国民生发展报告2014》由北京大学中国社会科学调查中心发布。该报告显示：中国家庭净财产基尼系数从1995年的0.45增加到2012年的0.73，财产基尼系数呈升高态势。从财产基尼系数大小来看，中国财产不平等程度明显高于收入不平等程度。②

中国年收入低于2300元的居民为扶贫对象。按照国家统计局公布的数据，2011年中国贫困人口达到1.28亿。截至2014年底，中国贫困人口降至7017万，享受最低生活保障的不少于8000万，还有1亿多没有工作和生活保障的被社会遗忘的群体，有2亿仅能维持温饱，有2亿多缺乏基本的消费能力，属于自给自足型。国务院发展研究中心“中国民生指数研究”课题组2014年对8个省（市）9616个城乡的居民的调查显示，城市低收入家庭、农业从业家庭收入状况受经济下行冲击较大，其中，家庭年收入在1万元以下的受访者由于经济增速放缓、就业不充分、失业转岗等原因出现收入下降的比例最高，达到了28.09%。国外的许多实证研究结果均表明，最低工资标准对低收入群体的影响较大。因此，中国城市低收入群体不容忽视，需要增加低收入群体的收入，加强对低收入群体的社会保障。

（3）最低工资标准大幅快速提高

步入21世纪以来，中国经历了经济高速发展阶段，经济实力不断增强，

---

① 中国居民贫富收入差距达23倍［N］. 广州日报，2010-03-04.

② 冯华．中国贫富差距到底有多大？［EB/OL］.（2015-02-09）［2015-12-10］. http：//gongyi.qq.com/a/20150209/017361.htm.

这是包括低收入劳动者在内的全国人民所做出的贡献。国家对民生问题也越来越重视，让劳动者分享经济发展成果，工资水平不断提高，最低工资标准也不例外。尤其是自2010年以来，全国各地最低工资标准调整幅度更高，调整频率更快。北京市最低工资标准从1994年的210元/月提高到了2015年的1720元/月，增长了约7.2倍；上海市1993年6月开始实施最低工资制度，最初标准为220元/月，2016年4月调整为2190元/月，13年间增长了约8.95倍。郑州市相对于北京市和上海市来说，经济发展水平相对落后，1996年最低工资标准为170元/月，2015年7月1日增长到1600元/月，增长了8.4倍。经济落后的青海省，1999—2015年最低工资标准增长了5.56倍。据统计，2004年全国最低工资平均增长了21.9%。中国2010年提高最低工资标准的地区达22个，平均增幅为23.9%。目前，中国月最低工资标准最高的地区是上海，其最低工资标准为2190元/月。从全国范围来看，2011—2013年全国最低工资平均增幅分别为16.7%、13.2%和14.4%，提高最低工资标准的地区数分别为24个、24个和26个。其中，2004—2013年中国最低工资标准平均值年均增长12.8%。① 2014年，全国有17个地区调整最低工资标准，平均涨幅为14.2%，虽然低于2013年，但是国家统计局数据显示，中国2014年GDP增长率为7.3%，CPI同比上涨2%，全国居民人均可支配收入扣除价格因素实际增长了8.2%。由此可见，虽然2014年最低工资标准涨幅比2013年有所降低，但是仍然超过了GDP和CPI的增长率。② 而在2015年，全国至少有上海、深圳、北京等28个地区宣布上调最低工资标准，上调的地区数量已大大超过2014年，最低工资平均增幅约为14%，与2014年基本持平。目前，中国大部分地区最低工资与平均工资之比为30%~40%。最低工资不仅在中国上涨，在其他国家也有不断上涨的趋势。2000—2009年的10年间，美国最低工资标准上涨了27%，法国上涨了26%③，涨幅明显低于中国。

① 白天亮．最低工资标准年均增长12.8%，地区差距缩小［N］．人民日报，2015-03-24.

② 李小彤．最低工资对就业影响有多大［N］．中国劳动保障报，2014-11-05.

③ 章惠琴．提升最低工资不能影响整体社会福利［EB/OL］．（2013-08-14）［2016-03-15］. http://www.guancha.cn/ZhangHuiqin/2013_08_14_165660.shtml.

（4）中国劳动力市场规制不完善且工会力量薄弱

劳动力市场是指劳动力进行流动和交换的场所及劳动交换关系的总和。虽然中国现在不是完全市场经济，但市场经济体制逐步完善，资源配置的市场作用不断增强，市场化程度越来越高，劳动力市场也得到了迅速发展。城乡之间、地区之间的劳动力流动日益频繁，规模不断扩大，劳动力流动性逐步增强，与之相关的制度和政策也在进行配套改革与完善以便使之适应劳动力市场的需求和变化。例如，事业单位的公开招聘制度，户籍制度中的居民登记制度，收入分配中的工资调整和增长机制以及社会保障制度的改革等。在收入分配制度改革不断深化的过程中，企业的自主分配权不断扩大，员工的报酬与企业的经济效益、管理理念和企业特征联系紧密。部分用人单位的高层管理者为了追求更高的利润抑或是提高其竞争力，想办法长期压低员工的工资，甚至向员工支付低于最低工资标准的工资，不给员工缴纳社会法定保险，使部分劳动者的合法权益受到侵害。中国人口红利正逐步消退，国家也因此调整了生育政策，全面实施普遍二孩政策。我国老龄化问题日益严重，社会保障制度面临前所未有的挑战。这些都直接或间接地影响了劳动力的供给。

同时，劳动力市场的规制还不完善，虽然近年来工资协商制度逐步推广，但是工会未能充分介入劳动力市场。中国不像西方国家那样拥有力量强大、能与雇主抗衡的工会组织，劳动者在劳动力市场上处于弱势地位，更谈不上影响劳动力市场的决策。工会组织在企业民主管理方面发挥的作用有限。工资决定权由雇主占主导地位；而且，中国低端劳动力供给人数远远超过劳动力需求人数，给劳动者带来了更大的就业压力，部分劳动者为了保住自己的工作岗位宁愿放弃部分合法权益。在这种情况下，政府有必要介入，给劳动者以保护和支持，尤其是在中国经济下行、增长速度放缓、企业利润下降的形势下，保障低技能劳动者的工资收入，减少对劳动者权益的损害，实施最低工资保障是非常必要的。为了让所有劳动者能够合理分享改革开放和经济发展的成果，不断扩大最低工资覆盖范围并对最低工资标准进行适度提高，既可以为劳动力市场的持续健康发展提供条件，也有利于促进劳动者自身的健康发展。

1.2.2 研究意义

中国政府明确提出了“十二五”期间最低工资增长的目标，即 2011—2015 年最低工资年均增长 13%以上，绝大多数地区的最低工资标准接近当地城镇从业人员平均工资的 40%。截至目前，相关统计数据显示，这个目标已经基本实现。2015 年底，中国大部分地区最低工资标准接近当地城镇从业人员平均工资的 40%。中国在《十三五规划建议》中明确提出要“完善最低工资增长机制”。因此，在中国当前最低工资标准不断提高的背景下，研究最低工资标准提高对中国就业产生的影响具有重要的现实意义。本书以“最低工资标准提高对中国就业的影响”为研究主题，研究的意义主要在于以下三个方面：

（1）完善中国最低工资标准提高对就业影响的实证研究

相对于世界上其他国家，中国实行最低工资制度较晚，实施时间较短。中国对最低工资就业效应的研究还处于起步阶段。本书在对最低工资就业效应作用的机理进行理论分析的基础上，通过整理相关宏观面板数据，结合微观调查信息资料对最低工资标准提高对中国整体就业水平以及不同行业、不同地区、不同经济单位和外出农民工的就业效应进行了计量分析和结果总结。同时，在前期研究的基础上，对外国最低工资标准的制定、调整及最低工资就业效应进行了深入拓展和比较研究，寻求中外差异及可借鉴的先进做法，以此为中国最低工资标准的合理增长和完善最低工资增长机制提供决策参考。

（2）丰富最低工资标准提高对就业影响的理论研究体系

目前，结合中国劳动力市场特点的相关理论研究较缺乏，大部分研究是针对西方市场特点和运用西方国家理论展开的。本书在分析中国劳动力市场特点的基础上，重视中国劳动力供给的波动性，运用劳动力市场分割理论分析最低工资标准变化对就业影响的作用机理。同时，提出了完善最低工资标准制定机制，分类建立“行业最低工资标准”和“特殊群体最低工资标准”，对中国最低工资标准理论研究进行了拓展，从而在一定程度上丰富了理论研究体系。

（3）为相关部门完善最低工资制度提供科学指导和决策支持

自 1994 年中国最低工资制度实施以来，最低工资标准不断调整和提高。但是，中国最低工资标准调整机制需要进一步完善。通过本书的深入分析，特别是对典型国家的最低工资标准及其就业效应的梳理和归纳总结，寻求最低工资标准调整的规律性和科学性，为相关部门完善中国最低工资标准增长机制提供了决策支持。

1.3 研究思路和研究方法

1.3.1 研究思路

首先，回顾和总结了最低工资理论和国内外最低工资制度及其就业效应的相关文献，并对相关文献和观点进行评述。其次，对最低工资制度和就业等相关概念进行了界定，阐述了国内外最低工资制度的产生和发展，从必要性和可行性两个方面分析了中国提高最低工资标准的现实基础；结合中国劳动力市场的特点，以劳动力市场分割理论为基础建立市场分割条件下的最低工资标准就业效应模型，解释最低工资标准对不同劳动力市场就业产生的影响。再次，利用统计数据对中国最低工资标准现状及变动趋势进行了分析和国际比较，为对中国最低工资标准准确定位提供了依据。通过问卷调查法和面板数据分析法对最低工资标准提高的就业效应进行计量分析，并对实证研究结果进行中外比较分析。最后，在借鉴外国先进经验的基础上，提出了促进中国最低工资标准和就业相互协调的政策建议。研究思路如下：

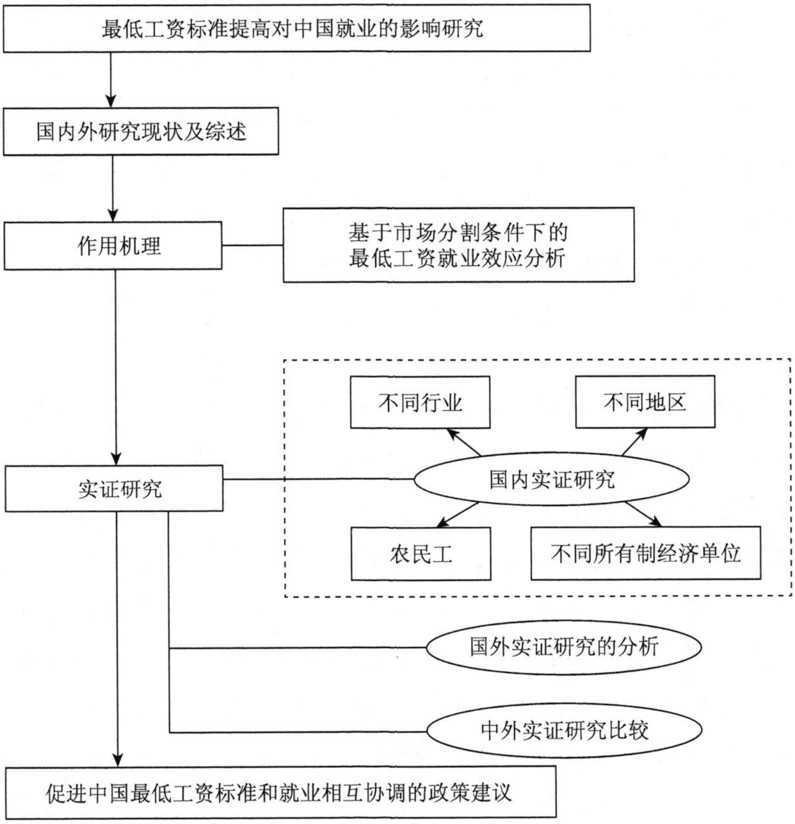

图 1-1 研究思路

1.3.2 研究方法

(1) 文献研究方法

本书运用文献研究方法，通过收集、整理和分析相关统计数据和研究文献全面了解和掌握已有的相关研究成果和基本理论知识，为完成研究工作奠定了坚实的基础。本书研究的主要文献来源有微观经济学、宏观经济学、劳动经济学、计量经济学、社会保障学和人力资源相关领域的国内外著作、学术期刊、电子数据库和相关网站，主要包括：万方和维普电子期刊数据库、CNKI 数据库、百度文库、中国学位论文数据库等中文电子数据库；Elsevier SD 全文数据库、世界银行数据资料库、世界劳工组织官网数据库、法国中文网、相关国家的经济数据库等外国数据资料库；中国统计局网站、中国经济网、中国劳动咨询网、中国新闻网等网站；国家图书馆统计年鉴资料室、学校图书馆社会科学书库以及关于相关报纸发布的官方资料信息，如《财经时报》《中国劳动保障报》《光明日报》等。通过对中英文文献的大量收集和阅读，总结了有关最低工资标准提高的就业效应方面的研究成果，全面了解和把握了已有的相关研究成果，为研究最低工资标准提高对中国就业的影响提供了坚实的基础，并在此基础上提出了本书的研究思路。

（2）理论研究与实证研究结合法

本书对最低工资标准就业效应理论方面的研究所运用的基础理论主要是劳动力市场分割理论，并通过实证研究对理论分析结果进行了验证。在研究过程中，通过收集劳动部门、国家和地区统计局年鉴以及网站的中国2000—2014年的最低工资标准、就业人数、GDP、平均工资等主要指数，运用实证分析的方法，构造计量分析模型，对最低工资标准提高的就业效应进行实证检验。同时，设计《最低工资标准就业效应调查问卷》，通过问卷调查收集足够的原始数据资料，对最低工资水平、最低工资标准的实施和最低工资标准对就业的影响进行了调查，运用计量软件进行了描述性统计分析和最低工资标准最佳尺度分析，在微观层面对最低工资标准就业效应进行了实证研究。因此，本书主要从宏观和微观两个方面对最低工资标准提高对中国就业影响进行实证研究，以保证研究结果的科学性和准确性。

（3）比较分析方法

本书对典型国家最低工资标准就业效应的研究结果进行了梳理、分析和归纳，结合中国的就业效应结果进行国际比较，寻求中外差异。同时，从最低工资标准的管理体制、劳动力市场特点及机制方面分析了其存在差异的原因，为完善中国最低工资标准增长机制，促进中国最低工资标准和就业相互协调提供了理论参考和政策支持。

1.4 研究的主要内容

本书在最低工资标准提高对就业影响理论分析的基础上，采用问卷调查数据和宏观统计数据分析相结合的方法就中国最低工资标准不断提高对就业产生的影响进行了实证检验，与典型国家最低工资标准就业效应结果进行了比较分析，并从提高最低工资标准的有效性、合规程度以及保证就业的配套措施等方面提出了政策建议。

本书分为 8 个章节，具体章节安排如下：

第 1 章，绪论。中国最低工资标准随着经济的快速发展和物价水平的不断上涨进入了快速提高和频繁调整阶段。在中国低收入群体大量存在、劳动力市场不完善的条件下以及经济新常态的到来，提高最低工资标准引起了学术界、企业界和政府部门的广泛关注。因为最低工资标准的提高不仅涉及劳动者、用人单位和政府三方利益的协调，更涉及最低工资能否有效保障劳动者的基本生活需要？企业能否承受由最低工资标准提高带来的成本上升压力？社会就业是否会受到最低工资标准提高的不利影响？在此背景下，研究最低工资标准对中国就业的影响具有重要的现实意义和实践价值。同时，对本书研究的思路、方法和主要内容进行了具体阐述。

第 2 章，国内外关于最低工资标准对就业影响的文献综述。主要对最低工资标准理论进行了阐述，并对国内外相关研究文献进行了梳理、分析和评价，在此基础上为本书提供了研究空间。

第 3 章，中国最低工资标准的制定及其提高的现实基础。对最低工资、最低工资标准、最低工资制度、最低工资法、就业、失业及最低工资标准就业效应的概念进行了界定。同时，从保障劳动者权益、缩小收入差距、改善劳动关系、优化产业结构及维持实际生活水平方面分析了提高最低工资标准的必要性。良好的经济态势、政府对最低工资标准的重视、最低工资标准相关法律规定及不完善的劳动力市场机制为中国提高最低工资标准创造了条件。

第 4 章，最低工资标准提高对就业影响的作用机理分析。首先，结合中国劳动力市场呈现的“劳资双方力量不均衡”“分割性和二元性”及“劳动力供求总量和供求结构失衡”的特点，强调劳动力供给波动的特殊性，以劳动力市场分割理论为基础建立二元劳动力市场最低工资标准就业效应模型，分析最低工资标准提高对分割劳动力市场就业行为可能产生的不同影响。通过上述理论分析，构建了本书的理论分析框架和理论平台。

第 5 章，中国最低工资标准调整及其就业效应调查分析。从最低工资标准的绝对水平，增长幅度，调整频率，与 GDP、平均工资比重，以及与其他国家最低工资的国际比较等角度系统分析了中国最低工资标准现状及其调整趋势。根据理论分析设计最低工资标准就业效应调查问卷，通过调查收集原始数据进行统计分析，全面把握劳动者对中国最低工资标准实施的意见及对就业产生的影响。

第 6 章，最低工资标准提高对中国就业影响的实证研究。通过收集宏观经济统计数据（如最低工资、平均工资、GDP 以及就业量等指标数据），建立计量模型，运用面板数据模型分析法就最低工资标准提高对中国城镇单位整体就业、不同注册类型城镇单位、不同区域就业、不同行业就业和外出农民工就业的影响进行了实证检验和结果解释，为合理制定和调整中国最低工资标准提供了实证依据。

第 7 章，外国最低工资标准现状及其就业效应比较分析。在前期研究的基础上，拓展了对典型发达国家德国和发展中国家印度、韩国、俄罗斯等国的最低工资标准现状及调整趋势的分析，并对其最低工资标准就业效应结果进行了比较，分析了其在最低工资标准就业效应方面的异同及其原因，为完善中国最低工资制度提供了有益的启示和借鉴。

第 8 章，主要结论与政策建议。对本书进行总结。在相关理论研究和实证研究的基础上，吸取发达国家和地区的经验，从提高中国最低工资标准的有效性、合规程度以及促进就业的配套措施三个方面提出了促进中国最低工资标准和就业相互协调的政策建议。

第2章　国内外关于最低工资标准对就业影响的文献综述

新西兰最低工资制度诞生至今已有120多年的历史，现存于世界上绝大多数国家。最低工资制度作为一种基本工资制度和社会保障制度，是以法律的形式对劳动者的收入进行的强制性规定。实施最低工资制度引起了世界上不同学者的密切关注，并开始研究最低工资制度对经济的不同影响，如最低工资对收入、员工福利、贫富差距、人力资本和就业等的影响。其中，最低工资标准提高对就业的影响成为当前学者们研究的热点。下文在对最低工资标准就业效应进行文献综述之前，先对相关的最低工资标准理论进行阐述。

2.1　最低工资理论综述

最低工资是工资理论中的一个重要组成部分。有关最低工资的理论根源，最早可追溯到18世纪古典经济学派经济学家威廉·配第和亚当·斯密提出的最低生活费工资理论。19世纪上半叶，经济学家开始加强对工资分配问题的研究，随后雅克·杜尔阁和大卫·李嘉图的生存工资理论和马克思的最低工资理论相继产生。下面对以上三种理论进行介绍。

2.1.1　最低生活费工资理论

英国古典政治经济学创始人威廉·配第，最早依据劳动力价值对工资进行了论述，提出了商品的交换价值是由劳动决定的思想。威廉·配第认为确定工资标准的依据是“为了生存、劳动和传宗接代而吃的东西”①，提出了工资是维持劳动力所需的生活资料的价值。亚当·斯密认为：“劳动工资有一定的标准，在相当长的期间内，即使最低级劳动者的普通工资，也不能减到这一定标准之下。”② 亚当·斯密还认为，随着经济的波动，工人的工资最终总会降低到维持生计的水平上。他还指出，劳动需求、生活必需品价格支配劳动的货币价格。工资必须足够维持工人的基本生活，并且应有所结余用于赡养家室和传宗接代。最低生活费工资理论为后来诞生的生存工资理论奠定了理论基础。

2.1.2 生存工资理论

重农学派的雅克·杜尔阁和经济学家魁奈等人最早提出了生存工资理论。杜尔阁认为劳动价格不是由工人自己决定的，而是工人本人和雇主双方共同协商的结果。购买劳动者即雇主会优先选用讨价最低的工人，协商的结果必然是工人工资只能维持其生计的最低需求。大卫·李嘉图则认为：“工资就是劳动的自然价格。”③ 而劳动的自然价格相当于平均工资，它正好是维持工人及家属生计所需要生活资料的价值。李嘉图还认为劳动生产率、风俗和社会改良等因素会导致工资差异。生存工资理论是在特定历史背景下产生的，具有里程碑式的意义。可以说，生存工资理论确立了最低工资理论的最初框架。但是，生存工资理论随着经济学理论的不断完善以及社会生产力水平的提高，其局限性逐渐暴露出来。19 世纪后期，生存工资理论被克拉克的边际生产力工资理论替代。

2.1.3 最低工资理论

马克思在批判古典经济学的基础上建立了最低工资理论，并使之逐渐走

① 李丽．最低工资制度的历史演化及合理性研究［D］．济南：山东大学，2012.

② 亚当．斯密．国民财富的性质和原因的研究［M］．郭大力，王亚南，译．北京：商务印书馆，1988.

③ 大卫·李嘉图．政治经济学及赋税原理［M］．郭大力，王亚南，译．北京：商务印书馆，1976.

向成熟。马克思的最低工资理论经历了三个发展阶段。19 世纪 40 年代中期到 50 年代初，马克思没有区分劳动和劳动力的概念，认为工人始终只能获得仅能维持其生存的最低工资，最低工资就是工人出卖劳动力的所得。马克思指出："工人出卖的是劳动力，与劳动能力的价值相一致的工资是劳动能力的平均价格，就是我们所说的平均工资，也就是所谓的最低限度的工资或劳动报酬。"① 1867 年，《资本论》第 1 卷出版，马克思对最低工资进行了全面的科学论述，提出了"工资的最低限度"概念，马克思最低工资理论走向成熟。马克思认为，身体因素是决定劳动力价值的最低限度，其货币表现为最低工资。在劳动力供给大于需求时，工人所得工资总接近劳动力价值的最低限度，而且低于工人劳动力的实际价值。

2.2 国外关于最低工资标准对就业影响的文献综述

国外学者们很早就对实施最低工资制度提出了不同的见解，并对最低工资调整、评估及包括就业在内的经济效应进行了研究。在理论方面，他们提出了相关理论模型并运用这些模型对最低工资如何影响就业进行了解释。同时，在理论研究的基础上，从多种角度运用不同的计量方法来对最低工资标准就业效应进行实证检验，验证最低工资标准对不同就业者群体、不同行业和部门就业的影响。另外，除研究最低工资标准对就业的影响外，国外学者就最低工资标准对失业周期、福利及其他工资等方面的经济效应也进行了深入研究。下面，笔者对最低工资标准就业效应理论研究、实证研究及其他经济效应等方面的文献进行综述。

2.2.1 国外关于最低工资标准对就业影响的理论研究综述

有关最低工资标准就业效应理论模型主要有竞争模型、效率工资模型、企业反应模型、垄断模型、家庭供给模型及职业搜寻模型等。这些模型从理

① 马克思，恩格斯．马克思恩格斯全集（第 47 卷）［M］．北京：人民出版社，1963.

论的角度运用劳动力市场假定就最低工资标准如何影响就业进行了解释。随着相关理论研究的不断深入，学者们把最低工资标准对就业影响的研究角度逐渐转向注重微观层面，出现了传统观点和现代观点的冲突，产生了一些新的理论，在理论研究上不断趋向成熟。

（1）完全竞争模型和垄断模型

斯蒂格勒（Stigler，1946）认为，雇主对工资的控制能力对最低工资标准就业效应会产生影响。假定劳动力市场是完全竞争的，政府制定高于市场均衡工资水平的最低工资标准会减少企业劳动力需求，劳动者因工资水平提高而增加劳动供给，从而导致失业增加。在现实经济活动中，传统观点中的完全竞争市场几乎不存在。而多拉多（Dolado，2000）认为竞争型劳动力市场结构只是少数，多数为垄断型结构。①

斯蒂格勒（1946）还认为，最低工资标准在买方垄断市场上对就业影响的结果是非均衡的，即具有不确定性。斯蒂格勒的主要观点是：①如果最低工资标准处于相对低的水平，即高于雇主实际支付工资而低于竞争性均衡工资水平时，最低工资标准实施会增加就业。例如，查尔斯·莫里斯（Charles Maurice，1974）建立了垄断数学模型，分析最低工资标准在买方垄断市场条件下对产出和就业的影响，得到的结论是：最低工资标准不仅会增加产出还会扩大就业。② 这个结论与完全竞争市场下减少就业的结论相悖。②当最低工资标准高于竞争性均衡工资时，就会使就业减少。弗林（Flinn，2006）认为，关键是对工资和就业的权衡。③ 最低工资标准处于企业支付的工资水平和竞争性均衡工资水平之间是合适的。

在某些低工资行业，劳动力市场结构具有垄断特征④，如卡德和克鲁格

① Dolado J，Felgueroo F，Jimeno J. The Role of the Minimum Wage in the Welfare State：An Appraisal [R]. *IZA Discussion Paper*，No. 152，May 2000.

② Maurices Charles. Monopsony and the Effects of an Externally Imposed Minimum Wage [J]. *Southern Economic Journal*，1974，41 (2)：283-287.

③ Flinn Christopher. Minimum Wage Effects on Labor Market Outcomes under Search Matching，and Endogenous Contact Rates [J]. *Econometrica*，2006，74 (4)：1013-1062.

④ 黄泰岩．国外经济热点前沿 [M]. 北京：经济科学出版社，2008：120-123.

（Card，Krueger，1994），卡茨和克鲁格（Katz，Krueger，1992）均发现存在垄断型劳动力市场。其中，卡德和克鲁格是利用企业招募中引荐员工的奖励等指标发现的，卡茨和克鲁格是利用最低工资的价格效应发现的。① 但完全垄断劳动力市场在现实中几乎不能成立，一般来说是垄断竞争型的。伯德特和莫滕森（Burdett，Mortensen，1998）指出最低工资标准最终能增加就业，搜寻模型会产生类似买方垄断的劳动力市场均衡，但对实际中存在的许多工人只得到最低工资的现象，该模型却无法进行解释。② 垄断模型认为，由于劳动力垄断因素的存在，最低工资就业效应的结果是非均衡的。最低工资处于合适区间，可以增加总产出和就业；当最低工资水平过高时，就会使就业减少。

（2）职业搜寻—匹配模型

彼得·阿西迪亚科诺、汤姆·安（Peter Arcidiacono，Tom Ahn，2004）提出了职业搜寻模型，认为就业量不会因为最低工资标准的提高而减少。③ 提高最低工资标准会吸引更多的劳动者去寻找工作，雇主选择的余地增加，与求职者成功配对的概率增加，从而提高就业水平。但由于信息的不对称，劳动者和企业需要经历搜寻的过程，双方才能匹配成功。弗林（Flinn，2006）构建了在固定环境中搜寻和讨价还价的连续时间模型，分析了最低工资标准对工人失业时间和福利的影响。④ 卡于克、罗宾等（Cahuc，Robin，et al，2006）分析了职业搜寻和保留工资在法国的决定因素。⑤ 搜寻模型放松了完全劳动市场的假设条件，弗林（Flinn，2006）在搜寻模型中引入了劳动者和企业的谈判机制后，最低工资可以用来作为增加劳动者谈判力量的政策工具，诱使潜在劳动者进入劳动力市场，从而增加全社会的福利。

---

① Katz L F，Krueger A B. The Effect of the Minimum Wage on the Fast Food Industry［J］. *Industrial and Labor Relations Review*，1992，46（1）：6 -21

② 搜寻摩擦可以描述为，失业者不可能马上摆脱失业状态，存在一定的概率找到工作；就业者不可能永远保住现有的工作，既存在一定的概率失去现有的工作，又存在一定的概率找到更好的工作。

③ Peter Arcidiacono，Tom Ahn. Minimum Wages and Job Search：What Do Employment Effect Really Measure［EB/OL］.（2004-08-12）［2015-09-15］. http：//www. doc88. com/p-7486958416567. html.

④ Flinn Christopher. Minimum Wage Effects on Labor Market Outcomes under Search，Matching，and Endogenous Contact Rates［J］. *Econometrica*，2006，74（4）：1013-1062.

⑤ Cahuc P，Postel Vinay F，Robin J. Wage Bargaining with On-the-Job Search：Theory and Evidence［J］. *Econometrica*，2006，74（2）：323-364.

（3）效率工资模型

曼宁（Manning，1995）研究认为，最低工资标准提高一方面会增加企业的成本，另一方面会提高企业的运行效率从而部分抵销成本上升并阻止就业水平下降的影响。① 1999 年，阿戈诺尔和艾森曼（Agénor，Aizenma）提出效率工资模型。② 他们认为最低工资标准的引入能产生有益的影响。较高的工资能减少员工怠工的概率，也增加了员工失业的机会成本，有利于提高劳动生产率。艾森曼（Aizenman，1997）③ 和阿戈诺尔（Agénor，2001）④ 的效率工资理论模型认为，企业内部工资结构还会受到效率因素的影响。如果底层劳动者工资水平会因最低工资标准提高而上涨，基于某些原因，企业也会因此提高其他工人的工资。因为最低工资标准的提高使其他高工资工人的工资上涨，这种“水涨船高”的现象被称为“最低工资的溢出效应”。底层工人就业替代和就业损失会因为其用工成本的动态变化而变得更加不确定。

（4）企业反应模型

弗拉亚（Fraja，1999）提出了企业反应模型，该模型认为雇主提供给工人的是工资合约、各种福利和劳动强度等合约的多元组合合约。当企业雇主因为最低工资标准提高而需要提高底层工人工资时，通常会通过减少增加工作任务、延长工作时间、减少工人隐性福利和人力资本投资或固定成本、提高工人劳动强度（弗拉亚，1999）⑤，减少在职培训（桥本龙太郎，1982）⑥

---

① Manning A. How Do We Know that Real Wages Are Too High？［J］. *Quarterly Journal of Economics*, 1995, 110（4）：1111-1125.

② Agénor PR, Aizenman J. Macroeconomic Adjustment with Segmented Labor Markets［J］. *Journal of Development Economics*, 1999, 58（2）：277-296.

③ Aizenman. Technological Change, Relative Wages, and Unemployment［J］. *European Economic Review*, 1997, 41（2）：187-205.

④ Agénor PR. Employment Effects of Stabilization Policies［J］. *European Journal of Political Economy*, 2001, 17（4）：853-875.

⑤ Fraja G. Minimum Wage Legislation, Productivity and Employment［J］. *Economica*, 1999, 66（264）：473-488.

⑥ Hashimoto. Minimum Wage Effects on Training on the Job［J］. *The American Economic Review*, 1982, 72（5）：1070-1087.

或者放慢工人的涨薪频率（Neumark，Wascher，2000）① 来抵销因工资增加而提高的雇佣成本所带来的损失。因此，在最低工资立法实施后，雇主通常不会立刻解雇工人。企业对多元合约的重视和运用，使底层工人的最低工资标准就业效应变得更为复杂。此外，弗拉亚（Fraja，1999）还认为，雇主可能会对工会和雇主通过谈判形成的最低工资水平更愿意自觉遵守。②

（5）冲击反应模型

在最低工资标准就业理论研究中，还存在一种与企业反应模型密切相关的模型，即雷诺兹和格雷戈里（Reynolds，Gregory，1965）提出的“冲击效应”模型。该理论模型认为，如果最低工资标准提高给企业造成了损失，则雇主为了弥补损失有可能通过提高生产率来缓解最低工资标准带来的负效应。③ 其中，这种劳动生产率的提高可以通过提高管理水平、使用先进的技术和资本的有效利用来实现。实际上，劳动生产率的提高只能部分抵销最低工资标准对就业和资源分配带来的负面影响，如维特根斯坦和麦基（West E. G.，Mckee M.，1980）指出“冲击效应”可能会使雇主减少解雇工人的数量。④

从垄断模型、效率工资模型、企业反应模型的解释来看，最低工资标准提高是增加就业还是减少就业，结论具有不确定性，需要结合具体情况具体分析，还需要结合实证研究才能最终确定结果。

除了以上最低工资标准就业效应模型外，还有明瑟尔（Mincer，1976）两部门模型⑤和家庭供给模型⑥，对最低工资标准的实施和提高对就业的影响

---

① Neumark D，Wascher W. The Effect of New Jersey's Minimum Wage Increase on Fast-Food Employment：A Re-Evaluation Using Payroll Records［J］. *The American Economic Review*，2000，90（5）：1362-1396.

② Fraja G D. Minimum Wage Legislation，Productivity and Employment［J］. *Economica*，2000，66（264）：473-488.

③ Reynolds，Peter Gregory. Wages，Productivity and Industrialization in Puerto Rico［M］. Homewood：Richard D. Irwin，1965.

④ West E G，Mckee M. Monopsony and "Shock" Arguments for Minimum Wages［J］. *Southern Economic Journa*l，1980，46（3）：883-891.

⑤ Mincer J. Unemployment Effects of Minimum Wages［J］. *J. P. E*，1976（84）：175-201.

⑥ 韩兆洲．劳动工资与社会保障［M］．北京：经济科学出版社，2006.

做出了各自的解释。由于存在信息不对称、劳动力流动和市场机制不完善，最低工资标准提高会对劳动供给决策产生不确定影响，其就业效应因此也变得更为复杂。总之，最低工资标准对就业影响的理论研究更贴近实际，研究模型与研究背景和实际条件结合更紧密，研究方法不断完善，也更加重视从微观层面对就业效应的研究。

2.2.2 国外关于最低工资标准提高对就业影响的实证研究综述

国外学者除了对最低工资标准就业效应进行理论分析外，也从不同的视角采用多种计量方法对其进行了大量的实证研究。例如，最低工资标准变化对不同国家和地区、不同劳动者群体、不同行业和部门就业的影响等。下面，对最低工资标准就业效应的实证研究及不同研究计量方法等相关文献进行归纳和综述。

（1）最低工资标准提高对不同就业者群体的影响

在梳理国外最低工资标准就业效应的实证研究文献中发现，对低收入群体的最低工资标准就业效应研究集中，尤其是对青少年就业群体的研究较多，而且得出的结论趋于一致，即最低工资标准的执行和提高会对低收入群体包括青少年就业产生轻微的负效应。这可能与低收入群体缺乏工资经验和技能、学历较低、就业水平对最低工资标准较为敏感有关。

①最低工资标准提高对青少年就业有负面影响。在美国最低工资标准就业效应研究的早期文献中，学者们的研究结论基本趋向一致，即最低工资标准提高对就业有损害作用。布朗（Brown，1982）通过对最低工资标准提高的就业效应进行研究，结果发现最低工资提高了 10%，青少年就业量降低了 1% ~3%。可见，最低工资标准提高对青少年就业群体就业有明显的冲击作用。波克豪瑟（Burkhauser，1997）基于 1990—1992 年美国收入和人口数据的计量分析结果显示，最低工资标准对中年工人的就业影响很小，但对高中辍学者、青少年和年轻黑人的就业负面影响很大。① 巴津等（Bazen，et al.，

① Burkhauser R V，Couch K A，Wittenburg D C. Who Minimum Wage Increases Bite：An Analysis Using Monthly Data from the SIPP and the CPS［J］. *Southern Economic Journal*，2000，67（1）：16-40.

2002）在研究中发现，最低工资标准提高使青少年就业减少。最低工资每提高 10%，青少年就业在短期内和长期内就分别减少了 1.1%和 2.66%。① 布朗（Brown，1999）按年龄、性别和种族分组估算最低工资标准对整体就业的影响，发现统计上出现显著就业负效应的约占一半。② 安东尼·森、凯萨琳·罗伯津斯和范德瓦尔·科瑞（Anindya Sen，Kathleen Rybczynski，Corey Van De Waal，2011）利用 1981—2004 年加拿大各省设定的最低工资标准，运用时间序列最小二乘法（OLS）分析后发现，最低工资增加 10%与青少年就业下降 3%～5%显著相关。托尼·方、甘德森·莫理（Fang Tony，Gunderson Morley，2009）采用 1993—1999 年的劳动和收入动态数据估算发现，加拿大最低工资标准提高对不同省份的青少年就业具有负效应，对年龄大的员工就业会产生正效应。③ 佩达切·罗伯托、罗恩·斯蒂芬妮（Pedace Roberto，Rohn Stephanie，2011）估算了最低工资标准对失业持续时间的影响，发现最低工资标准提高对大龄和高中以上学历的男性失业时间持续较短，而对高中辍学的男性、大龄女性及低技能职业工人失业时间持续较长。这个结果与其他研究关于最低工资标准对分配的影响结果是一致的。④

但也有例外，最低工资标准提高对青少年就业没有影响。如霍夫曼（Hoffman Saul D.，2014）选取 2009 年最低工资上涨前后四五个月的人口调查数据，采用双重差分（DID）和双重倍差方法（DIDID）对低技能工人与整个国家同龄人的就业进行比较分析，结果发现低技能工人就业没有受到最低工资标准上涨的影响，也很少发现最低工资标准对青少年或低学历的成年人

---

① Bazen S，Marimoutou V. Looking for a Needle in a Haystack? A Re-examination of the Time Series Relationship between Teenage Employment and Minimum Wages in the United States [J]. *Oxford Bulletin of Economics and Statistics*，2002，64（supplement）：699-725.

② Brown L R. Massachusetts and the Minimum Wage [J]. *Annals of American Academy of Political & Social Science*，1913（48）：13-21.

③ Fang Tony，Gunderson Morley. Minimum Wage Impacts on Older Workers：Longitudinal Estimates from Canada [J]. *British Journal of Industrial Relations*，2009，47（2）：371-387.

④ Pedace Roberto，Rohn Stephanie. The Impact of Minimum Wages on Unemployment Duration：Estimating the Effects Using the Displaced Worker Survey [J]. *Industrial Relations*，2011，50（1）：57-75.

有负面效应的证据。① 莎伦·迈克尔（Shannon Michael，2011）利用1986—1998年加拿大劳动力调查数据，以青年工人作为对照组，研究发现废除最低工资率对15~16岁工人的就业和工作时间有显著的负面影响。②

②最低工资标准提高对低收入家庭就业有负面影响。2007年5月，美国国会通过立法，2年多时间内联邦小时最低工资标准从5.15美元提高到了7.25美元。近年来，美国试图通过提高最低工资标准来减轻低收入家庭贫困。然而，有些学者认为提高最低工资标准可能会导致更多的失业和贫困，给低工资工人的就业带来负效应。安东尼·森、凯萨琳·罗伯津斯和范德瓦尔·科瑞（Anindya Sen，Kathleen Rybczynski，Corey Van De Waal，2011）利用1981—2004年加拿大各省设定的最低工资标准，运用双重差分法发现最低工资标准上涨10%使低收入家庭增加了4%~6%，这与1993年、1995年和1998年消费者财务状况调查（SCF）的结果一致。而且，较高的最低工资标准还会导致低收入家庭劳动者失业。因此，提高最低工资标准可能会使低收入家庭的收入受到冲击。③

（2）最低工资标准提高对不同行业和部门就业的影响

国外行业最低工资标准就业效应研究集中在制造业、餐饮业和零售业等低工资的劳动密集型行业，研究结果具有不一致性。如贝尔（Bell，1997）采用年度数据对墨西哥和哥伦比亚两国的制造业就业效应进行了比较分析，最低工资标准提高严重损害了哥伦比亚制造业工人的就业，对墨西哥影响却不大。④ 卡德和克鲁格（Card，Krueger，1995）以美国快餐食品行业为研究对象，运用自然试验法，研究结果发现最低工资增加未必会导致新泽西州与宾

---

① Hoffman S D. Employment Effects of the 2009 Minimum Wage Increase: New Evidence from State-Based Comparisons of Workers by Skill Level [J]. *Journal of Economic Analysis & Policy*, 2014, 14 (3): 695-721.

② Shannon Michael. The Employment Effects of Lower Minimum Wage Rates for Young Workers: Canadian Evidence [J]. *Industrial Relations*, 2011, 50 (4): 629-655.

③ Anindya Sen, Kathleen Rybczynski, Corey Van De Waal. Teen Employment, Poverty, and the Minimum Wage: Evidence from Canada [J]. *Labour Economics*, 2011, 18 (1): 36-47.

④ Linda A Bell. The Impact of Minimum Wages in Mexico and Colombia [J]. *Labor Economics*, 1997, 15 (S3): 102-135.

夕法尼亚州失业扩大。① 埃文·威廉、大卫·麦克弗森（Even William E.，Macpherson David A.，2014）根据 2013 年联邦法律规定，雇主可以利用高达 5.12 美元的小费满足员工最低小时工资为 7.25 美元的要求。他们将小费员工和最低工资作为解释变量，以验证最低工资标准对美国餐饮业的小费员工的就业、工作时间、收入是否有削弱作用，并利用季度就业和工资以及政府人口调查的数据进行分析，发现小费员工随着最低工资标准的增加周薪下降，而全方位服务的餐饮业和小费工人的就业机会减少。② Lemos 2007 年通过对巴西公共部门和私营部门研究后发现，最低工资标准提高对部门就业没有损害。③

约翰 T. 艾迪生、麦金利 L. 布莱克本和乍得 D. 科蒂（John T. Addison，McKinley L. Blackburn，Chad D. Cotti，2009）分析了最低工资标准对零售贸易部门收入和就业的影响，选择 1990—2005 年的面板数据，通过回归分析，在低工资零售业内的特定子行业中，发现很少会增加失业。事实上，许多行业的证据表明，最低工资标准提高有适度积极的就业效果。④ 博多、梅兰妮和格雷戈里·特里（Aretz Bodo，Arntz Melanie，Gregory Terry，2013）发现德国最低工资标准的出台和持续增长给屋面行业的工人带来了国际上前所未有的严重影响。我们希望维持屋面行业工人的就业机会，使该行业实行不具有约束力的最低工资标准，并以管道行业作为不受最低工资标准约束的基准行业，通过估计水管工获得的实际工资，确定整个工资分配对就业的影响。结果表明：对于保留就业机会的德国东部行业的屋顶工，随着工资分配的恶化其处境变得困难。这种因为最低工资就业溢出效应释放出来的工人可能是由于规

---

① Card D，Krueger A B. Myth and Measurement：The New Economics of the Minimum Wage［M］. Princeton：Princeton University Press，1995.

② Even William E，Macpherson David A. The Effect of the Tipped Minimum Wage on Employees in the U. S. Restaurant Industry［J］. *Southern Economic Journal*，2014，80（3）：633-655.

③ Lemos S. Minimum Wage Effects across the Private and Public Sectors in Brazil［J］. *Journal of Development Studies*，2007，43（4）：700-720.

④ John T Addison，McKinley L Blackburn，Chad D Cotti. Do Minimum Wages Raise Employment? Evidence from the U. S. Retail-trade Sector［J］. *Labour Economics*，2009，16（4）：397-408.

模效应或资本劳动替代效应造成的。①

（3）最低工资标准提高对不同国家整体就业的影响

帕切科、高尔（Pacheco，Gall，2011）分析了新西兰 1986—2004 年最低工资标准上涨对就业的影响。来自新西兰统计局的详细工资数据可构建样品中个体受最低工资标准上涨影响的预测概率，在约束条件下，回归分析结果显示较高的最低工资标准具有显著的负就业效应。② 布朗、吉尔雷和科亨（Brown，Gilroy & Kohen，1983）得出结论：最低工资标准对就业有负效应，最低工资标准增长 10%，就业将减少 1%。③ 约翰 M. 阿博德、克拉马日 · 弗朗西斯和大卫 · 马戈利斯（Abowd John M，Kramarz Francis，Margolis David，2000）研究发现，最低工资标准的整体就业效应为负，但对不同性别的工人就业影响程度存在差异。最低工资标准每提高 1%，就会使法国男性和女性工人就业分别减少 1. 3% 和 1%，美国男性和女性工人就业相应减少 0. 4% 和 1. 6%。④。哈里森、斯尔科斯（Harrison，Scorse，2005）研究发现，最低工资标准对印度尼西亚就业也确实存在影响。⑤ 萨比亚和约瑟夫（Sabia，Joseph，2014）研究了最低工资标准提高对国家不同经济周期的低技能工人的就业效应，并会控制国家生产率和空间异质性对低技术部门冲击的影响。结果表明，1989—2012 年的最低工资标准上涨对低技能工人的就业减少在经济衰退期比在经济扩张期要大。国家在经济扩张时最低工资标准的就业弹性范围是 0～0. 2，但在经济周期低谷时高达-0. 3。⑥

---

① Aretz Bodo，Arntz Melanie，Gregory Terry. The Minimum Wage Affects Them All：Evidence on Employment Spillovers in the Roofing Sector ［J］. *German Economic Review*，2013，14（3）：282-315.

② Pacheco Gail. Estimating Employment Impacts with Binding Minimum Wage Constraints ［J］. *Economic Record*，2011，87（279）：587-602.

③ Brown Charles，Curtis Gilroy，Andrew Kohen. Time-Series Evidence of the Effect of the Minimum Wage on Youth Employment and Unemployment ［J］. *Journal of Human Resources*，1983，18（1）：3-31.

④ Kramarz F，Abowd J M，Margolis D N，et al. The Tail of Two Countries：Minimum Wages and Employment in France and the United States ［R］. *IZA Disscussion Paper* No. 203，September 2000.

⑤ Harrison Ann，Jason Scorse. Moving Up or Moving Out? Anti-Sweatshop Activists and Labor Market Outcomes ［R］. *NBER Working Paper* No. 10492，2005.

⑥ Sabia Joseph. The Effects of Minimum Wages over the Business Cycle ［J］. *Journal of Labor Research*，2014，35（3）：227-245.

（4）有关国外实证研究方法的综述

在研究最低工资标准就业效应的过程中，国外学者采用的方法主要有：时间序列回归分析法、面板数据分析法、政策模拟法、自然实验法和双重差分法等。每种方法的适用条件不同，采用不同方法其估算的结果可能不一样。在实证研究中，不同学者偏好的方法不太一样，采用较多的是时间序列回归分析法、双重差分法和面板数据分析法。

①关于时间序列回归分析法。时间序列回归分析法是利用时间序列数据预测未来的方法，具体可分为移动平均法、指数平滑法、自回归法、时间函数拟合法等。时间序列回归分析法所面临的关键技术问题是数据的平稳性、序列相关和变量遗漏的问题。准平稳性一般通过对数据处理（一次或多次差分运算）后变为平稳，时间序列回归分析法存在的问题随着时间的推移也得到了较好的解决。

时间序列回归分析法是国外学者早期相关研究中的常用方法之一。从大量的实证研究结果来看，时间序列回归分析法得到的结果大多数是最低工资标准提高对就业存在负效应。卡德和克鲁格（Card，Krueger，1995）运用事后分析法对时间序列回归分析法进行实证研究的相关文献做偏误性检验，发现他们对最低工资标准提高的就业损害存在刻意夸大的嫌疑。①

②关于政策模拟法。政策模拟法是利用数学和计算机方法，对实际的政策问题开展建模和模拟的一门新兴方法，已经广泛应用在各种经济领域。政策模拟法不完全具备实证科学的特点，它的科学性主要依赖理论的正确性、模型的准确性和算法的完整性。波尔曼 L. 戴尔、沃尔夫森和保罗（Belman Dale L.，Wolfson，Paul，2010）采用动态政策模拟分析法研究 1998 年 9 月美国联邦最低工资标准提高对工资、就业和总工时产生的影响。研究表明，就业对最低工资标准的反应需要 6 年才能显现出来。使用时间序列模型对 23 个低工资行业进行分析，发现随着最低工资标准的提高，平均工资 54 个月后呈正效应，但是就业和工时都呈现随机不规则变化，忽略置信区间，工时变化

① Brown Charles，Curtis Gilroy，Andrew Kohen. Time-Series Evidence of the Effect of the Minimum Wage on Youth Employment and Unemployment［J］. *Journal of Human Resources*，1983，18（1）：3-31.

时间是 1 年后出现，就业是在不超过两年半后变化。①

③关于双重差分法。差分法是将原计量经济学模型变换为差分模型后再进行 OLS 估计，它是克服相关序列相关性的有效方法，分为一阶差分法和广义差分法。20 世纪 90 年代初，一些学者开始运用差分法对最低工资标准就业效应进行实证研究。据初步统计，2001—2006 年，约 1/3 的相关实证研究文献运用的是差分法。② 其中，影响力较大的是卡德（Card，1992）的一阶差分法③及卡德和克鲁格（Card，Krueger，1994）基于准自然实验的双重差分估计法。④ 特伦斯（Terence，2003）认为，找到合适的控制组是双重差分法的关键。差分法会存在严重的模型内生性问题，并且被纽马克和瓦舍尔（Neumark，Wascher，2000）证实。他们通过重新检验卡德和克鲁格（Card，Krueger，1994）得出的研究结果，发现两者结果截然不同。双重差分模型可能会存在一个或多个解释变量与随机扰动项相关，如对实验组与控制组的就业产生差异的原因很可能不是来自最低工资标准而是经济因素时，对最低工资标准就业效应估算出来的结果就会失真。⑤ 运用差分法分析的实证研究文献中，估算结果大都是最低工资标准的提高对就业无损害。因此，一些学者对运用时间序列方法得出有损就业的结论提出了质疑，而且这种质疑已成为一种趋势（Cahuc，2006）。⑥

④关于面板数据分析法。最早是蒙德拉克（Mundlak，1961），巴莱斯特

① Belman Dale L，Wolfson Paul. The Effect of Legislated Minimum Wage Increases on Employment and Hours：A Dynamic Analysis［J］. *Labour Review of Labor Economics & Industrial Relations*，2010，24（1）：1-25.

② Neumark D，Wascher W. Minimum Wages and Employment：A Review of Evidence from the New Minimum Wage Research［R］. *NBER Working Paper* 12663，November 2006.

③ Card D. Using Regional Variation in Wages to Measure the Effects of the Federal Minimum Wage［J］. *Industrial and Labor Relations Review*，1992，46（1）：22 -37.

④ Card D，Krueger A B. Minimum Wages and Employment：A Case Study of the Fast-Food Industry in New Jersey and Pennsylvania［J］. *The American Economic Review*，1994，84（5）：772-793.

⑤ Yuen Terence. The Effect of Minimum Wages on Youth Employment in Canada：A Panel Study［J］. *The Journal of Human Resources*，2003，38（3）：647-472.

⑥ Cahuc P，Postel Vinay F，Robin J. Wage Bargaining with On - the - Job Search：Theory and Evidence［J］. *Econometric*，2006，74（2）：323-364.

拉和那洛夫（Balestra，Nerlove，1966）把面板数据引入经济计量中。纽马克、瓦舍尔（Neumark，Wascher，1992）提出的面板数据模型，是一种针对时间序列和横截面混合数据进行建模和估计的计量方法。运用面板数据模型时，通过对那些对就业有重要影响而又无法引入模型的变量进行控制，对最低工资标准就业效应进行估算。① 运用面板数据模型对最低工资标准就业效应进行计量分析的结论是最低工资标准对就业有损害，这与新古典主义的传统观点基本一致。莱莫斯（Lemos，2007）得到了最低工资标准损害底层劳动者就业的单一结论。面板数据分析法基本与双重差分法的应用不相上下，近年来最低工资标准效应实证研究文献中各占 1/3 左右。面板数据分析法会因为模型设置和时间效应设置的差异导致结论出现分歧，将最低工资标准对就业的影响结果放大或者减少。波克豪瑟（Burkhauser，2000）通过对时间效应进行折中处理后，得到了提高最低工资标准对就业至少有中度损害的结论，避免了研究结论被放大和减小的两种极端。②

（5）国外实证研究的发展趋势

近年来，关于最低工资标准就业效应的计量分析出现了新的变化，其发展趋势呈现以下特点③：

①研究方法的多样性。由于每种方法都存在缺陷，学者们开始注重多种方法的结合。在相关研究文献中，除双重差分法、面板数据法及时间序列法等方法得到广泛运用外，Logit 模型、政策模拟法、概率估计法、自然实验法、极大似然估计法也得到了运用，使模型设计和假设更接近实际，研究方法不断改进。其中，研究数据的平稳性检验在研究方法中最为重要，对研究结论的可靠性和准确性具有重要的影响。

②研究样本逐步拓宽。主要表现为：样本涉及的国家越来越多，最初以

① Neumark D，Wascher W. Employment Effects of Minimum and Subminimum Wages：Panel Data on State Minimum Wage Laws［J］. *Industrial and Labor Relations Review*，1992，46（1）：155-181.

② Burkhauser R V，Kenneth A Couch，David C Wittenburg. A Reassessment of the New Economics of the Mininum Wage Literature with Monthly Data from the Current Population Survey［J］. *Journal of Labor Economics*，2000，18（4）：653-680.

③ 黄泰岩．国外经济热点前沿［M］．北京：经济科学出版社，2008：120-123.

美国和英国为主，逐渐扩展到其他发达国家和发展中国家，如日本、德国、韩国、越南、印度、俄罗斯、洪都拉斯等国；样本涉及的行业和部门逐渐增多，从制造业、快餐食品行业扩展到建筑业、家庭保健业，从正规部门到非正规部门等；样本涉及的劳动者类型从正式工到临时工、小时工，从青少年到中年劳动者等。

③研究结论的多元化。相关实证研究，最初的结论趋向单一化，即最低工资标准变化减少就业或增加就业。随着研究的不断深入，实证研究结论具有不确定性，趋向多元化。研究方法的不同是造成研究结论多元化的一个重要原因。即使运用相同的方法，由于数据来源的不同、指标设置的差异也会导致结果的差异。多元化的结论使最低工资标准和就业问题变得更为复杂。

总之，国外对最低工资标准提高对就业的影响研究较早，在理论和实证研究方面相对成熟，取得了较大的进展，如研究成果不断出新、研究方法不断完善、研究样本不断拓展、研究结果的准确性和科学性不断提高。但是，研究结果的一致性有待提高。目前，最低工资标准对就业影响的研究结果趋向多元化的分散分歧状态，有待进一步深入研究。当然，有关国外的最低工资标准就业效应的实证研究不仅限于以上文献，为了更好更全面地了解和分析国外最低工资标准变化及其对就业的影响，笔者将在第 7 章中做重点阐述和分析。

2.2.3 最低工资标准的其他经济效应研究综述

缓解就业贫困、改善福利状况是国外设立最低工资制度的初衷。但在实证研究中，学者们对最低工资标准的提高对员工贫困或福利的改善持有不同的意见，甚至产生了激烈的争论。下面就最低工资标准提高对员工的贫困状况、工资结构和福利的影响进行综述。

（1）最低工资标准提高对贫困的影响

弗里曼（Freeman，1996）研究认为，提高最低工资标准并不能解决工人的贫困问题。虽然，工人工资伴随着最低工资标准的提高有所提升，但其就业却遭受损失，特别是给处于贫困状态的低技能工人带来了更严重的就业损失。①

米歇尔·坎波列蒂、冈德森·莫利和李·拜伦（Campolieti Michele，Gunderson Morley，Lee Byron，2012）通过运用 1997—2007 年劳动和收入的动态调查数据进行估算，发现最低工资标准对加拿大贫困的影响不显著。运用 2008 年 3 月劳动力调查数据进行模拟，结果发现穷人只获得 30%左右的来自最低工资标准的增加净收益，其余 70%“溢出”给了非穷人，失业也集中在穷人身上。研究结果重点指出，最低工资标准作为反贫困的工具是一个糟糕的目标，这个政治言论也是不现实的。②

（2）最低工资标准提高对工资结构的影响

国外学者研究认为，最低工资标准不仅会增加用人单位的劳动力成本，还会改变员工工资分布。波尔曼等的研究结果显示，提高最低工资标准对美国用人单位工资分布有显著影响，主要表现为：①工资水平略高于最低工资的工人，在最低工资标准提高以后，因其劳动生产率比原来更高，其工资水平相应提高，最低工资产生轻微的溢出效应；②最低工资标准提高对低技术工人造成影响，会使部分工人失业，同时增加在岗工人工资，工资分布更加平均；③雇主为了留住技能水平高的工人和更好地激励他们，工资水平原本较高的工人工资也可能会得到提高。③

费边和彼得·斯科特（Fabián Slonimczyk，Peter Skott，2012）分析了最低工资标准对收入不平等、相对就业和过度教育的影响。结果表明，过度教育不仅能促进最低工资标准提高，对整体就业水平和低技能工人的就业也有促进作用，使收入不平等程度下降。对来自美国的数据的回归分析结果表明，过度教育率一直在增加，最低工资标准的降低可能会导致就业和低技能工人

① Freeman R B. The Minimum Wage as a Redistributive Tool [J]. *The Economic Journal*, 1996, 106 (436): 639-649.

② Campolieti Michele, Gunderson Morley, Lee Byron. The (Non) Impact of Minimum Wages on Poverty: Regression and Simulation Evidence for Canada [J]. *Journal of Labor Research*, 2012, 33 (3): 287-302.

③ 马双．劳动力成本变化与制造业企业行为研究 [D]．成都：西南财经大学，2011.

相对工资的恶化。①

JE. 甘（Joo-Ee Gan，2016）指出，马来西亚在2012年出台了最低工资法，2013年10月1日最低工资法在酒店业开始实施。通过调查和研究酒店员工对最低工资政策的看法，结果显示大多数酒店业员工并不认为最低工资标准将显著提高其薪资水平。事实上，政府鼓励酒店业雇主重新构建薪酬结构以满足最低工资标准。具体地说，服务费的全部或部分可被转换成基本工资的一部分。因此，增加基本工资并不一定会导致工资总额的增加。酒店业员工还认为，实施最低工资制度后雇主将减少或消除员工的福利。因此，他们否定最低工资标准带来的好处。②

彼得·弗兰斯科、阿尔弗莱德·格雷内尔（Peter Flaschel，Alfred Greiner，2009）假定高德温（Goodwins，1967）分配周期并不代表社会再生产的全过程，但可被视为长期充分持续的过程。一部分劳动力就业受到损害，在一定时期开始出现大规模的失业。在此背景下，制定员工失业福利制度和最低工资制度至少在一定程度上克服了资本主义经济再生产的困境。随着就业率的波动，劳动力市场的完全流动通过制定最低工资标准保证了所有劳动力可接受的收入水平。研究表明，通过调整降低收入分配和就业率的偏差使实际最低工资标准提高增加了经济的稳定性。③

（3）最低工资标准提高对员工福利的影响

狄更斯（Dickens，1999）认为在满足一定条件时，最低工资竞争劳动力市场条件下能改善底层工人的福利状况。④ 卡洛斯（Gorostiaga，2006）研究认为，工人的就业需求弹性确定最低工资标准对底层工人福利的影响程度。最低工资标准提高在就业需求弹性较小时能改善底层工人的福利。相反，提

① Fabián Slonimczyk，Peter Skott. Employment and Distribution Effects of the Minimum Wage［J］. *Journal of Economic Behavior & Organization*，2012，84（1）：245-264.

② Joo-Ee Gan. Minimum Wage and the Hospitality Industry in Malaysia：An Analysis of Employee Perceptions［J］. *Journal of Human Resources in Hospitality & Tourism*，2016，15（1）：29-44.

③ Peter Flaschel，Alfred Greiner. Employment Cycles and Minimum Wages. A Macro View［J］. *Structural Change and Economic Dynamics*，2009，20（4）：279-287.

④ Dickens R，Machin S，Manning A. The Effects of Minimum Wages on Employment：Theory and Evidence［J］. *Journal of Labor Economics*，1999，17（1）：1-22.

高最低工资标准会损害底层工人的福利。① 卡于克（Cahuc，2007）通过比较分析发现，税收、转移支付和就业补贴等直接手段对改善员工的福利相对更有效，而最低工资标准不能有效地改善工人的福利状况。② 但是，莱莫斯（Lemos，2007）发现，最低工资标准不仅不会损害工人的就业，而且能提高底层工人的工资水平和弱势群体的福利。③

2.3 中国关于最低工资标准提高对就业影响的文献综述

2.3.1 中国关于最低工资标准提高对就业影响的理论研究综述

中国实施最低工资制度已有 20 余年，相较于国外 100 多年的历史，实施时间比较短。世界上最低工资标准就业效应理论始于 1946 年的斯蒂格勒，而中国相关理论研究起于 21 世纪初，因此理论研究基础还比较薄弱。中国有关最低工资标准与就业的关系在学术界也存在争议，特别是最低工资标准的提高对低技能、低收入劳动者群体就业的影响成为争论的焦点。下面从最低工资标准对就业的影响角度来进行相关文献综述。

（1）提高最低工资标准会抑制就业

部分学者认为提高最低工资标准会对中国的就业水平有抑制作用，即降低就业水平，尤其是低收入劳动者的就业。他们认为，最低工资标准提高会增加企业人工成本压力，削弱中国劳动力低成本优势，从而影响企业的国际竞争力，减少对劳动力的需求，降低社会的就业量，进而加剧中国严峻的就业形势。蔡昉、都阳（2005）认为，在中国要谨慎实行最低工资制度，因为

① Gorostiaga A Rubio-Ramírez J F. Optimal Minimum Wage in a Competitive Economy: An Alternative Modelling Approach［J］. *Economic Modelling*, 2007, 24 (5): 778-796.

② Cahuc P, Foque G Lg. Optimal Taxation and Monopsonistic Labor Market: Does Monopsony Justify the Minimum Wage?［J］*Journal of Public Economic Theory*, 2014, 16 (2): 259-273.

③ Lemos S. Minimum Wage Effects across the Private and Public Sectors in Brazil［J］. *Journal of Development Studies*, 2007, 43 (4): 700-720.

中国与欧美国家在劳动力市场方面存在明显区别：中国中低层次劳动力供给大于劳动力需求，劳动力资源相对丰富。相反，欧美国家劳动力短缺，资本相对丰富。因此，实施最低工资标准的就业效果会存在差别。中国实施最低工资制度可能会导致更多的人失业。他们还认为，城乡二元经济体制会导致中国最低工资标准偏高，最低工资制度偏向保护城镇就业者且只对城市的正规部门起作用。① 经济学家张五常（2006）认为，最低工资不利于农村劳动力向非农产业的转移和低技能工人的就业。他明确反对实施最低工资制度，认为最低工资标准容易导致低技能工人的失业，从而不利于社会的稳定。受雇佣的低技能工人，其工资和福利会因为最低工资标准的提高而降低，工人实际挣不到最低工资。② 但实践证明，最低工资标准的提高在一定程度上促进了农村富余劳动力向城市转移。王一江（2006）认为，实施最低工资制度会使企业减少主流劳动力市场的劳动力需求，使主流劳动力市场释放出来的劳动力向非主流劳动力市场流动，从而增加非主流市场上的劳动供给，降低其均衡工资。最低工资制度本来是对非主流劳动力市场进行过强保护，结果反而造成了对非主流劳动力市场的损害。③ 薛兆丰（2006）认为，决定劳动力价格即工资水平的是劳动力市场的供给和需求，市场经济条件下最低工资法不可取。由于中国劳动力市场规制不完善，法定最低工资标准的恶果就是低薪工人失业。④ 孔善广（2006）也认为，最低工资标准会造成一部分低技能劳动者失业，减少对低技能劳动者的使用。最低工资标准提高只能迫使雇主雇佣高技能的劳动者来代替低技能的劳动者。⑤

人力资源和社会保障部李忠表示，上调最低工资标准对绝大多数企业不会造成大的影响，但是对于部分劳动密集型企业特别是以当地最低工资标准

① 蔡昉，都阳．我们需要什么样的劳动力市场制度［J］．吉林大学社会科学学报，2005（9）：29-35.

② 张五常．中国大陆应学习香港不搞最低工资［EB/OL］．（2006-09-15）［2016-03-16］．http：//news.163.com/06/0915/18/2R361UNC000121EQ.html.

③ 王一江．政府应积极保护劳动者利益但要适度［N］．财经时报，2006-03-27.

④ 薛兆丰．最低工资法不可取［N］．21世纪经济报道，2001-04-02.

⑤ 孔善广．最低工资标准对低技能人员更加有害［EB/OL］．（2006-05-11）［2016-02-13］．http：//www.chinavalue.net/Finance/Article/2006-5-11/30420.html.

作为职工基本工资的中小企业确实会产生一些影响。西南财经大学经济学院副教授马双（2014）认为，最低工资制度是各国政府管制劳动力市场的重要手段之一，如美国的《公平劳动标准法》、中国的《最低工资规定》都是为了保障劳动者的最低收益，维持劳动者的基本生活水平。他也认为，最低工资标准提高会增加劳动力成本，对劳动力市场产生负面影响，增加社会失业。最低工资标准还可能使最需要保护的劳动者反而失去工作，从而损害低技术工人的经济利益。①

（2）提高最低工资标准会不会减少就业或促进就业

部分学者认为，提高最低工资标准不仅可以弥补劳动力市场机制不完善的缺陷，还能加强对低收入劳动者的工资保障和对发展成果的分享，改善收入分配结构，促进消费和增加需求。支持者还认为，中国最低工资标准偏低，最低工资标准提高未必会导致失业扩大，反而能促进就业。

顾则徐（2005）认为，工作机会增加关键在于对健康劳动力市场的培育，而不是靠压低工人工资来实现。相反，低工资政策会使部分企业失去技术更新和管理创新的动力，降低企业竞争力，对劳动力市场发展也有阻碍作用，从而减少工作机会。他认为，提高最低工资标准不会降低中国目前的就业水平，工作机会的减少与一定程度的最低工资标准提高不存在必然联系。② 夏小林（2005）认为，中国城市大量低收入的劳动者群体，包括农民工，雇主支付给他们的工资往往低于当地法定的最低工资标准，有时还不给他们缴纳法定的社会保险。实施最低工资制度有利于保障中国经济持续增长和加快城市化进程。③ 杨涛（2006）认为，最低工资制度有利于制度的优化和福利的改善，最低工资标准提高不会造成失业。④ 李琪（2006）指出，中国劳动力市场存在特殊性，提高最低工资标准有利于保护农民工的利益和促进社会和谐，同

① 最低工资对就业影响有多大［N］. 中国劳动保障报，2014-11-05.

② 顾则徐．李剑阁凭什么说涨工资对穷人有害［N］. 第一财经日报，2005-11-18.

③ 夏小林．社会责任、最低工资和经济学革命［EB/OL］.（2005-02-27）［2015-12-15］. http：//www. theory. people. com. cn.

④ 赵珊．劳动保障研究专家：设最低工资不会造成就业减少［EB/OL］.（2006-10-09）［2016-01-18］. http：//info. finance. hc360. com/2006/10/09083955527. shtml.

时，工资水平提高有利于扩大内需。中国需要提高最低工资标准和完善最低工资制度。① 张丽宾（2006）认为，最低工资制度更多的是一种保障制度，最低工资标准提高会促进中国就业质量的提高，基本上不会使就业水平降低。在经济全球化的今天，那些依靠延长工人劳动时间和压低工人工资标准来维持经营而支付能力差的企业，最终会被市场淘汰。② 孙书青（2006）研究认为，合理范围内的最低工资标准不会对就业产生明显的负效应，最低工资标准的适度提高有利于促进农村剩余劳动力向城镇转移。③ 崔宇（2006）认为，二元户籍制度和社会保障制度、劳动力市场机制的不完善以及工会制度性缺陷的存在，导致中国劳动力市场的“均衡工资”必定会低于完全竞争市场条件下的“均衡工资”。通过强制性提高最低工资标准会产生“倒逼”效果，使中国实际均衡工资水平更接近完全竞争的均衡状态水平。只有在“无限制的劳动力市场”上最低工资标准的失业效应才成立。④ 魏章进、韩兆洲（2006）认为合适的最低工资标准不会使就业降低。最低工资标准是否合理决定了其对社会经济会产生何种影响，这是他们研究国外最低工资制度得出的结论。山东大学经济学院教授侯风云（2014）认为，中国最低工资标准提高的基本政策既说明了政府想让劳动者分享经济发展成果，也说明了中国劳动力市场的形势有了新的变化。不涨工资的话，可能工人就不会来了。增幅下降说明政策也考虑到目前经济形势下行，要给企业降低一点成本。如果成本过高，企业不能支撑，最终影响的还是就业。但他觉得应该通过降低社保费率、税费等来减轻企业的负担，这样企业才会有更多的空间给劳动者涨工资。中国社科院人口与劳动经济研究所所长张车伟（2015）表示，要逐步完善最低工资标准正常调整机制，根据经济发展、物价变动等因素及时对最低工资标准进行合理调整。在大力为企业减税、减负的同时，

① 李琪．最低工资制度对劳动力市场的影响［J］．江西金融职工大学学报，2006，19（6）：71-72.

② 赵珊．劳动保障研究专家：设最低工资不会造成就业减少［EB/OL］．（2006-10-09）［2016-01-18］．http：//info. finance. hc360. com/2006/10/09083955527. shtml.

③ 孙书青．调整最低工资政策对中国就业影响的经济分析［J］．湖北财经高等专科学校学报，2006，18（5）：13-15.

④ 崔宇．最低工资是一个真问题［EB/OL］．（2006-05-19）［2015-12-14］．http：//finance. sina. com. cn.

为企业涨工资提供空间和动力。①

（3）最低工资标准提高的就业效应不确定

姚先国、王光新（2008）从理论上研究了最低工资标准对就业的影响，认为最低工资标准对就业的影响在理论上说结果不是唯一的，其结果取决于某个国家劳动力市场的具体状况：处于竞争状态还是垄断状态，最低工资标准对就业的影响结果是不一样的。在实践中，最低工资标准就业效应结果会因为复杂多样的客观条件变得难以确定。他们还认为，对最低工资标准的研究重点在于标准是否合理，制度能否有效执行。② 丁守海（2008）认为最低工资标准就业效应是复杂的。在理论分析中要加强考察劳动供给因素，把它作为微观因素纳入模型中，在构建理论模型时突出中国二元结构和二元市场的影响。同时，为了更接近中国的现实，要注重农民工在二元结构下劳动供给行为的特殊性。③ 马晓波（2010）对中国劳动力异质性及最低工资标准就业效应进行了理论分析，最低工资标准提高使最低工资标准未覆盖部门的低技能劳动者就业增多，而最低工资标准覆盖部门的高技能劳动力就业比例增加，但总体就业效应不明确。④ 刘玉成（2015）就最低工资标准对就业内在影响的作用机理及影响路径进行了理论分析，认为最低工资标准对就业的影响效应是模糊的、非一致的，最低工资标准对就业的影响更多体现在结构影响和微观影响上。⑤

从以上文献中可以发现，最低工资标准提高对就业的影响结果具有不一致性，会随着研究的不断深入而变得更为复杂，需要结合实际，加强微观调

① 十三五规划建议：完善最低工资增长机制［EB/OL］.（2015-11-04）［2016-03-12］. http：//www. kuaiji. com/news/2969169.

② 姚先国，王光新．最低工资对就业影响的理论研究［J］. 重庆大学学报（社会科学版），2008，14（1）：17-22.

③ 丁守海．最低工资管制的就业影响分析——兼论《劳动合同法》的交互影响［J］. 人文杂志，2008（5）：77-82.

④ 马晓波．劳动力异质性与中国最低工资标准就业效应分析［J］. 经济与管理，2010，24（11）：23-25.

⑤ 刘玉成．最低工资对就业的影响：模型评述及理论阐释［J］. 荆楚学刊，2015，16（1）：63-67.

查和实证研究才能得到具体的结果。

2.3.2 中国最低工资标准提高对就业影响的实证研究综述

目前，最低工资制度在中国得到了普遍实施，最低工资标准不断提高。特别是近年来，中国最低工资标准提高的速度较快，有关最低工资标准提高的就业效应实证研究的文献不断增加。下面主要从最低工资标准提高产生不同的就业效应结果的角度对相关文献进行归纳和综述。

（1）最低工资标准提高有利于促进就业

中国的一些实证研究提供了最低工资标准提高促进就业的证据。李晓芳（2006）采用固定效应模型研究得出，中国最低工资制度对农民工就业有促进作用。① 张凌（2006）运用全国25省数据研究了最低工资标准和青少年就业的关系，结果发现在GDP水平高的省份，最低工资标准对就业影响无明显的规律性变化；GDP水平低的省份，最低工资标准对就业有正面影响；GDP处于中间的省份，最低工资标准对就业有负效应。② 罗小兰（2007）研究发现，在买方垄断劳动力市场下，提高最低工资标准对上海地区农民工就业有促进作用，最低工资标准提高1%，就业量增加0.377%。③ 袁乐平、李龚飞（2007）利用劳动力供求模型研究发现，最低工资标准提高不仅能增加就业者的收入，还能降低失业率。中国应坚持实施最低工资制度，并加强对该制度的宣传力度和监管力度。④ 安宁宁（2007）以深圳市为研究对象，运用向量自回归模型（VAR）分析得到的结果是：适当提高最低工资标准可以使劳动力供给增加，且不会对就业产生显著的负面影响，还有利于和谐社会的建设，建议政府适度提高当地的最低工资标准。⑤ 王梅（2008）通过建立基于劳动

① 李晓芳．最低工资对农民工就业的影响［D］．长沙：湖南大学，2006.

② 张凌．中国最低工资对青少年就业的影响［D］．武汉：华中科技大学，2006.

③ 罗小兰．中国劳动力市场买方垄断条件下最低工资就业效应分析［J］．财贸研究，2007（4）：1-5.

④ 袁乐平，李龚飞．中国劳动力市场上最低工资制度对失业率的影响［J］．湖南财经高等专科学校学报，2007，23（109）：126-128.

⑤ 韩兆洲，安宁宁．最低工资、劳动力供给和失业——基于VAR模型的实证分析［J］．暨南学报（哲学社会科学版），2007（1）：38-44.

力跨区域流动的最低工资标准扩展模型，并以深圳为例进行了实证检验，结果表明深圳市最低工资标准的提高使总就业增加，就业质量没有受到影响，还加大了劳动力的转移。① 石娟（2009）运用1996—2006年的面板数据和误差修正模型进行分析，结果显示：中国27个省和直辖市提高最低工资标准在短期内对就业有较小的影响；但从长期来看，提高最低工资标准对中国就业不会产生影响。② 汪贵浦、麻晔（2009）基于上海市1994—2007年的时间序列数据，运用向量误差修正模型对最低工资标准和城镇失业率的计量结果显示：最低工资标准的变量系数为0.039，即从长期来看，最低工资标准提高对失业产生的影响不显著。③ 罗燕、韩冰（2013）利用2004—2011年面板数据对广东省21个城市进行实证研究显示：最低工资标准每提高10%，广东省就业水平显著提高1.86%，即最低工资标准提高对广东省就业有明显的促进作用。④ 孙中伟、舒玢玢（2011）结合珠三角农民工的就业状况，研究发现，提高最低工资标准促进了农民工工资的增长，但最低工资标准所带来的工资增长效应是农民工通过大量的加班补偿实现的。⑤ 刘苓玲、黄钢（2015）通过构建由最低工资标准等因素决定的劳动力就业函数，利用中国2004—2011年的省级面板数据，运用面板分位数回归法分析，得知现阶段提高最低工资标准能使城镇劳动力就业水平显著提高。⑥

（2）最低工资标准提高对就业有损害

中国关于最低工资标准对就业影响的研究结果存在分歧。一些学者通过实证研究得出了最低工资标准对劳动者就业有损害的结论。陈然（2007）运用两部门模型检验了最低工资标准提高与农民工就业和市场效率的关系，得

① 王梅．最低工资制度对劳动力市场影响的实证研究［J］．开放导报，2008（2）：41-45.

② 石娟．中国最低工资标准与就业关系的实证研究［J］．当代经济，2009（7）：152-154.

③ 汪贵浦，麻晔．失业率与最低工资相关性的实证分析［J］．经济论坛，2009（13）：87-89.

④ 罗燕，韩冰．广东省最低工资标准的就业效应研究——基于21个城市面板数据的实证分析［J］．产经评论，2013（4）：142-145.

⑤ 孙中伟，舒玢玢．最低工资标准与农民工工资——基于珠三角的实证研究［J］．管理世界，2011（8）：45-56.

⑥ 刘苓玲，黄钢．最低工资标准的就业效应研究——基于30个省际面板数据的实证分析［J］．产经评论，2015（1）：143-160.

知从长期来看，提高最低工资标准能使劳动力市场效率和劳动者素质提高，还缩小了城乡差距；但最低工资标准提高，短期内会减少农民工就业。① 权衡、李凌（2011）通过对上海最低工资标准提高的经济效应进行实证分析，发现最低工资标准适度提高可以适当缓解劳资关系，但是一味提高则对劳动者就业有损害。② 贾朋、张世伟（2012）运用回归调整的双重差分法研究了最低工资标准提高对青年和低技能中年就业的影响。研究结果表明：最低工资标准提高对低技能中年女性就业有显著的负面影响，而对低技能男性和青年女性就业无显著影响。最低工资标准涨幅越大，对低技能女性就业产生的负面影响越大。③ 王光新、姚先国（2014）利用中国 2000—2010 年 30 个地区的面板数据，以各单位的非正式职工为研究对象，采用广义最小二乘法（FGLS）分析了最低工资制度对中国就业的影响。实证研究的结果表明：中国的最低工资标准相对于社会平均工资每提高 10%，非正式职工就业量在社会总就业中的比重约下降 2.3%，表明中国最低工资标准的提高对非正式职工的就业产生了负面影响。④ 戴小勇、成力为（2014）研究发现，提高最低工资标准对工业企业就业总量影响不明显，但对结构性就业影响显著。最低工资标准提高造成了平均工资水平较低的员工就业数量显著减少，且对劳动密集型、中低技术产业的就业产生了不利影响。⑤ 兰岚、金喜在和李盛基（2015）通过固定效应模型估计分析得出结论：最低工资标准提高的总体就业效应为负，但因地区发达程度不同，就业负效应显著性也不同。⑥

（3）最低工资标准提高对就业影响结果不确定

罗小兰（2007）通过建立两部门模型验证了中国农民工的就业效应，发

① 陈然．最低工资对农民工就业和市场效率的影响研究［J］．平原大学学报，2007，24（6）：19-21.

② 权衡，李凌．上海提高最低工资标准的收入分配效应：实证与模拟［J］．上海经济研究，2011（4）：96-108.

③ 贾朋，张世伟．最低工资标准提升的就业效应——一个基于自然实验的经验研究［J］．财经科学，2012（5）：89-97.

④ 王光新，姚先国．中国最低工资对就业的影响［J］．经济理论与经济管理，2014（11）：16-30.

⑤ 戴小勇，成力为．最低工资标准提升的结构性就业效应——来自我国工业企业的自然实验［J］．现代财经-天津财经大学学报，2014（5）：105-113.

⑥ 兰岚，金喜在，李盛基．最低工资制度的就业效应研究——基于面板数据的分析［J］．税务与经济，2015（6）：23-28.

现最低工资标准的提高对不同区域（东部、中部、西部）和不同行业（建筑业和制造业）的农民工就业效应存在差异。最低工资标准提高对东部和西部农民工就业有正面影响，对中部农民工就业有负面影响；建筑业农民工最低工资标准就业效应为负，制造业农民工最低工资标准就业效应为正。① 丁守海（2010）基于广东、福建两省 439 家企业调查数据，运用双重差分法研究发现，最低工资水平及其外部监管环境决定了最低工资标准就业效应。监管环境强化程度越大，最低工资制度对就业的冲击就越大。② 吴游（2014）运用差分 GMM 方法，利用 1998—2012 年中国 26 个地区的面板数据进行实证研究后发现：全国最低工资标准就业效应显著为负，而对就业的负面影响可以被经济增长抵消；提高最低工资标准对东北地区和东部地区就业产生了显著的抑制作用，而对中部和西部地区就业影响不显著。最低工资标准提高对农业就业的影响显著为负，但对建筑业就业没有显著影响。③ 张运婷（2011）构建了就业—最低工资模型，选取 1996—2009 年的截面数据，采用截面数据加权的固定效应方法，就中国最低工资标准提高对全国、不同区域、不同产业、不同类型的企业以及不同教育水平的劳动者就业的影响进行了综合分析。④ 其结论是：①从长期来看，最低工资标准提高促进了就业；②提高最低工资标准对东部地区就业的促进作用要大于西部地区，中部地区不显著；③建筑业企业会因严格执行最低工资标准减少用人数量，而工业和批发零售餐饮业因最低工资制度落实较差从长期来看却能促进其就业；④其他单位最低工资标准长期就业正效应比国有企业更明显，但私营企业和个体单位的长期就业效应不显著；⑤最低工资标准的提高会减少教育水平低的就业者比例，这就意味着企业会选择用技能水平高的人代替技能水平低的人。张璐、徐雷（2014）

① 罗小兰．我国最低工资标准农民工就业效应分析——对全国、地区及行业的实证研究［J］．财经研究，2007，33（11）：114-123.

② 丁守海．最低工资管制的就业效应分析——兼论《劳动合同法》的交互影响［J］．中国社会科学，2010（1）：85-102.

③ 吴游．我国最低工资就业效应的实证研究［D］．杭州：浙江财经大学，2015.

④ 张运婷．我国最低工资标准的就业效应及作用机制——基于面板数据的实证研究［D］．南京：南京财经大学，2011.

指出，中国现阶段最低工资水平的提高总体上促进了城镇劳动力就业，但存在地区差异，即东部地区最低工资标准提高的就业效应为正，中西部地区则相反。① 杨翠迎、王国洪（2015）运用2008—2012年探索性空间数据分析法发现，中国最低工资标准和就业均存在显著的空间自相关性，最低工资标准抑制了中国的就业。其中，最低工资标准对中部地区的就业促进作用最大，东部地区相对较小，西部地区就业总效应为负。② 田贵贤（2015）运用中国30个省份建筑业的面板数据进行研究后发现，最低工资标准的提高对建筑业方面的就业有正面影响。这种就业正效应部分是通过提高劳动生产率来实现的，而劳动生产率的提高主要依靠人力资本和技术进步。他还指出，最低工资标准提高对就业的影响存在非线性关系，呈“U”形曲线。在该阈值之前，最低工资标准提高会减少就业；超过该阈值，就业将随最低工资标准提高而增加。目前，最低工资标准提高促进了中国就业，同时改进了企业的生产方式，提高了劳动生产率。③ 鲍春雷（2015）的研究结果表明，最低工资标准上调并未对就业产生明显的影响，但对部分低收入行业的工资和就业影响明显。④

中国在最低工资标准就业效应研究方面取得了一定的成果，如研究样本不断扩大，实证研究日益规范；但从多方视角，针对中国劳动力市场的特点，具体分析和综合研究不同条件下提高最低工资标准对中国就业影响的成果相对缺乏。针对中国劳动力市场的特点，在理论方面对最低工资标准就业效应进行拓展研究，在实证研究方面进一步完善是很有必要的。通过在实践中确定合理的最低工资水平，促进最低工资标准和就业协调发展，有待开展进一步研究。

---

① 张璐，徐雷．最低工资水平对城镇正规部门劳动力就业的效应分析［J］．首都经济贸易大学学报，2014（1）：70-76.

② 杨翠迎，王国洪．最低工资标准对就业：是促进，还是抑制？——基于中国省级面板数据的空间计量研究［J］．经济管理，2015，37（3）：12-22.

③ 田贵贤．最低工资对就业的影响及作用机制——基于建筑业面板数据的分析［J］．财经论丛，2015（5）：16-23.

④ 鲍春雷．最低工资标准上调的就业效应研究［J］．中国劳动，2015（7）：4-9.

2.3.3 最低工资标准提高的其他经济效应研究综述

（1）最低工资标准提高对收入差别的影响

马欣欣、李实（2014）研究了最低工资制度实施以来对性别工资差距产生的影响，得出结论：1995—2007 年，女性工资低于最低工资标准的比例高于男性；最低工资的高标准地区性别工资差距最大，在中等标准地区最小；最低工资制度的长期实施有助于缩小性别工资差异，但在较短时期内效果不明显。① 权衡、李凌（2011）通过对上海进行实证研究，发现提高最低工资标准不能起到缩小收入差距的作用。② 王第海（2011）从动态的角度研究了最低工资制度对收入分配和经济发展的影响，认为合适的最低工资标准能够改善中国收入分配格局和缩小收入差距；实行地区差别的最低工资标准可能会促进中国产业结构向内地转移，促进产业结构的升级；最低工资制度长期实施可能会促进人力资本投资和人力资本提升。③

（2）最低工资标准提高对工资福利的影响

马双等（2011）利用规模以上企业 1998—2007 年的报表数据，以制造业企业为研究对象，研究发现：最低工资标准上涨 10%，制造业企业平均工资将整体增加 0.4%~0.5%，雇佣人数将显著减少 0.6%左右。最低工资标准的提高使劳动密集型或人均资本较低企业的平均工资增加。政府在调整最低工资标准时应权衡其在收入分配上的积极效果及其对就业的负面影响。④ 贾朋、张世伟（2013）依据 1997—2009 年 9 个省份个体健康与营养调查数据，以工资水平高于最低工资标准的劳动者为研究对象，运用微观经济计量方法考察了最低工资标准提高产生的溢出效应。研究表明：最低工资标准提高对男性工资的溢出效应是最低工资标准的 1.5 倍，对女性工资的溢出效应为最低工

① 马欣欣，李实．关于最低工资制度对中国城镇性别工资差异的影响的经验分析［EB/OL］．（2014-02-13）［2015-10-15］．http：//www.ciidbnu.org/news/201402/20140213124654706.html.

② 权衡，李凌．上海提高最低工资标准的收入分配效应：实证与模拟［J］．上海经济研究，2011（4）：96-108.

③ 王第海．从收入分配和经济发展的角度看中国的最低工资制度［J］．浙江社会科学，2011（2）：11-17.

④ 马双，张劼，朱喜．最低工资对中国就业和工资水平的影响［J］．经济研究，2012（5）：132-146.

资标准的1.25倍。溢出效应随着相对工资区间的升高呈现逐渐下降的趋势，最低工资执行力度越大，溢出效应越明显。因此，政府适当提高最低工资标准，并加大其执行和监管力度，有助于提高低收入群体工资水平和抑制城镇居民收入差距的持续扩大。① 鲍春雷（2015）研究发现，中国社会平均工资上涨带动了最低工资标准的上调，但最低工资标准上调并未造成社会平均工资显著上涨。② 章惠琴（2013）指出，提升最低工资标准不会影响社会整体福利。防止中国部分劳动者收入过低，是中国政府制定最低工资标准的基本目的。而在现阶段，中国最低工资标准的普涨被赋予了多重目标，如拉动内需、缩小收入差距、促进产业升级等。目标的多重性往往会导致最低工资制度的无效性。如果将最低工资标准定得过高，超过企业的承受力，则最低工资制度将形同虚设。因此，最低工资标准的提高还应考虑企业对人工成本上升的承受能力。③ 研究发现，在中国平均工资水平越接近最低工资标准的企业，其平均工资受到最低工资标准上涨影响的程度越大。最低工资标准每提高10%，劳动密集型行业和其他行业的平均工资将分别增加0.61%和0.28%。④ 可见，劳动密集型行业的平均工资增加相对明显。

综观以上研究文献，关于提高最低工资标准对就业影响的研究结果存在差异，甚至是对立的。在不同条件下，最低工资标准就业效应结果可能存在差异，这种差异不仅来自计量工具和模型的内生性、序列相关、无效的工具变量、样本数据的缺陷及数据遗漏研究，还取决于不同地域、不同行业、不同经济单位及不同劳动者群体的具体情况。因此，分地域、分行业、分经济单位类型及分劳动者群体的研究更具有现实意义。本书将在借鉴已有文献的基础上，从以上角度来具体分析最低工资标准提高对中国就业的影响，对其进行深化和拓展研究，得到具有实践价值的研究成果，为各地政府部门对最低工资标准的调整提供指导，进一步促进最低工资标准和就业的相互协调。

---

① 贾朋，张世伟．最低工资标准提升的溢出效应［J］．统计研究，2013，30（4）：37-41.

② 鲍春雷．最低工资标准上调的就业效应研究［J］．中国劳动，2015（7）：4-9.

③ 章惠琴．提升最低工资不能影响整体社会福利［EB/OL］．（2013-08-14）［2016-03-15］．http：//www. guancha. cn/ZhangHuiqin/2013_ 08_ 14_ 165660. shtml.

④ 李小彤．最低工资对就业影响有多大？［N］．中国劳动保障报，2014-11-05.

第 3 章　中国最低工资标准的制定及其提高的现实基础

从经济学的角度来说，最低工资标准是劳动力价格的下限，也是政府对低收入劳动者提供最基本的生活保障。中国自 1994 年实行最低工资制度以来就引起了中国学者的关注和争议。最低工资标准大幅提高和频繁调整，引起了部分学者对中国的就业及企业持续发展的担忧。在此，关于最低工资标准在中国是如何制定的？国内外最低工资制度是如何产生和发展的？对于转型时期的中国，是否有必要提高最低工资标准，以及提高最低工资标准是否具有可行性等问题，笔者将对最低工资标准的相关概念、影响因素及制定方法进行介绍，并在此基础上进一步分析中国提高最低工资标准的必要性和可行性。

3.1　相关概念界定及最低工资标准的制定

3.1.1　相关概念的界定

（1）最低工资

马克思是在资本主义制度背景下对最低工资进行研究的。他在《雇佣劳动和资本》中这样解释道："简单劳动的生产费用就是维持工人生存和延续工人后代的费用。这种维持生存和延续后代的费用的价格就是工资。这样决定的工资就叫最低工资。"① 简单地说，最低工资就是工人维持生存和延续后代

① 刘晋．马克思工资理论的思想史考察及理论指导意义［D］．天津：南开大学，2013：37.

费用的价格。马克思认为最低工资主要由三部分构成：维持工人自身所必需的生活资料费用、一定的教育和训练费用和延续工人后代所需的生活费用。①

学者王守志在其主编的《劳动者经济学》中把最低工资定义为："最低工资是维持劳动力再生产的最低需要，用人单位应该向提供了正常劳动的劳动者支付国家规定的最低限度的劳动报酬。"中国的最低工资标准通常是以法律或法规的形式明文规定的，对用人单位具有强制性。它既不是由劳资双方协商决定的，也不是由劳动力市场自发形成的。

中国的最低工资不包括加班加点的工资、特殊津贴、补贴以及相关福利等。它与工资性收入不同，工资性收入除了包括正常劳动情况下得到的计时工资、计件工资以及奖金等劳动报酬之外，还包括加班、加点工资以及各种津贴和补贴。因此，工资性收入比最低工资的内涵更宽泛。

（2）最低工资标准

最低工资标准又称最低工资率。中国《最低工资规定》中第三条规定："最低工资标准是指劳动者在法定工作时间或依法签订的劳动合同约定的工作时间内提供了正常劳动的前提下，用人单位依法应支付的最低劳动报酬。"②中国最低工资标准具有明显的地区差异，在其他国家还存在行业、工种和全国性的最低工资标准等。中国相关法律规定，在劳动者提供正常劳动的条件下，用人单位应依法支付劳动者报酬，其报酬不得低于当地最低工资标准。最低工资标准不是一成不变的，需参考经济发展、平均工资、物价指数等相关经济指标对其进行调整，每两年至少调整一次。《劳动合同法》第五十五条规定，集体合同中劳动报酬和劳动条件等标准不得低于当地人民政府规定的最低标准。在本书中，最低工资标准等同于最低工资率。

（3）最低工资制度

最低工资制度是国家通过一定立法程序所规定的、为保障劳动者在履行

① 徐洁茹．最低工资制度的公共政策执行研究［D］．上海：上海交通大学，2010.

② 中华人民共和国劳动和社会保障部令第 21 号《最低工资规定》［EB/OL］．（2004-01-20）［2016-03-10］．https：//baike. baidu. com/item/最低工资规定/467257？fr=aladdin.

必要的劳动义务后应获得的维持劳动力再生产的最低工资收入的一种法律形式。① 19 世纪末，新西兰产生并实施了最低工资制度，是世界上最早实施该制度的国家。最低工资制度是国际通行的一种对维持劳动力再生产和劳动者基本生活需要提供保障的制度，并且是对低收入劳动者工资收入的最低保障。

最低工资制度与最低生活保障制度的出发点都是保障社会弱势群体的基本生活，但最低工资制度不同于最低生活保障制度，二者在保障对象和保障目的方面不同。在中国，通过设立最低生活保障制度，对家庭成员人均收入水平低于当地最低生活保障线而生活发生困难的家庭提供现金和实物救助，不需要提供正常劳动；最低工资制度是国家对提供正常劳动的就业者对其工资维持其生存及必要的供养其家属的最低费用的保障制度。劳动者在提供了法律所认可的正常劳动后才能领取最低工资，它还要让劳动者适当分享经济发展成果，保障公平与效率，以及维护社会稳定和谐。

（4）最低工资法

最低工资法是指国家制定的有关最低工资标准的法律。国家通过立法制定最低工资标准，用人单位支付给劳动者的工资报酬不得低于国家法律规定的当地最低工资标准。目前，世界上确定最低工资标准的方式主要有两种：其一，美国、英国等国家是通过颁布最低工资法直接确定最低工资标准，法律效力高；其二，大多数国家只出台制定最低工资标准的具体规则和原则，由相关机构来确定最终的标准。中国采用的是第二种确定方式。

英国于 1912 年和 1924 年先后对煤矿工人和农业工人制定了最低工资法，分别制定了行业最低工资标准以便对煤矿工人和农业工人提供收入保障。美国到 1923 年已有 17 个州通过了最低工资法，但法律适用范围仅限于女工和青年工人。1917—1920 年，加拿大 7 个省通过了最低工资法，但多数只适用于女工范围。在欧洲大陆各国，如法国（1915 年）、德国（1923 年）和西班牙（1926 年）等，最低工资法适用于家庭工人的范畴。这些国家直至第二次

① 贾芳．论中国最低工资制度存在的问题和完善途径［EB/OL］．（2009-03-06）［2015-10-12］．http：//www. chinacourt. org/article/detail/2009/03/id/348306. shtml.

世界大战以后才打破最低工资法有限的适用范围。1959 年，日本颁布和实施了单独的《最低工资法》，并在 1968 年和 2008 年对《最低工资法》进行了修订，制定了最低工资指导线和行业最低工资标准。在中国，有关最低工资的相关法律规定，如《最低工资规定》等属于部门规章，由各地劳动部门制定，立法层次较低，法律效力并不高于地方政府规章。

（5）就业

所谓就业，是指在法定年龄内有劳动能力和劳动愿望的人们所从事的为获取报酬或经营收入进行的活动。① 可以从年龄、收入和时间三个方面对就业进行界定：一是在法定劳动年龄内有劳动能力和劳动愿望；二是获得一定的劳动报酬或经营收入；三是每周工作时间的长度。按照国际劳工组织的定义，就业是指一定年龄阶段内的人们所从事的为获取报酬或为赚取利润所进行的活动。② 就业因就业时间的长短不同分为正规就业（一周工作 35～40 小时）和非正规就业（一周工作 10～20 小时）。中国的非正规就业主要包括劳务派遣工、家庭钟点工、自营劳动者、小时工和临时工等。

（6）失业

失业被认为是有劳动能力并愿意就业的劳动者找不到工作的情况。③ 国际劳工组织规定，失业者是指在一定年龄上，在参考时间内（如 4 周或 3 个月），那些没有工作，目前可以工作而且正在寻找工作的人。④ 按不同的标准，失业可以分为不同的类型：按照失业原因，可分为摩擦性失业、自愿性失业和非自愿性失业等；按劳动者意愿，可分为自愿失业和非自愿失业。

（7）最低工资标准就业效应

最低工资标准就业效应是在其他因素一定的情况下，最低工资标准变化

---

① 杨河清. 劳动经济学［M］. 北京：中国人民大学出版社，2002.

② 国际劳工组织指出，就业应当具备以下条件之一：a. 在规定时间内，正在从事有酬劳动；b. 有固定工作，但因疾病、事故、休假、劳动争议、旷工或气候不良、机器设备故障等原因暂时停工的人；c. 雇主或独立经营人员，以及协助他们工作的家庭成员，其劳动时间超过正规工作时间的 1/3 以上者。

③ 伊兰伯格，史密斯. 现代劳动经济学（第 6 版）［M］. 潘功胜，等，译. 北京：中国人民大学出版社，1997.

④ 傅端香. 中国最低工资就业效应研究［D］. 北京：北京交通大学，2011.

对劳动者就业的影响程度，通常可用最低工资标准的就业弹性系数来表示。最低工资标准变化可能会使就业减少、增加或者影响不明显。本书针对中国最低工资标准提高，分析其对中国城镇单位整体就业、不同区域、不同行业、不同经济单位及外出农民工等的就业的影响。

3.1.2 最低工资标准的制定

制定合理的最低工资标准是最低工资制度的核心内容，也是确保最低工资制度根本目标得以实现的关键环节。最低工资标准的制定涉及的内容主要有制定时需参考的经济因素和采用科学的测算方法。

（1）最低工资标准制定的参考因素

由于各个国家的经济和社会发展状况不尽相同，因此不同国家的最低工资标准也是有差异的。在2004年中国新颁布的《最低工资规定》中，明确规定了确定最低工资标准时应参考的因素包括首要因素和次要因素。其中，基本生活费用支出和社会保障中的“五险一金”① 是其首要因素，职工平均工资、就业状况、经济发展水平及城镇居民消费价格指数等是次要因素。

①城镇居民基本生活费用支出。城镇居民基本生活费用支出包括劳动者本人及其家庭成员的基本生活费用支出两部分。首先，支付给劳动者的工资必须满足劳动者本人的基本生活需求，以确保劳动者可持续再生产。其次，支付给劳动者的工资还必须满足其家庭成员的基本生活需求，以补充和更新劳动者队伍的需要。

②职工个人缴纳的社会保险费和住房公积金。由于中国社会保险制度和住房保障制度在不断完善，各项社会保险费用及住房公积金的缴纳已经成了职工个人支出的重要组成部分，并对劳动者本人及其家庭成员的生活都产生了直接的影响。因而，在制定最低工资标准时有必要参考职工个人缴纳的社会保险费和住房公积金。

③职工平均工资水平。制定最低工资标准时，当地职工平均工资水平与

① “五险一金”通常是指社会保险中的养老保险、失业保险、医疗保障、生育保险和工伤保险以及住房公积金。

最低工资标准的比值应保持在一个合理的区间范围内。目前，国际上通用的比值为40%~60%，这样不仅能够体现最低工资标准的生活保障作用，还能使低收入劳动者通过提供正常劳动分享到经济发展的成果。

④就业状况。就业是民生之本。目前，中国劳动者的整体素质偏低，劳动力供给大于需求，结构性失业问题长期存在，就业形势严峻。因此，各地政府在确定最低工资时，应考虑最低工资水平要与就业状况相适应。如果最低工资标准定得过高、调得过快，就有可能产生高技能劳动者和资本对低技能劳动者的替代效应，造成大量低技能劳动者失业。

⑤各地经济发展水平差异。由于中国客观上存在地区经济发展的不平衡，如东部沿海经济发展水平较高，西部和东北地区经济发展相对落后。经济发展水平在一定程度上影响着用人单位的财务支付能力。合理的最低工资标准应维持在用人单位正常的支付能力之内，脱离实际发展水平和企业支付能力的最低工资标准，会给企业带来成本压力和发展障碍，影响劳动力需求，造成工人失业，给劳动者和经济发展带来不利。

⑥城镇居民消费价格指数。政府制定的最低工资标准是名义上的，而消费价格指数水平直接影响实际最低工资水平。如果某地的物价水平较高，相应地，名义最低工资的实际购买力就低于物价低的地区。因此，物价水平较高的地区在相似的条件下，应制定相对较高的最低工资标准；同样，为了维持相对稳定的实际生活水平，在物价增长的同时也应相应地提高最低工资水平。

（2）最低工资标准的测算方法

《最低工资规定》指出，比重法、恩格尔系数法和社会平均工资比例法是中国制定最低工资标准的通用方法。下面介绍这三种确定最低工资的方法。

①比重法。在采用比重法确定最低工资水平时，首先，需要对贫困户进行确定，贫困户由一定比例的人均收入最低的家庭组成。其次，对确定的贫困家庭的人均基本生活消费支出进行统计，把统计结果作为最低费用支出，再乘以就业者的平均赡养系数，就是最低工资额。这样得出的最低工资额还需要参考其他相关经济指标（如社会保险费、经济发展、失业率等）进行适

当调整，即加上调整系数，得出修正后的最低工资标准。用公式表示为

$$最低工资标准=低收入户的人均消费支出\times人均赡养系数+调整因素\ a \tag{3.1}$$

②恩格尔系数法。首先，确定劳动者满足营养标准最低需要的食物项目及每一项目的消费数量和市场单位价格，计算出最低食物支出额。其次，根据恩格尔系数的计算公式，劳动者最低生活费用（劳动者个人的最低生活支出）等于标准食物支出费用除以恩格尔系数。再次，最低生活费用乘以劳动者的平均赡养系数，得到赡养人口所需的最低生活费用支出。最后，加上调整数，得到最终的最低工资标准。

$$最低工资标准=满足营养标准的食品支出额/已定的恩格尔系数\times人均赡养系数+调整因素\ a \tag{3.2}$$

③社会平均工资比例法。经济合作与发展组织提出了该方法。具体来说，先对职工月平均工资进行统计，在得到的平均工资基础上乘以一个系数，系数在 40%~60%，然后得到职工的月最低工资标准。

目前，中国各地区普遍采用的只有比重法和恩格尔系数法这两种方法，而其中又以使用比重法的地区居多。

3.2 国内外最低工资制度的产生与发展

3.2.1 国外最低工资制度的产生与发展

随着 20 世纪工人运动的高涨和资本主义经济的快速发展，劳资关系日趋紧张。为了缓解劳资关系，保护未签署集体合同的工作者和低收入劳动者，以及工作高强度且工作环境恶劣的工人、妇女和童工等的基本权利，资本主义国家开始普遍实行最低工资制度。因此，可以说最低工资制度的产生是工人阶级斗争的结果。1894 年，新西兰最早引入了最低工资制度，澳大利亚和英国引入的时间分别是在 1907 年和 1909 年。1938 年，美国引入了全国性的法定最低工资。第二次世界大战结束后，该制度涵盖范围得到扩大，开始出

现在众多国家中。例如，1950 年，法国推出了国家最低工资制度。1959 年，日本通过了最低工资法，将最低工资覆盖面扩展到了一般的工人阶层，主要是由企业与员工自主实行。美国将最低工资的涵盖范围从初始劳动人口的 20%扩大到了 1970 年的近 80%。当前，欧盟 18 个国家也实行了最低工资法。瑞典和瑞士的最低工资标准很高，但它们与奥地利、意大利和塞浦路斯等国一样都没有制定最低工资法，主要依靠雇主团体和工会代表通过集体谈判来设立最低工资标准。20 世纪 60 年代，拉丁美洲、东欧各国和苏联也先后引入了最低工资制度，尽管他们的最低工资标准定得较低。进入 21 世纪后，世界上大多数国家都实行了各自的最低工资标准。丹麦、芬兰、意大利、奥地利、瑞典和塞浦路斯虽然没有对最低工资标准的规定，但是通过产业间的协议来确保最低工资支付水平。

从国际劳工组织公约中也可见最低工资制度的历史演变过程。1928 年，国际劳工组织制定了《最低工资机构公约》。该公约对制造业和商业的最低工资标准做了规定，但不适用于农业（1951 年，国际劳工组织专门制定了《农业确定最低工资办法公约》，作为《最低工资机构公约》的重要补充）。虽然 20 世纪 30 年代资本主义经济危机大爆发，经济不景气，但是《最低工资机构公约》很快获得了一些国家的批准，1929 年获得了德国和英国的批准，1930 年获得了西班牙、中国、法国、爱尔兰、意大利的批准。随后，1931 年澳大利亚，1933 年智利和哥伦比亚，1934 年墨西哥，1950 年阿根廷，1955 年印度，1957 年巴西和一大批新独立的非洲国家也随后获得批准，通过此公约的国家达到 108 个。1944 年，国际劳工组织发表《关于国际劳工组织目的的宣言》，提出对受雇者提供保障性工资和最低工资的保护，大大地推动了发展中国家最低工资制度的实行，同时对最低工资政策在世界范围内的传播起到了积极作用。2008 年全球金融危机爆发以后，政策制定者和经济专家对最低工资制度又一次高度关注，最低工资制度开始成为缓解不平等、恢复经济平衡的有力工具，再次获得了各国尤其是发展中国家的支持。

3.2.2 中国最低工资制度的产生与发展

中国最低工资制度的提出及渊源可以追溯到民主革命时期。最早提出制定最低工资保障法，对中国劳动者权益进行保障是在1922年拟定的《劳动法案大纲》中。另外，在《中华苏维埃共和国劳动法》中，明确规定了保证含职工在内两口人基本生活需要的最低限度的工资标准。1949年,《共同纲领》规定了各地人民政府在制定最低工资标准时应考虑各地企业的实际情况。

1993年11月，为了适应市场经济发展的需要，保障劳动者个人及家庭的基本生活和劳动者的合法权益，促进劳动者基本素质的提高和企业之间的公平竞争，劳动部颁布了《企业最低工资规定》（以下简称《规定》），中国正式实行最低工资制度。《规定》要求企业对提供正常劳动的劳动者及时支付工资，且劳动者所得工资不得低于当地的最低工资标准。

《规定》明确了有关最低工资率的确定和发布、最低工资的给付、最低工资的保障和监督及违反规定的法律责任。1994年10月，为了保障最低工资制度的顺利实施，劳动部发布了《关于实施最低工资保障制度的通知》。1995年1月1日开始实施的《劳动法》，正式以法律形式确定了国家实行最低工资保障制度。经过以上法规和配套措施的陆续出台，中国最低工资制度的实施状况有所转变。

自1993年《规定》发布以来，全国各地逐步实行了最低工资制度。目前，中国所有地区都有自己的最低工资标准。最低工资标准由各省、自治区、直辖市根据当地的经济状况、生活水平、职工平均工资水平等因素自主确定，并适时、适度进行调整。最低工资制度建立了10年后，2004年劳动保障部出台了《最低工资规定》，新规定的出台除弥补了1993年《企业最低工资规定》的一些不足外，还希望能唤起各省对这项政策的重视。比如，就调整频率而言，1993年规定就指出每年最多调整一次，而2004年规定则要求每两年至少调整一次。从此，中国最低工资制度走上正轨并得到了全面实施，西藏也于2004年开始实施最低工资制度。即便如此，中国也没有像西方国家那样颁布专门的《最低工资法》，实施最低工资的依据是《最低工资规定》和《劳动合同法》，适用于中国境内所有用人单位和与之形成劳动关系的劳动者。

3.3 提高中国最低工资标准的必要性分析

在中国，由于低收入者群体数量庞大、劳动力供求存在结构性矛盾、市场机制不完善等原因，实施最低工资制度显得尤为必要。最低工资制度在对低收入劳动者基本生活进行保障的同时，还能维持一定的社会购买力和经济活动能力。随着中国经济水平的发展和物价水平的上涨，提高最低工资标准在保障中国低端劳动者权益、缩小收入差距、构建和谐劳动关系、优化产业结构和维持劳动者实际生活水平方面显得尤为必要。

3.3.1 维持实际生活水平的需要

低收入劳动者大部分是基层的一线劳动者，他们的工作环境较差，劳动强度较大，往往工资收入和参保率也较低。因此，最低工资标准的高低将直接影响低收入劳动者的生存状况。随着经济发展与社会进步，劳动者的生活状况不断改变，对生活水平的界定也发生了变化，以前被视为奢侈品的东西，现在可能是生活必需品。其中,《广东省最低工资研究》课题组（摘自《劳动工资与社会保障：广东省最低工资调研与统一测算模型研究》，2006 年版）将居民消费性支出分为食品类、衣着类、居住类、杂项商品及服务类、家庭设备用品类及服务类、交通通信类、医疗保健类和文娱教育文化服务八大类，将居民消费支出划分为生存线、温饱线和发展线（见表 3-1）。

表 3-1 居民消费支出的三条标准线定义

三条标准线				占社会平均工资的比例（%）
生存线	食品类、衣着类、居住类、杂项商品及服务类			30
温饱线	食品类、衣着类、居住类、杂项商品及服务类	家庭设备用品类及服务类、交通通信类		35

续表

三条标准线				占社会平均工资的比例（%）
发展线	食品类、衣着类、居住类、杂项商品及服务类	家庭设备用品类及服务类、交通通信类	医疗保健类、文娱教育文化服务类	40

其中，生存线占社会平均工资的 30%，低于生存线的居民家庭会陷入绝对贫困状态；温饱线占社会平均工资的 35%，处于温饱线的居民家庭收入仅能满足最低生活需要；发展线占社会平均工资的 40%，处于发展线的居民家庭收入基本上维持较低水平的基本生活需要。根据 2015 年测算得到的最低工资与社会平均工资的比例为 30.4%，刚达到生存线 30%的标准。目前，中国大部分地区的最低工资标准仅处于生存线和温饱线之间，如上海市最低工资占社会平均工资的 33.8%，重庆为 30%；部分地区还达不到生存线，如 2014 年北京市最低工资占社会平均工资的 26.8%；只有少数地区能达到发展线，如天津最低工资占社会平均工资的比例为 41.4%。而国外尤其是发达国家通常在发展线上，这说明中国最低工资标准还有提高的空间。另外，进城务工的农民工、刚毕业的大中专生及城市低技能劳动者是最低工资提高的受益主体。这些低收入劳动者的消费支出以食物消费为主。食品类价格在近年上涨速度最明显，这直接影响到低收入劳动者的实际购买力和实际生活水平的稳定。① 因此，只有提高最低工资标准而且提高的幅度超过物价上涨指数，才可以消除物价上涨对他们实际生活的消极影响，以保持他们的实际生活水平不下降。

随着经济发展水平的不断提高，劳动者对生活的期望值发生了变化，最低工资标准的内涵也应该随之丰富，中国最低工资标准的提高还要能满足劳动者一定教育培训和文化娱乐的发展需要，只有达到最低工资发展线，才可称为体面最低工资标准，低收入劳动者才有可能实现对体面工作的需求。最低工资标准的发展线是中国“十二五”规划提出的目标要求，虽然近年来最低工资标准调整速度较快、频率较高，但还是存在一定的差距。特别是物价

① 邓聿文．提高最低工资标准有助社会发展［N］．民主与法制时报，2010-02-24.

水平的持续快速上涨，使低收入劳动者的实际购买力下降。根据消费理论，收入决定消费，提高中国的最低工资标准，无疑将提高低收入群体的购买力，有效扩大内需，促进经济发展，从而更快实现体面劳动。因此，为了维持低收入劳动者的基本生活，不断提高最低工资标准对维持低技能劳动者实际生活水平的稳定是十分必要的。

3.3.2 保障劳动者权益的需要

（1）低端适龄劳动力队伍庞大

根据国家统计局公布的数据，2015 年中国大陆 15~59 岁的劳动适龄人口数量为 91096 万人。国家统计局预测，未来 10 年中劳动力人口数量会一直稳定在 9 亿左右，不会发生太大的变化。因此，中国劳动力资源还是相当丰富的。同时，中国还存在明显的劳动力供求结构不均衡的现状，低端劳动力队伍有增无减，如外出农民工、城镇失业人员和刚毕业的大中专毕业生，在劳动力市场上处于相对劣势地位。而且，近些年中国城镇新增就业人数不断增加，2005 年城镇新增就业人数为 970 万人，而 2008 年达到了 1113 万人，2015 年全年城镇新增就业 1312 万人（见图 3-1）。

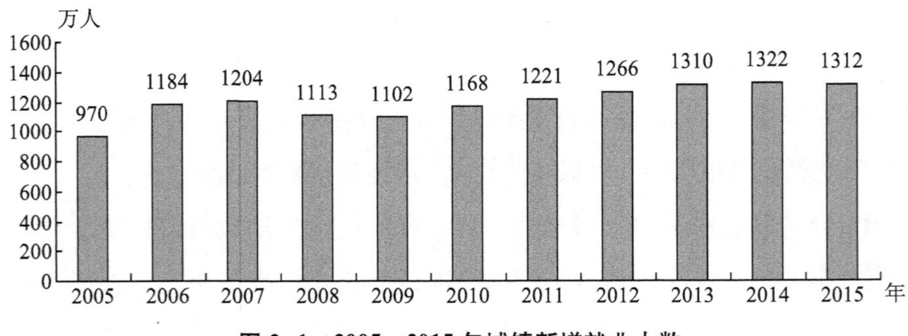

图 3-1 2005—2015 年城镇新增就业人数

资料来源：根据国家统计局《国民经济和社会发展统计公报》（2015 年、2010 年和 2005 年）整理而得。

①外出农民工数量不断增加。随着经济发展对劳动力需求的增加，劳动力市场的流动渠道日益畅通，中国进城务工的农民工不断增加。国家统计局发布的《国民经济和社会发展统计公报》显示，2008 年外出就业农民工数量

为 14041 万人，2012 年达到了 16336 万人，2015 年为 16884 万人（见图 3-2）。人力资源和社会保障部监测数据显示，截至 2015 年 6 月末，外出务工人数同比、环比均有所增加，达到了历史最高水平。

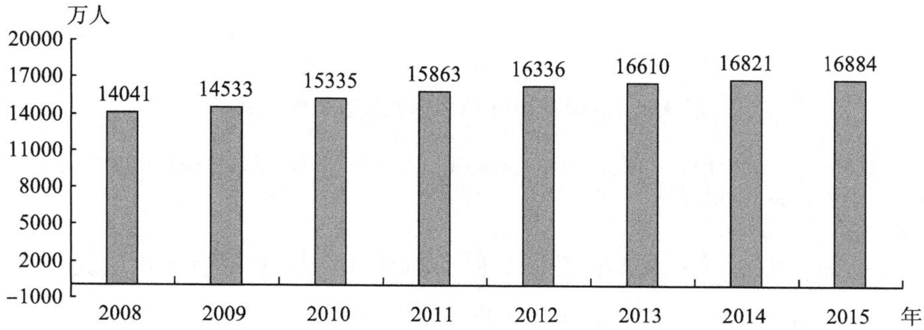

图 3-2　2008—2015 年中国外出农民工人数

资料来源：根据国家统计局《国民经济和社会发展统计公报》（2008—2015 年）整理而得。

②城镇失业人员和登记失业率居高不下。从图 3-3 可以看到，中国的城镇登记失业人数 2013 年末增加到了 926 万人。

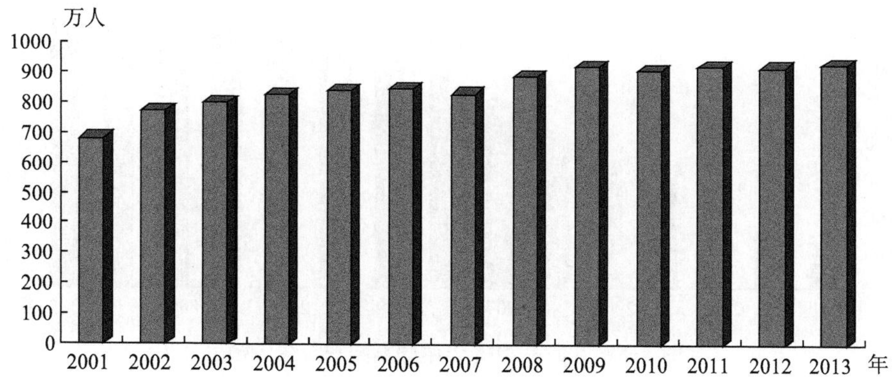

图 3-3　2001—2013 年中国城镇登记失业人数

资料来源：国家统计局. 国家统计年鉴［EB/OL］.（2015-10-02）［2016-03-16］. http：//data. stats. gov. cn/easyquery. htm? cn=C01.

中国城镇登记失业率由 1993 年的 2.6%增加到了 2013 年的 4.05%，2014 年末城镇登记失业率为 4.09%，2015 年末城镇登记失业率为 4.05%（见图 3-3）。由此可见，中国失业率多年以来超过了国际警戒线 4%的水平。

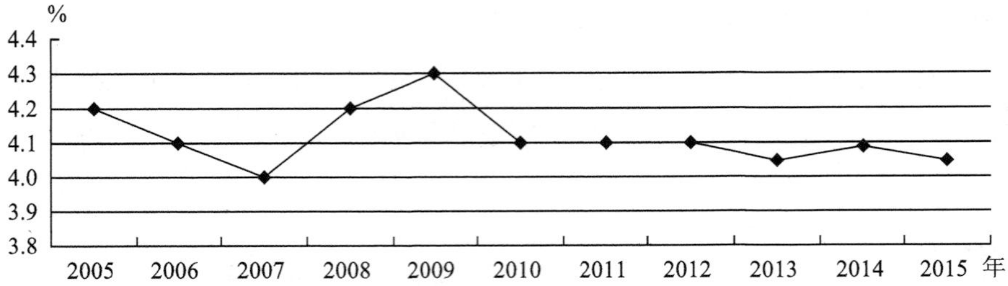

图 3-4 2005—2015 年中国城镇登记失业率

资料来源：国家统计局. 国家统计年鉴［EB/OL］.（2015-10-02）［2016-03-16］. http：//data. stats. gov. cn/easyquery. htm？cn=C01.

③中国大中专毕业生人数逐年增加。2001 年，中国高校毕业生为 114 万人。随着高校的扩招，高校毕业生不断增加。2003 年，高校毕业生人数首次突破 200 万，为 212 万人；2009 年，达到了 611 万人。据中国教育在线消息，2015 年，全国普通高校毕业生规模为 749 万余人，比 2014 年增加了 22 万人，高校毕业生就业形势严峻。

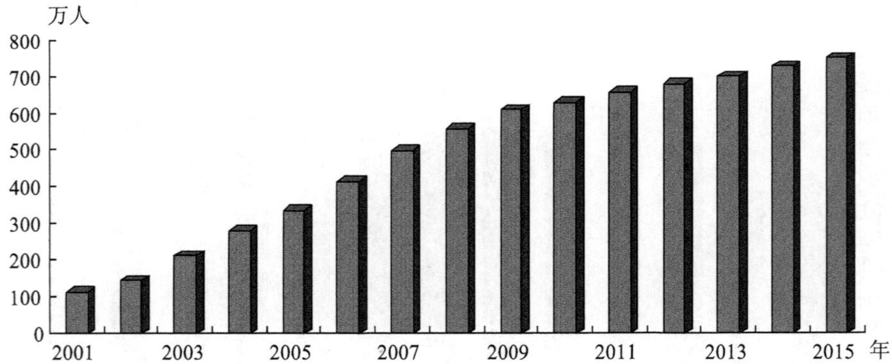

图 3-5 2001—2015 年中国高校毕业生人数

资料来源：2001—2015 年全国高校毕业生人数［EB/OL］.（2014-12-05）［2015-09-26］. http：//career. eol. cn/kuai_ xun_ 4343/20141205/t20141205_ 1209695. shtml.

（2）劳动者社会保障制度不健全

①社会保险整体覆盖率偏低。从表 3-2 和图 3-6 可以看出，中国社会保险覆盖率偏低。从 2015 年数据来看，失业保险覆盖率为 22. 37%，城镇医疗保险覆盖率为 85. 95%，养老保险覆盖率约为 45. 66%；而且，中国个人社会保障金

账户统筹度低，参保人员跨省转接手续烦琐。随着劳动力流动的不断加强，社会保障制度的缺陷逐渐凸显，造成了企业和职工双方对参保缺乏积极性。

表 3-2　2005—2015 年中国社会保险基本情况　单位：万人

年份	失业保险	城镇基本医疗保险	城镇基本养老保险	工伤保险	生育保险	就业人数
2005	10647.7	13709	17487.9	8478.0	5408.5	75825
2006	11186.6	15732	18766.3	10268.5	6458.9	76400
2007	11644.6	22051	20136.9	12173.3	7775.3	76990
2008	12399.8	31698	21891.1	13787.2	9254.1	77480
2009	12715.0	40061	23498.0	14861.0	10860.0	77995
2010	13376	43263	25707	6300	13336	79163
2011	14317	47291	28392	6837	13880	76420
2012	15225	53642	30427	19010	15429	76704
2013	16417	57322	32212	19897	16397	76977
2014	17043	59774	34115	20621	17035	77253
2015	17326	66570	35361	21404	17769	77451

资料来源：根据国家统计局《国民经济和社会发展统计公报》（2005—2015 年）整理而得。

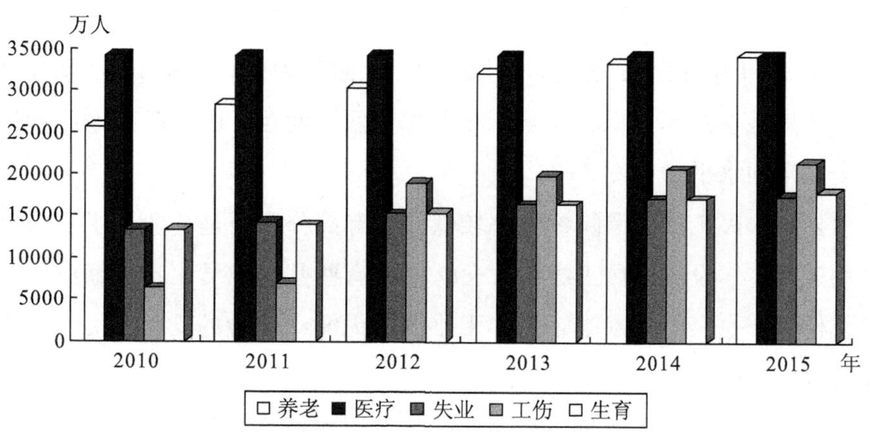

图 3-6　中国 2010—2015 年社会保险参保人数

资料来源：根据国家统计局《国民经济和社会发展统计公报》（2010—2015 年）整理而得。

根据统计局发布的2014年全国农民工监测抽样调查报告，中国外出农民工社会保险参保率较低。其中，农民工参加的工伤保险比例相对较高，占23.2%；其他的保险参保率均低于20%；养老保险和医疗保险分别占14.3%和15.3%；失业保险和生育保险所占比例最低，分别为9%和6.6%，不到1/10。

分行业来看，在农民工比较集中的几个行业中，不同行业的农民工参保率不同。农民工参保率相对最高的是制造业，其次是交通运输仓储和邮政业，参保率最低的是建筑业，具体情况见表3-3。

表3-3　中国2014年不同行业农民工参加社会保险的比例

行业	养老保险（%）	工伤保险（%）	医疗保险（%）	失业保险（%）	生育保险（%）
制造业	21.4	34.2	22.1	13.1	9.3
建筑业	3.9	14.9	5.4	2.1	1.3
交通运输仓储和邮政业	17.6	27.8	19.2	12.8	9.2
批发和零售业	14.4	19.2	15.0	9.9	7.8
住宿和餐饮业	10.0	17.2	10.8	5.4	4.0
居民服务、修理和其他服务业	11.8	16.3	12.1	6.6	5.2

资料来源：国家统计局农村司.2014年全国农民工监测调查报告［EB/OL］.（2015-04-29）［2016-02-10］. http：//www. stats. gov. cn/tjsj/zxfb/201504/t20150429_ 797821. html.

中国2014年外出农民工参加社会保险地区差异较大。东部地区参保率最好，中部地区参保率最低，甚至低于西部地区；而且，中、西部地区参保率低于全国平均水平（见图3-7）。

另外，农民工社会保险参保率较低，也有部分原因是企业为了自身利益降低用工成本，没有为员工缴纳社会保险；有些甚至把员工自己缴纳的那部分挪作他用；也有一些困难企业和困难群体无缴纳保险的支付能力，使中国劳动者社会保险的覆盖率偏低。

②社会保险统筹层次低。社会保险统筹层次较低，手续转移不通畅，执法力量薄弱，直接影响到劳动者特别是农民工的参保积极性。一些参保农民工因为工作地点的变动，以前缴纳的保险不能顺利转移到新的工作地点，从而给劳动者带来了损失。

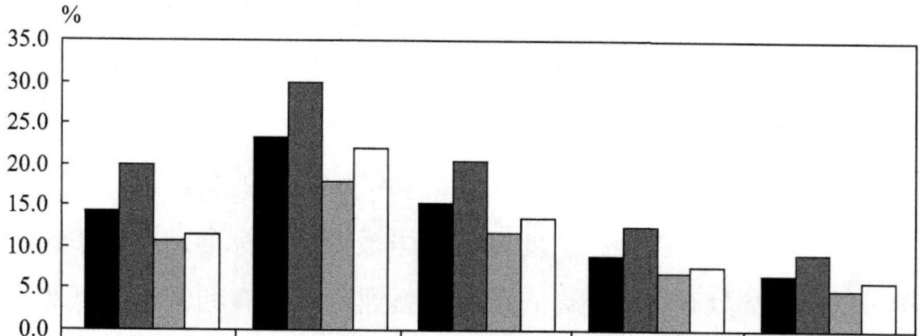

	养老保险	工伤保险	医疗保险	失业保险	生育保险
■ 全国（%）	14.3	23.2	15.3	9.0	6.6
■ 东部（%）	20.0	29.8	20.4	12.4	9.1
■ 中部（%）	10.7	17.8	11.8	6.9	4.9
□ 西部（%）	11.4	21.9	13.6	7.7	5.8

图 3-7　中国 2014 年农民工在不同地区参加社会保险的比例

资料来源：国家统计局农村司. 2014 年全国农民工监测调查报告［EB/OL］.（2015-04-29）［2016-02-10］. http://www. stats. gov. cn/tjsj/zxfb/201504/t20150429_ 797821. html.

（3）工资拖欠和未签劳动合同比率较高

工资拖欠在农民工就业中比较常见。根据 2014 年国家统计局对全国农民工监测调查报告数据可知，2014 年虽然被拖欠工资的农民工所占比重为 0.8%，比 2013 年有所下降，但是农民工工资绝对拖欠额上升较多。从地区来看，中部地区农民工工资被拖欠的比率最高，达到了 1.2%；其次是西北部地区，占 1.1%；东部地区相对最低，仅占 0.5%。从不同行业来看，大部分行业拖欠工资比重比上年有所下降，其中，制造业下降了 0.3%，建筑业下降了 0.4%，而批发和零售业则上升了 0.2%；但是，建筑业 2014 年农民工被拖欠工资的比重为 1.4%，仍然是拖欠农民工工资比率最高的行业。从拖欠的绝对额来看，整体数额表现为上升趋势。2014 年，全部农民工工资人均拖欠额比 2013 年增加 1392 元，从 8119 元增加到了 2014 年的 9511 元，增长比率为 17.1%。外出农民工和本地农民工工资拖欠比率分别增长了 16.8%和 14.8%，人均拖欠额分别为 10613 元和 8148 元，比 2013 年各自增加了 1529 元和 1050 元。① 另外，农民工劳动合同签订率低。在 2009 年农民工监测调查过程中，

① 国家统计局农村司. 2014 年全国农民工监测调查报告［EB/OL］.（2015-04-29）［2016-02-10］. http://www. stats. gov. cn/tjsj/zxfb/201504/t20150429_ 797821. html.

没有与用人单位签订劳动合同的农民工占总数的比例接近 60%，只有 42.8%的农民工与雇主签了劳动合同；2014 年，与雇主或单位签订了劳动合同的农民工比重降为 38%。

综上所述，在中国劳动力供求数量和结构失衡的条件下，适当拉开最低工资和最低生活保障的差距，适度提高中国最低工资标准，有利于鼓励最低生活保障对象中的部分有劳动能力人员实现就业，不仅有利于保障低收入劳动者的基本生活，弥补社会保障制度的缺陷，而且是保障劳动者合法权益的需要。

3.3.3 缩小收入差距的需要

基尼系数是国际上衡量收入分配差距的一个通用指标。基尼系数为 0~1，系数越大，表示收入分配越不平等。基尼系数为 0.4 时被称为收入分配差距的“警戒线”，0.4~0.6 表示收入差距偏大。改革开放以来，随着中国经济的快速发展和收入分配制度的不断改革，中国居民收入差距逐步拉大。从综合基尼系数来看，2003—2015 年，基尼系数整体上呈不断增大的趋势（见表 3-4）。但是，国家统计局公布 2015 年中国居民收入基尼系数为 0.462，这是继 2008 年达到 0.491 之后的第 7 年下降，也是 2001 年以来的最低点，说明了中国收入差距在一定程度上得到了遏制，与中国最低工资标准的不断提高有着密切联系。

中国的收入差距比较明显。中山大学发布的《中国劳动力动态调查：2015 年报告》显示，全国年收入平均达到 15.35 万元的最高的 20%的家庭，相对于年均总收入只有 7155 元的最低的 20%的家庭来说，差距悬殊。前者是后者的 21 倍。城市最高收入家庭组平均总收入约是最低组的 12 倍，农村最高收入家庭组平均总收入是最低组的 27 倍。

表 3-4 中国 2003—2015 年居民收入基尼系数

年份	基尼系数	年份	基尼系数
2003	0.479	2010	0.481
2004	0.473	2011	0.477
2005	0.485	2012	0.474

续表

年份	基尼系数	年份	基尼系数
2006	0. 487	2013	0. 473
2007	0. 484	2014	0. 469
2008	0. 491	2015	0. 462
2009	0. 490		

资料来源：国家统计局. 2003—2016 年全国居民人均可支配收入基尼系数［EB/OL］.（2017-10-10）［2017-11-10］. http：//www. stats. gov. cn/ztjc/zdtjgz/yblh/zysj/201710/t20171010_ 1540710. html.

2012 年，大多数发达国家的基尼系数为 25%~40%。其中，美国基尼系数 2012 年达到 45. 10%，2013 年基尼系数为 47%，是发达国家中基尼系数偏高的国家。世界银行在官网上公布了 2012 年世界部分国家的基尼系数（见表 3-5）。中国 2012 年的基尼系数为 47. 40%，超过了国际警戒线，而且在国际上也算是较大的，基尼系数大于很多发达国家。另外，还有少数国家的基尼系数超过了 50%，像洪都拉斯、巴西和哥伦比亚，而海地的基尼系数超过了 60%。

表 3-5　2012 年世界部分国家的基尼系数

国家	基尼系数（%）	国家	基尼系数（%）	国家	基尼系数（%）
挪威	25. 90	英国	32. 57	俄罗斯	41. 59
捷克共和国	26. 13	爱尔兰	32. 52	阿根廷	42. 49
白俄罗斯	26. 01	瑞士	31. 64	菲律宾	43. 04
瑞典	27. 32	波兰	32. 39	秘鲁	45. 11
罗马尼亚	27. 33	法国	33. 10	美国	45. 10
阿尔巴尼亚	28. 96	西班牙	35. 89	中国	47. 40
丹麦	29. 08	塞浦路斯	34. 31	墨西哥	48. 07
芬兰	27. 12	保加利亚	36. 01	哥斯达黎加	48. 61
比利时	27. 59	意大利	35. 16	洪都拉斯	57. 40
荷兰	27. 99	希腊	36. 68	巴西	52. 67
伊拉克	29. 54	越南	38. 70	哥伦比亚	53. 54
奥地利	30. 48	泰国	39. 26	海地	60. 79

资料来源：世界银行. 基尼系数［EB/OL］.［2016-03-10］. https：//data. worldbank. org. cn/indicator/SI. POV. GINI? view=map&year=2012 . 数据经过整理而得。

国外研究证明，最低工资标准的上涨提高了低收入者的收入和相对地位，也改善了收入分配不平等的程度，在印度、菲律宾、越南等国家尤其明显（见表 3-6）。在巴西，最低工资标准的提高扩大了中等收入者的规模。

表 3-6　21 世纪中期至末期工资不平等指数

国家	50%/10%	90%/50%	75%/25%	基尼系数
巴西	0. 15	-0. 37	-0. 48	-0. 02
哥斯达黎加	0. 34	0. 46	0. 11	0. 03
印度	-0. 13	0. 25	-0. 07	-0. 01
印度尼西亚	0. 15	0. 76	0. 34	0. 06
马里	-2. 37	1. 00	-2. 83	0. 10
墨西哥	0. 34	-0. 22	-0. 07	-0. 02
秘鲁	0. 11	-0. 29	-0. 66	-0. 04
菲律宾	-0. 13	0. 21	0. 00	0. 03
南非	-0. 45	-0. 90	-0. 70	0. 00
土耳其	-0. 22	0. 48	0. 02	0. 01
越南	-1. 71	-0. 53	-1. 23	-0. 15

资料来源：国际劳工组织 . 2013 年世界劳工报告——重塑经济与社会结构 [M]. 北京：中国财政经济出版社，2013.

工资收入与最低工资标准接近的劳动者，大多是农民工和劳务派遣工中的那些低端岗位劳动者，他们的工资水平与其他岗位劳动者的工资水平差距不断扩大，这不符合中国进入中等收入国家行列与构建和谐社会的要求。因此，合理提高最低工资标准，缩小低端岗位劳动者与其他岗位劳动者的工资差距，让低端劳动者能够体面地劳动和生活，是中国新时期的一项重要工作。

《上海市最低工资标准调整对职工收入及家庭生活的影响——2015 年上海工会最低工资标准评估报告》调查结果显示：62. 2%的职工认为最低工资标准调整对提高劳动者工资水平“略有作用”，16. 3%的职工认为“作用很大”，两者合计达 78. 5%。这与上海市对最低工资标准的调整和提高以经济发展速度、职工平均工资水平和物价上涨情况来确定最低工资标准调整幅度的做法有关，不仅为低收入劳动者共享经济社会发展成果创造了条件，还体现了初次分配的公平性。

从上述分析可知，最低工资标准在设置合理并得到有效执行的情况下，低收入阶层劳动者将从中受益，不仅有利于提高他们的劳动工资收入和购买力，促进消费与投资的良性循环，创造更多的就业机会，还有利于缩小收入分配的差距和缓解工资不平等的现象。因此，中国有必要完善最低工资标准的调整机制，合理、适时地提高最低工资标准，提高最低工资的合规率并进行有效的实施，对于改善工资收入分配的不合理状况和居民收入的不平等状况是十分必要的。

3.3.4 构建和谐劳动关系的需要

劳动关系既是基本的社会关系，也是生产关系的重要组成部分。劳动关系的和谐与否，关系到广大职工和企业的切身利益和经济发展与社会和谐。而中国正处于经济社会转型时期，以市场为导向的劳动力市场还没有完全形成，加上中国庞大的低收入劳动者群体的存在，劳动力供给大于需求，而且中国的工会组织在保护劳动者报酬权益方面发挥的作用还不够。目前，中国劳动关系复杂化和劳资矛盾多发，表现为劳动争议案件增多、劳动关系不和谐，这主要是由劳动关系利益和主体多元化造成的。制度设计不完善，一些克扣和拖欠劳动者工资、支付不合理的低劳动报酬等损害劳动者利益的行为时有发生，使劳资之间的共生关系不和谐。在这种情况下，如果政府不实行最低工资制度加强对低收入劳动者的收入保障，工资完全由市场决定，就很有可能会出现劳动者工资被人为持续压低的情况。因此，从保护劳动者利益的角度出发，实施最低工资标准并合理提高其标准是政府进一步规范企业行为，防止企业过分压低工人工资和保障劳动者的基本权益，促进劳动关系和谐的重要举措。

通过综合考虑各种因素（如基本生活消费支出、工资和经济发展等）测算出台的最低工资标准，在很大程度上具有合理性，对劳动者的基本生活起到了保障作用。这对于中国处于弱势地位的低端劳动者来说，至少有了制度保障和维权的法律依据。而且，在《最低工资支付规定》中，也明确了对于违反规定的行为应负的相应法律责任和经济赔偿责任。作为企业的用人单位一方，应该遵守相关法律规定，避免用工风险和劳动纠纷的产生。在中国，最低工资标准不断提高，一方面，有利于促进劳动者的工作积极性，提高劳动效率，提高企业的利润；另一方面，会使低收入劳动者的收入得到提高，使就业质量得到改善。因此，政府通过制定最低工资制度并对最低工资标准进行合理调整和提高，有利于和谐劳动关系的建立和发展，保障和协调劳动者和用人单位双方的合法权益，从而实现共赢。

这里需要指出的是，在最低工资制度的完善过程中，要充分发挥政府、用人单位和劳动者三方的职责和作用，坚持平等互利、互惠共赢等原则，进行协商和谈判，消除误解，增加达成一致意见的机会。这样制定出来的最低工资标准才具有更好的执行效力，才会更好地保护劳动者的劳动权益，减少劳资双方的矛盾，促进和谐劳动关系的发展。因此，政府进一步完善并落实最低工资制度，在经济发展基础上合理调整最低工资标准在中国是很有必要的。

3.3.5 优化产业结构的需要

产业机构优化是指产业协调发展和不断提高产业总体发展水平的过程，实现资源在不同产业之间的高效利用和优化配置，促进产业协调、稳定、高效发展。在劳动密集型制造行业如电子、纺织服装、机械设备、金属非金属、木材家具、食品饮料、医药生物、造纸印刷等 10 个制造业子行业中，员工工资成本占营业总成本最高的是纺织服装业，超过 10%。而且，根据国家统计局公布的 2015 年数据，中国 15~59 岁的劳动力人口数量连续四年下降。劳动力人口数量的下降，意味着中国老龄化速度加快，人口红利逐渐收缩。最低工资标准的不断提高，无疑增加了劳动密集型企业的用工成本，给用人单位带来了一些成本上升的压力。在用工成本压力不断上升的情况下，中国廉价劳动力的成本优势将逐渐丧失，用工成本的上升将逼迫中国产业加快转型升级的步伐，同时淘汰一些落后的企业。从中国的经济发展状况来看，提高最低工资标准对劳动者和用人单位都会起到激励作用。对劳动者来说，提高最低工资标准，会提高劳动者的工作主动性和劳动生产率，客观上会增进企业的凝聚力；对用人单位来说，最低工资标准的提高会促使管理者提高管理效率和效能，而不是通过靠压低员工的收入来赢得生存空间。这样，有利于企业的技术创新，减少劳动力对资本的简单替代，倒逼企业转型升级，从而推动产业结构的优化。

在中国现行的产业政策中，要鼓励加快经济结构和产业结构调整，对低层次产业结构进行优化升级，促进产业之间的融合发展。相反，如果用人单位过分依赖和迷恋“低工资”，就会延缓产业结构调整和技术升级；而当劳动力充足、劳动力价格便宜时，企业就会缺乏产业结构升级的动力。工资太低会扭曲资源配置和抑制产业升级，而且中国的人口红利在逐渐减弱。工资过低，企业找不到合适的员工，即使招到了员工，也会使企业陷入恶性循环的困境之中。因为低工资会降低员工的努力程度，不利于提高劳动生产率。过低的劳动生产率会使企业的经济效益和利润提高受到影响，从而影响企业的支付能力，导致更低的工资，企业最终会被淘汰。另外，产业结构优化离不开高素质、高技能、竞争力强的劳动者，而这些优质的劳动者需要企业提供有竞争力的报酬才能吸引进来。因此，即使政府不对最低工资进行适当调整，企业自己也会主动调整各自的薪酬水平。这也是最低工资的一种溢出效应。那些中小型劳动密集型企业，需要政府部门在调整最低工资标准的同时，结合经济发展状况、特点，跟进相应的配套政策和服务措施。如减少中小企业的纳税负担，减轻其因为最低工资上涨带来的成本压力，以适应经济转型和产业调整升级的需求，等等。

因此，用人单位应充分利用最低工资标准提高的契机，提升产业结构，加快产业转型。最低工资制度在保障劳动者收入权益的同时，最低工资标准的提高也会形成一种倒逼机制，迫使企业加快产业升级，寻求更广阔的发展空间。这也正是中国当前加快经济结构调整和产业结构优化所需要的。

综上所述，提高最低工资标准不仅是保障中国低收入劳动者的权益，维持其实际生活水平相对稳定的需要，也是缩小中国收入差距，构建和谐劳动关系的需要。因此，有必要对中国最低工资标准进行不断调整。

3.4 提高中国最低工资标准的可行性分析

中国提高最低工资标准不仅具有必要性，而且具有可行性。下面，笔者从经济基础、政策支持、法律保障和市场条件等方面对中国提高最低工资标准的可行性进行分析。

3.4.1 提高中国最低工资标准的经济基础

从经济发展来看，根据国家统计数据，从 1992 年提出建立社会主义市场经济体制以来，中国经济经历了持续快速发展。1990—2015 年，中国 GDP 增长率年均增长约为 9.4%。1992—1993 年、2004—2007 年是中国经济高速发展时期，GDP 增速超过了 10%（见表 3-7）。

表 3-7 中国 1990—2015 年国内生产总值与增长率 单位：亿元

年份	GDP 总值	GDP 增长率（%）	年份	GDP 总值	GDP 增长率（%）
1990	18667.8	5.0	2003	135822.8	9.1
1991	21781.5	7.0	2004	159878.3	10.1
1992	26923.5	12.8	2005	183217.4	10.4
1993	35333.9	13.4	2006	211923.5	11.6
1994	48197.9	11.8	2007	257305.6	13.0
1995	60793.7	10.2	2008	300670.0	9.0
1996	71176.6	9.7	2009	335353.0	8.7
1997	78973.0	8.8	2010	397983.0	10.3
1998	84402.3	7.8	2011	519322.0	7.8
1999	89677.1	7.1	2012	471564.0	9.2
2000	99214.6	8.0	2013	568845.0	7.7
2001	109655.2	7.3	2014	636463.0	7.4
2002	120332.7	8.0	2015	676708.0	6.9

资料来源：历年《中国统计年鉴》和《国民经济和社会发展统计公报》。

与世界 GDP 平均增长速度及其他国家的相比，中国的 GDP 增长率位于前列（见表 3-8），如 2012 年中国 GDP 的增长速度为 7.80%，世界 GDP 平均增长速度为 3.15%，前者超过了后者 1 倍还多。

表 3-8 世界部分国家/地区国内生产总值及其增长率 单位：亿美元

国家/地区	2012 年国内生产总值*	国内生产总值增长率				
		2005 年	2009 年	2010 年	2011 年	2012 年
世界	717073	4.58%**	-0.59%**	5.22%**	3.95%**	3.15%**
中国	82270	11.31%	9.21%	10.45%	9.30%	7.80%
中国香港	2630	7.39%	-2.46%	6.79%	4.85%	1.44%
孟加拉国	1227	6.30%	5.91%	6.40%	6.51%	6.05%
文莱	166	0.39%	-1.76%	2.60%	2.21%	1.30%
柬埔寨	142	13.25%	0.09%	6.10%	7.08%	6.45%
印度	18248	9.05%	5.04%	11.23%	7.75%	3.99%
印度尼西亚	8782	5.69%	4.63%	6.22%	6.49%	6.23%
伊朗	5489	4.66%	3.95%	5.90%	3.03%	-1.87%
以色列	2409	4.73%	1.11%	4.98%	4.61%	3.10%
日本	59640	1.30	-5.53%	4.65%	-0.57%	2.00%
哈萨克斯坦	1964	9.70%	1.18%	7.25%	7.50%	5.04%
韩国	11559	3.96%	0.32%	6.32%	3.63%	2.02%
老挝	92	6.77%	7.50%	8.10%	8.00%	8.30%
马来西亚	3035	4.98%	-1.51%	7.15%	5.08%	5.61%
蒙古国	103	7.25%	-1.27%	6.37%	17.51%	12.28%
缅甸	531	13.57%	5.14%	5.35%	5.46%	6.30%
巴基斯坦	2319	8.96%	1.72%	3.07%	3.04%	3.68%
菲律宾	2504	4.78%	1.15%	7.63%	3.91%	6.59%

注：* 表示按汇率法计算。** 表示按购买力评价加权。

资料来源：国际货币基金组织数据库。

2012 年后，中国经济增速有所放缓，但在世界上的经济实力排名却不断向前，中国 2015 年 GDP 总量排名世界第 2 位，人均 GDP 排名也在不断前进。良好的经济发展态势使中国经济实力大大增强，也为中国最低工资标准提高提供了财力支持并奠定了良好的经济基础。

表 3-9　2015 年世界 GDP 排名前 50 名国家/地区名单

单位：十亿美元

排名	国家/地区	GDP 总量	排名	国家/地区	GDP 总量
1	美国	16197.96	26	波兰	496.741
2	中国	10385.66	27	泰国	412.711
3	日本	4817.52	28	南非	402.152
4	德国	3373.30	29	奥地利	393.753
5	法国	2565.62	30	哥伦比亚	387.399
6	英国	2532.05	31	阿拉伯联合酋长国	374.925
7	巴西	2503.87	32	委内瑞拉	349.656
8	印度	2117.28	33	马来西亚	340.002
9	俄罗斯	2109.02	34	丹麦	308.366
10	意大利	1953.82	35	尼日利亚	293.107
11	加拿大	1839.14	36	智利	291.969
12	澳大利亚	1598.07	37	新加坡	277.860
13	西班牙	1311.12	38	埃及	275.868
14	韩国	1234.04	39	中国香港	273.667
15	墨西哥	1210.23	40	以色列	259.063
16	印度尼西亚	1006.89	41	菲律宾	258.517
17	土耳其	838.973	42	芬兰	252.163
18	荷兰	767.096	43	巴基斯坦	236.625
19	沙特阿拉伯	682.583	44	希腊	235.906
20	瑞士	616.595	45	哈萨克斯坦	220.141
21	阿根廷	537.117	46	阿尔及利亚	214.448
22	瑞典	533.248	47	秘鲁	211.980
23	伊朗	514.821	48	葡萄牙	206.623
24	比利时	511.145	49	爱尔兰	205.536
25	挪威	501.067	50	乌克兰	195.353

资料来源：2015 年世界 GDP 排名　中国经济总量在各国中排名第二［EB/OL］.（2016-01-19）［2016-03-04］. http：//www.phbang.cn/general/147871.html.

需要指出的是，最低工资标准并不是提得越高越好。最低工资标准的提高幅度不是随意的。最低工资标准提高的周期过长，随着物价的上涨和劳动者生活消费支出的增加，会使低收入劳动者的实际生活水平下降。特别是在员工平均工资增加时，不调整最低工资标准，低收入劳动者尤其是享受最低工资标准的那部分员工的利益将得不到满足，也有失初次分配的公平。最低工资提高的幅度过高，频率过大，同样会损害劳动者的利益，特别是一些微利企业可能会减少对劳动者的需求，从而使就业岗位减少，导致一部分工人失业。因此，要仔细衡量最低工资标准提高带来的影响，慎重对待最低工资标准提高的问题。如在经济高速发展时期，最低工资标准提高幅度不宜过大，保持持续增长最重要；在经济发展减速的新常态下，在中国最低工资标准本来就不高的情况下，即使延长最低工资标准调整的周期，也不要降低最低工资标准。因为，最低工资和其他工资形式一样，具有较强的黏性。也就是说，最低工资标准提高需要根据经济形势做出合理的判断；同时，要考虑提高后的最低工资标准能否得到真正实行。假设最低工资标准提高过多，用人单位没有足够的财务支出能力，政府没有配套的支持政策，最低工资制度就会成为一纸空文，缺乏有效性，最低工资标准也就难以得到执行。

3.4.2 提高中国最低工资标准的政策支持

最低工资标准的高低，直接关系到低收入劳动者的生活水平和生活质量，同时也会给用人单位带来直接或间接的影响，关系到社会的和谐与稳定。合理的最低工资标准会随着经济发展水平的提高、物价的上涨、生活消费水平的增加及就业状况等因素做出相应的调整。提高最低工资标准已经成为世界上许多国家的一个重要政策目标。与世界上其他许多国家一样，中国最低工资标准的提高也得到了政府相关政策的有力支持。

党的十七大报告指出，着力提高低收入者收入，逐步提高最低工资标准，提高劳动报酬在初次分配中的比重。这标志着最低工资制度的目标向保障劳动者公平分享经济发展成果的更高目标的转变，具有重要的意义。党的十八大报告指出，要缩小收入分配差距，大幅减少扶贫对象，实现就业充分和社会和谐稳定。“十二五”规划纲要指出，努力实现居民收入增长与经济发展同步，明显增加低收入者收入，努力实现农民工与城镇就业人员同工同酬，提高农民工工资水平。这说明了国家对农民工等低技能群体的工资收入在国家政策方面的支持和重视，也是中国“限高、扩中、提低”分配制度精神的体现。合理提高最低工资标准，提高劳动报酬在初次分配中的比重，是党和政府深化收入分配改革的重要目标；而且，中国政府也在不断地推进和完善最低工资制度，在增加低收入劳动者收入水平方面得到了实质性的进展。特别是自2010年以来，中国各地最低工资标准提高的幅度和频率是显而易见的，让大多数低收入劳动者体会到了最低工资标准的提高为自己带来的好处，也大大提高了低收入劳动者的收入水平。

从以上可以看出，为了实现和谐社会的发展目标，政府高度重视和支持包括最低工资制度在内的居民收入分配和社会保障问题，为最低工资制度的完善提供了良好的政策环境，也为最低工资标准的提高提供了政策支持，具有一定可行性。

3.4.3 提高中国最低工资标准的法律保障

中国从1993年11月的《企业最低工资规定》，1995年1月实施的《劳动法》，2004年3月的《最低工资规定》到2008年的《劳动合同法》等一系列法律法规为最低工资标准的调整和提高提供了法律依据。其中，《最低工资规定》指出，调整最低工资标准应参考当地就业者及其赡养人口的最低生活费用、城镇居民消费价格指数、职工个人缴纳的社会保险费和住房公积金、职工平均工资、经济发展水平、就业状况等因素进行适时调整。最低工资标准每两年至少调整一次。根据以上相关规定，在经济发展水平、物价等因素变化的情况下，应对最低工资标准做出相应的调整。在经济发展水平提高、物价上涨等情况下，应适度提高最低工资标准，以使广大劳动者能共同分享经济发展的成果，在物价上涨的情况下低收入劳动者的实际生活水平不下降，并能有所提高。

3.4.4 提高中国最低工资标准的市场条件

最低工资制度自建立以来，一直存在争议。一些经济学专家和学者否定了最低工资制度的可行性，更反对不断提高最低工资标准。他们认为，通过行政手段强制提高最低工资标准，将会导致失业增加，同样不利于劳动者，尤其是低技能劳动者；而且，他们分析时大都把劳动力市场假设成理想状况。例如，在劳动力市场上，市场机制是完善的，雇主是完全理性的，工资水平是均衡的完全竞争市场。因此，他们认为一切政府干预行为都是违背市场经济规律的，会阻碍市场效率和运行。但是，中国劳动力市场具有自己的特点，其实际情况并不符合以上假设。从目前来看，中国的劳动力数量在不断下降，老龄化程度在加快，人口红利在不断减小，劳动力供过于求的局面有所改善。从 2004 年开始，中国沿海地区出现了“民工荒”。近些年，每年春季一些地区即使不断提高工资待遇也很难招到合适的人。这当然有各方面的原因，如惠农政策的实施、城镇化的不断发展、就地就业的劳动力数量增加等。这也说明了中国提高最低工资标准具备了可行的市场基础。中国当前的最低工资标准相对于世界上其他国家来说并不高，劳动力成本相对较低。提高最低工资标准可以看作一种为恢复劳动力市场价格正常而采取的合理的政府调控行为，它并不对绝大多数劳动者的工资水平产生干预。诚然，最低工资标准的提高与经济学中有关最低工资标准理论在理性条件下对就业有负面影响的结论显得不对称。然而，在现实中我们可以发现，经济学在研究最低工资制度时所依托的理想状态在现实生活中几乎不存在；即使存在，也不具有普遍性和代表性，只是局限在很小的范围内。

由于中国劳动力市场存在不完全性及最低工资本身存在黏性，我们应认可最低工资标准提高在中国的可行性。因此，在中国劳动力市场机制发展不完善、劳资双方力量不均衡及二元劳动力市场长期客观存在的情况下，最低工资标准的提高在劳动力市场上具有可行性。

第4章　最低工资标准提高对就业影响的作用机理分析

从前文有关最低工资标准就业效应的理论文献综述中可知，在完全竞争市场条件下，最低工资标准提高超过均衡工资水平时，劳动力供给将随之增加，劳动力需求则会减少，其后果是劳动力供给大于需求，失业增加，对于技能水平偏低的劳动者的就业影响更大。在买方垄断的劳动力市场条件下，一定范围内的最低工资标准提高将增加对劳动力的需求，使失业减少。可见，最低工资标准变化会引起劳动力市场供给和企业劳动力需求决策的变化，从而对中国的就业产生影响，而且不同的劳动力市场产生的影响会有所差异。本章将在分析中国劳动力市场发展及其特点的基础上，运用相关经济学理论分析最低工资标准提高对中国的就业可能产生的影响。

4.1　中国劳动力市场的发展及其特点分析

4.1.1　中国劳动力市场的形成与发展

（1）改革开放前中国的劳动计划体制

新中国成立初，中国劳动力市场发展处于自发状态。从第一个五年计划开始，城乡二元化劳动力市场在中国计划经济思想影响下形成。“统招统配”的劳动力市场政策在城镇单位普遍推行，企业随之采取的是固定用工制度。城镇劳动力的工资水平由政府统一决定；而农村劳动力则由集体安排，农民收入按劳动量平均分配。此时，中国劳动力市场根据国家计划配置劳动力资源，不具备实质性的劳动力市场功能。

（2）改革开放后中国劳动力市场的形成和发展

中国劳动力市场在改革开放后逐步形成和发展起来。由于改革开放政策的实施，计划经济逐渐弱化，市场配置资源的作用逐步加强。劳动力市场逐步被政府承认并得到全面建设，其形成和发展可以分为初步建立、政府正式承认和全面建设与发展三个阶段。

①计划经济体制外劳动力市场的建立阶段（1978—1991 年）。1978 年，中国开始实行“对内改革、对外开放”的政策。在改革开放初期，中国政府开始放松对劳动力市场的管制。政府开始实行多种就业模式来解决返城青年的就业问题，如劳动部门介绍就业、自谋职业和自愿组织起来就业相结合，劳动者实现就业不再是单一的“统招统配”模式，劳动者也有了更多自主择业的自由。同时，为了提高企业的经济效益，政府向企业推广承包责任制，加强了企业的自主权。企业工资制度实行改革，在国有企业开始实行员工工资与企业经济效益挂钩的工资制度，并提倡合理拉开收入差距，兼顾效率和公平，提高了企业员工的积极性。初级的、局部的劳动力市场开始在经济体制外建立。劳动力市场对劳动力的合理配置和合理流动起到了促进作用。

②政府正式承认劳动力市场阶段（1992—1997 年）。从 1992 年起，中国劳动力市场继续发展，并在全国范围内推广劳动合同制。1993 年 11 月，我国政府首次正式承认“劳动力市场”的提法。劳动合同制在中国正式确立是在 1994 年，其确立的标志是《中华人民共和国劳动法》的颁布。用工制度的改革和劳动合同制的推广及正式确立，改变了企业和职工的固定关系，自此，中国劳动力流动更为频繁，自主择业的劳动者越来越多，“下海潮”在中国开始出现和流行。企业在劳动力市场上可以通过招聘的方式寻求企业所需要的人才。这时，市场机制和计划机制在劳动力市场上并存，市场机制并不完善。劳动力配置模式呈现出明显的二元性，其配置功能有待进一步加强。

③劳动力市场建设全面展开阶段（1998 年至今）。1998 年，中国劳动力市场建设全面展开，国有企业改革不断深入，下岗分流人员增加。“再就业服务中心”的成立，顺利解决了国有企业下岗职工开始向体制外流动的问题。政府开始对劳动力市场秩序进行规范，并建立和加强对职业中介机构的管理，

对劳动力的合理配置起到了较大的积极作用。中国劳动和社会保障部加强对有关劳动力市场职业供求状况的分析并进行制度建设，促进了劳动力市场机制的完善。政府在引导劳动力的合理流动、指导劳动力就业和培训及对劳动力供求进行有效调控方面起到了重要作用。

随后，中国劳动力市场经过 20 多年的发展，劳动力市场化程度逐步加强。劳动力市场服务网络、公共服务就业体系和政策法规体系逐步形成和完善，劳动力市场已成为中国配置劳动力资源的重要渠道。但是，中国依然存在劳动力市场分割现象，劳动力市场发育与政府干预紧密联系在一起，劳动力市场配置机制还不够完善，有待进一步加强。

4.1.2 中国劳动力市场的特点分析

（1）雇主和劳动者双方力量不均衡

中国劳动力市场建设的逐步加强，完善了市场机制，改善了市场环境，缓解了劳动关系，也提高了劳动力市场的一体化程度。但是，中国劳动力市场中劳资力量对比悬殊的状况并没有得到根本性的改善，工会缺乏力量，劳动力市场中劳动力供求双方的力量不对等的状况依然存在。目前，中国劳动力市场尚不成熟，亟待完善，如由于各种壁垒制约劳动力无法实现完全自由的流动、劳动力市场信息不对称等。整体而言，社会保障水平较低、国家法治化程度有待提高，自由市场形成的基础条件在中国还不成熟。

在中国劳动力市场上，尤其是在低端劳动力市场中，劳动力供求双方力量悬殊，即劳动力的需求方资方（企业方）力量大于劳动者的供给方劳方（劳动者），双方在劳动力市场上没有对等的话语权。在确定劳动报酬和福利时，企业方占主导地位，工资的高低由企业自主决定。特别是在中国劳动力无限供给的条件下，在劳资利益分配关系中劳动者常常处于劣势。这主要是因为中国企业的工会组织职能不独立，职能定位模糊，机构不健全，工会力量比较薄弱，在劳动力市场上是谈判能力和议价能力较弱的一方，在维护劳动者权益方面显得力不从心，这会直接影响到员工入会的积极性。政府与企业存在千丝万缕的联系，这与西方发达国家存在根本的区别。在西方国家，工会是工人利益的忠实代表，工会会员受到保护，由会员组成的工会力量强大，能够与雇主、政府在解决矛盾中进行平等的协商，合法有效地维护工人的利益。因此，要真正完善和发挥中国劳动力市场的配置作用，建立和谐、稳定的劳动关系，就需要逐步加强工会的力量建设。

（2）劳动力市场分割依然存在

穆勒在 1885 年指出，劳动力市场间的流动会因受到社会的、职业的和空间的转移障碍而变得非常困难甚至完全不可能。中国劳动力市场分割由于受到传统的户籍制度、计划经济和劳动用工制度的影响，造成了中国劳动力市场不同的分割形式，如城乡分割、职业分割、行业分割及所有制分割等。这些分割对不同劳动者在报酬、就业、教育、医疗和养老等方面有重要影响。1970 年，劳动力市场分割理论的重要流派代表皮奥罗和多林格提出了二元劳动力市场结构理论。他们认为，城市劳动力市场由一级市场和二级市场组成。在一级劳动力市场中，劳动者工资水平较高，劳动条件较好，就业稳定，保障性强，学习和发展机会多；而在二级劳动力市场，劳动者工资水平较低，工作条件较差，就业不稳定，缺乏发展和晋升机会，就业保障性差，容易失业。

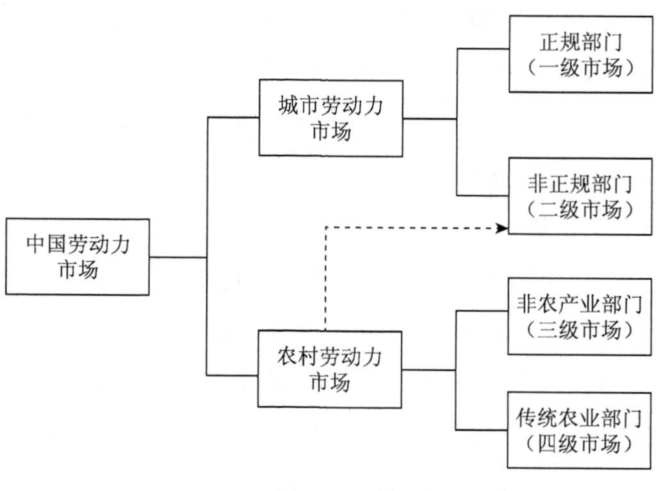

图 4-1 劳动力市场二元四级结构

中国劳动力市场由于长期受城乡二元结构的影响，具有比发达国家更明显的分割特点。在经济转型时期，中国劳动力市场具有典型的“二元四级”特征。从图 4-1 可以看出，中国劳动力市场中的“二元”是指城市和农村两个劳动力市场。中国劳动力市场中的“四级”是指城市劳动力市场中的正规部门和非正规部门，以及农村劳动力市场中的非农产业部门和传统农业部门，分别对应的是劳动力市场中的一级市场、二级市场、三级市场和四级市场。①

劳动力市场具有“二元性”，使就业结构也呈现“二元性”。如在中国城市劳动力市场中，存在正规部门（一级市场）和非正规部门（二级市场）。一般来说，本地居民和技能水平较高的劳动者在正规部门就业较多，外来人口包括低技能的劳动者在非正规部门就业的较多。中国正规部门一般由生产资本密集型产品的大公司组成，容易形成内部劳动力市场。劳动者所处的地位决定了工人的工资，其工资水平比市场要高。非正规部门是指发展中国家城市地区低收入、低报酬、无组织、无结构的很小生产规模的生产或服务单位。中国的失业人员及为数众多的农民工构成了非正规就业群体。两部门的劳动者在就业岗位、工资待遇、工作条件等方面存在较大的差异。一级市场中被淘汰的劳动力通常会流向二级劳动力市场，也有部分农村四级市场的剩余劳动力涌向城市二级市场，如进城务工的农民工等。二级市场成为一级市场的“蓄水池”，也可以为一级市场减轻压力。传统农业部门四级市场还有部分劳动力进入非农业部门的三级市场，这样有利于加快中国城镇化的进程，促进进城农民工向市民的转化。

中国现行劳动市场呈现出多重二元性和分割性，下面主要从城乡分割、职业分割、行业分割和所有制分割四个方面进行阐述。

①劳动力市场的城乡分割。在城乡差别基础上形成的劳动力市场分割称为城乡分割。户籍制度是造成劳动力市场城乡分割的主要因素。改革开放以来，由于农业劳动生产率的提高，大量农村剩余劳动力涌向城市，进城务工，实现就业，促进了城乡劳动力的流动。但是，由于二元户籍制度的长期存在，

① 唐炜，任保平．中国“二元经济”研究述评及转型路径探索［N］．光明日报，2007-05-25.

形成了二元性的福利。在教育、就业、公共服务、医疗保障等方面享受截然不同的服务和待遇，也面临许多难以解决的问题，如留守儿童的教育、农民工社会保险和住房保障问题。在一些用人单位，由于户籍身份的不同，在同样的岗位上实行不同的用工制度和身份管理，“同岗不同酬”。当然，中国近些年加大了户籍制度改革，居住一元化管理，部分地区在全省、全市范围内实行农民工积分制入户城镇政策。全面实施居住证制度，把农村户籍人口和城镇户籍人口统称为居民，统一城乡户口登记。重点解决一批已进城就业、定居农民工的落户问题等，但真正实施和取得效果还需要时间验证。另外，中国还进行了促进教育机会均等的教育制度改革，只要达到相关条件，农民工子女就可以随父母就地上学、参加高考，在一定程度上解决了留守儿童的教育问题。但是，城乡劳动者在城市劳动力市场中依然存在明显的差异，如就业和发展机会不均等，工作待遇同工不同酬等。农民工从事的大多数是二级劳动力市场上的重体力、高风险、低待遇的城市就业岗位。有时因为没有本地城镇户口，会在就业过程中受到各种限制。有些单位明确规定要本地户籍的劳动者，外来人员受到排挤的现象也不少见。

②劳动力市场的职业分割。由于劳动者职业素质差异形成的劳动力市场分割称为职业分割。由于文化水平、专业技能、职业道德等差异和不均衡形成了相对独立的劳动力市场。文化水平和技能水平高的劳动者大都从事的是以脑力劳动为主的职业或工作，他们其薪酬水平较高、工作环境好，如高级管理人员、高级技工等。文化水平和技能水平低的劳动者大都从事的是简单的、以体力劳动为主的职业或工作，他们待遇相对较低、工作环境差，如清洁工、餐饮服务员、保安等。据 2014 年国家统计局对 16 个行业的 91 万多家企业法人单位的调查发现，不同岗位平均工资水平存在差异，平均工资较高的中高层管理人员的工资是办事员工资的 2.30 倍，分别是 109760 元/年和 47483 元/年。专业技术人员年均工资为 66074 元。沈阳市人力资源和社会保障局发布了 2015 年沈阳市职业薪酬价位，排在最前面的是飞行人员和领航人员，年均工资为 392332 元，其次是企业董事、企业经理等。深圳的首席执行官 CEO、银行行长、财务总监等高层的平均月薪超过 1.5 万元。学历与工资

存在密切联系，2015 年，在深圳市，博士平均月薪为 8994 元，硕士平均月薪是 7371 元，本科生平均月薪是 4481 元，这说明高学历具有一定的优势。

③劳动力市场的行业分割。因行业性质的不同而形成的劳动力市场分割称为行业分割。中国各行业之间因劳动生产率、行业绩效和行业劳动者人力资本的差异，各行业之间的平均工资也存在较大的差距，如餐饮服务业、加工制造业等劳动密集型行业平均工资较低。2014 年，商业、服务业人员平均工资是全部就业人员平均水平的 81%，而技术密集型和资本密集型行业如金融业、科学研究与技术服务业等平均工资较高。据《2015 年中国统计年鉴》统计，2014 年中国平均工资最高的行业是金融业，平均工资为 100827 元/年。科学研究与技术服务业平均工资为 82259 元/年，而农、林、牧、渔业年平均工资最低，为 28356 元/年，约为金融业的 28%。平均工资较低的行业还有住宿和餐饮业、水利环境和公共设施管理业、居民服务业，其平均工资分别为 37264 元/年、39198 元/年和 41882 元/年。建筑业和制造业的整体工资水平也不高。2014 年，建筑业的平均工资是 45804 元/年，制造业的年均工资是 5136 元；采矿业的年均工资水平处于中等，平均工资为 61677 元/年。

④劳动力市场的所有制分割。因所有制性质存在差别而形成的劳动力市场分割称为所有制分割。改革开放以来，中国存在多种所有制，如国有经济、集体经济、私营经济等。相同绩效和岗位的劳动者，其薪酬、福利待遇会因所在单位的性质不同而存在差异。外商投资单位、股份有限公司和部分国有单位成为一级劳动力市场的主体，其薪酬水平较高，福利制度完善，职业发展机会较多。据国家统计年鉴统计数据显示，2014 年外商投资单位的平均工资水平最高，平均工资为 69826 元/年；其次是股份有限公司，平均工资为 67421 元/年；最后是国有单位，平均工资为 57296 元/年。以上三类单位的平均工资水平高于全国平均工资 56360 元/年。最低的是其他内资单位，平均工资为 42224 元/年；较低的是城镇集体单位，平均工资为 42742 元/年。一些城镇私营单位和个体工商户就业机制比较灵活，市场化程度较强。但是，在工资福利、工作稳定性和保障性方面较低，大都是城市的非正规部门，这些部门的就业者构成了城市二级劳动力市场。

由此可见，分割性的劳动力市场在一定程度上阻碍了劳动力的自由流动，特别是低级别劳动力市场上的劳动者很难流向高级别的劳动力市场，而高级别的劳动力市场上的劳动者有时不愿意流向低级别的劳动力市场，如一级市场的劳动者往往不愿到二级市场就业。随着企业改革的不断深入、劳动者就业观念的变化、劳动力市场建设的全面加强和就业结构的非农化进程加快，劳动力市场一体化的程度会大大提高，必将促进劳动力市场资源的合理配置和劳动力的合理流动。

（3）劳动力市场供求总量和供求结构失衡

①劳动力市场供求总量失衡。从劳动力供给来看，中国劳动适龄人口基数较大，根据《中国统计年鉴 2015》统计的 15~64 岁劳动适龄人口数据可知，2000 年为 88910 万人，占总人口的 70.1%。2005 年，15~64 岁劳动适龄人口为 94197 万人，占总人口的 72%。2013 年达到了最高值 100582 万人，约占总人口的 73.9%。2014 年，15~64 岁劳动适龄人口降为 100469 万人，约占总人口的 73.8%。以上数据充分说明了中国的劳动力供给数量庞大。加上经济减速和产业结构转型，劳动力总需求减少，部分就业者暂时被释放出来成为新的失业者，劳动力供给绝对数量增加。同时，中国劳动力参与率较高，无疑增加了劳动有效供给时间。从世界银行统计数据模拟估算结果（见表 4-1），可以清楚地看到中国和世界其他部分国家 2000 年和 2014 年在劳动力人口、劳动力总参与率和女性劳动力参与率的情况。中国劳动力数量居世界首位，2014 年达到 80650 万人，远远高于其他国家。2014 年劳动参与率相对于 2000 年来说，虽然有所降低，但位于世界前列，仅稍低于越南，明显高于印度、美国等人口大国。2015 年，从中国劳动力供给来看，城镇新增劳动力约 1500 万人；而在总需求方面，城镇新增就业 1000 万人左右。由此可见，中国劳动力供给数量大于需要，差额为 500 万人左右。近年来，由于经济减速和人口拐点的到来，以及中国劳动年龄人口增长率的不断递减，中国的劳动力市场开始进入了有限供给阶段。

表 4-1　世界部分国家劳动力人口与劳动力参与率的比较　单位：万人

国家	劳动力人口		15~64 岁劳动力参与率（%）		15 岁以上女性劳动力参与率（%）	
	2000 年	2014 年	2000 年	2014 年	2000 年	2014 年
中　国	72949	80650	77	71	71	64
印　度	40636	49696	59	54	34	27
印度尼西亚	9883	12406	67	68	50	45
日　本	6757	6530	62	59	49	49
越　南	4128	5421	78	78	73	73
墨西哥	3945	5556	60	62	39	45
美　国	14730	16105	66	62	59	56
巴　西	8430	10984	68	70	55	59
法　国	2736	3006	55	56	48	51
英　国	2951	3299	62	62	54	56
德　国	4042	4221	58	60	49	54
韩　国	2266	2635	61	61	49	50
加拿大	1624	1973	65	66	59	61
俄罗斯联邦	7275	7675	61	64	54	57
哥伦比亚	1790	2429	65	68	49	56
哥斯达黎加	162	232	60	63	37	47
澳大利亚	961	1242	63	65	55	59
菲律宾	3125	4381	65	65	49	51

②劳动力市场供求结构失衡。中国劳动力市场供求结构失衡主要表现为劳动力供求双方素质不匹配，即低素质劳动力供过于求，而高技能人才相对缺乏，供不应求。具体来说，低端劳动力供给数量大于对劳动力的需求，高端劳动力供给数量不能满足对劳动力的需求。下面，笔者从劳动者文化素质和技术等级两个方面分析中国劳动力市场供求结构失衡的现状。

首先，从中国从业人员接受教育的程度来看，文盲从业人员比例下降比较快，从 1996 年的 13.0%下降到 2013 年的 1.9%。小学文化程度从 1996 年的 35.3%下降到 2013 年的 18.5%。初中、高中和大专及以上从业人员所占比例都有所提高，其中，初中文化程度的从业人员提高比较明显，这可能与中国九年义务教育政策有密切的关系。但是，整体来看，中国从业人员接受文化教育的程度比较低，还难以满足中国经济增长方式的转变及产业结构升级的需要。

表 4-2　中国从业人员接受教育程度分组

年份	文化程度				
	不识字（%）	小学（%）	初中（%）	高中（%）	大专及以上（%）
1996	13.0	35.3	37.5	11.3	2.8
1999	11.0	33.3	39.9	11.9	3.8
2003	7.1	28.7	43.7	13.6	6.8
2005	7.8	29.2	44.1	12.1	6.8
2008	5.3	27.4	47.7	12.7	6.9
2009	4.8	26.3	48.7	12.8	7.4
2010	3.4	23.9	48.8	13.9	10.1
2011	2.0	19.6	48.8	16.7	12.9
2012	1.0	16.1	49.9	19.2	13.8
2013	1.9	18.5	47.9	17.1	14.6

资料来源：历年《中国劳动统计年鉴》。

中国人力资源市场信息监控中心对 2014 年度全国 102 个城市的公共就业服务机构的市场供求信息进行了统计分析，中国劳动力供求在文化程度方面也存在差异（见表 4-3）。对不同文化程度的需求人数和求职人数进行对比分析后发现，除职高、技校、中专文化程度的劳动者求职人数少于需求人数外，其余各文化层次的求职者人数均多于需求数量。

表 4-3　按文化程度分组的供求人数　　单位：人次

文化程度	劳动力供求人数比较				
	需求人数	需求比重（%）	求职人数	求职比重（%）	岗位空缺与求职人数的比率（%）
初中及以下	1252367	19.9	1360258	24.1	1.10
高中	2262995	36.0	2293220	40.6	1.17
职高、技校、中专	1362722	60.2	1310004	57.1	1.48
大专	1064566	16.9	1236382	21.9	1.04

续表

文化程度	劳动力供求人数比较				
	需求人数	需求比重（%）	求职人数	求职比重（%）	岗位空缺与求职人数的比率（%）
大学	658331	10.5	723266	12.8	1.09
硕士及以上	39684	0.6	40015	0.7	1.17
无要求	1014013	16.1	—	—	—
合计	6291956	100.0	5653141	100.0	—

资料来源：人力资源和社会保障部.2014年度全国部分城市公共就业服务机构市场供求状况分析[EB/OL].（2015-01-12）[2015-12-13]. http：//news.hexun.com/2015-01-12/172287650.html.

其次，从技术等级来看，劳动力供求双方技能等级结构不均衡。初级技术人员整体上供过于求，而中高级技术人员供不应求。从技术人员需求方来看，对技术等级有明确要求的占52.8%，主要集中在初级工、中级工和技术员，分别占18.9%、10.1%和11.1%。从技术人员求职方来看，54.7%的求职者具有技术等级资格，稍高于需求方的总比例。其中，技术等级相对较低的初级工、中级工和技术员分别占21.3%、10.2%和12.0%。但是，对高级工、技师、高级技师、工程师和高级工程师的需求比重和求职比重进行比较，发现技术等级较高求职者低于需求人数，其岗位空缺比率也较高，如技师、高级技师和高级工程师的岗位空缺比率分别为2.01%、1.91%和1.81%（见表4-4）。

表4-4　按技术等级分组的供求人数　　单位：人次

技术等级	劳动力供求人数比较				
	需求人数	需求比重（%）	求职人数	求职比重（%）	岗位空缺与求职人数的比率（%）
初级工	1187485	18.9	1201480	21.3	1.51
中级工	635209	10.1	574522	10.2	1.63
高级工	206068	3.3	161753	2.9	1.80
技师	128761	2.0	86457	1.5	2.01
高级技师	43162	0.7	31171	0.6	1.91
技术员	699011	11.1	679091	12.0	1.55
工程师	348291	5.5	296554	5.2	1.70

续表

技术等级	劳动力供求人数比较				
	需求人数	需求比重（%）	求职人数	求职比重（%）	岗位空缺与求职人数的比率（%）
高级工程师	73524	1.2	57123	1.0	1.81
无技术等级	—	—	2564990	45.3	—
无要求	2970445	47.2	—	—	—
合计	6291956	100.0	5653141	100.0	—

资料来源：人力资源和社会保障部 . 2014 年度全国部分城市公共就业服务机构市场供求状况分析 [EB/OL].（2015-01-12）[2015-12-13]. http：//news. hexun. com/2015-01-12/172287650. html.

从表 4-4 可以看出，中国劳动力市场存在劳资双方力量不均衡，劳动力市场呈现多重二元性，分割现象依然存在，以及劳动力市场供求数量和供求结构失衡等特点。整体来说，中国劳动力市场机制尚不完善，一体化程度有待进一步加强。通过对中国劳动力市场的特点进行分析，奠定了最低工资标准提高对就业影响的理论研究的现实基础。

4.2 基于劳动力市场分割理论的最低工资标准就业效应分析

中国劳动力市场存在多重二元性和分割现象，使中国劳动力自由流动受到了一定的阻碍。笔者将结合劳动力市场的分割性和多重二元性特点，分析在最低工资标准提高的条件下中国不同层级劳动力市场就业的变化情况。

4.2.1 劳动力市场分割理论概述

传统劳动力市场经济理论对劳动力市场的解释性有限，对各种歧视现象、社会贫困、收入差距、收入分配等现象无法很好地进行解释。20 世纪 60 年代，美国经济学家彼得 · 多林格尔（P. Doeringer）和迈克尔 · 皮奥雷（M. Piore）提出了早期劳动力市场分割理论的双元结构劳动力市场模型。中国在 20 世纪 90 年代初引进了劳动力市场分割的概念；90 年代中期，我国国内学者开始运用劳动力市场分割理论对中国劳动力市场进行分析。双元结构劳动力市场理论认为，可以把劳动力市场分为一级劳动力市场和二级劳动力市场。两级市场在工资待遇、就业环境和发展机会方面存在明显的差别。其中，一级市场工资水平高、工作条件好、就业相对稳定、升迁和培训的机会多。二级市场工资水平低、就业不稳定、工作条件差。二级市场与竞争性市场比较接近，工资水平趋于均衡水平，劳动力供求受到工资水平的调节。一级市场运行机制比较复杂，工资水平较高，往往享有“内部人”的种种特权。

该理论认为，对劳动者报酬和就业产生重要影响的是制度和社会因素。不同人群由于获得的劳动力市场信息和进入劳动力市场渠道的不同使其在就业部门、职业和工资等方面存在明显的差异。劳动力市场被分割成不同特点的市场，每个市场之间都因为势力联合和制度约束变得相对封闭，各有自己的工资分配方式和劳动特点。分割理论与劳动力市场的灵活性、正规就业和非正规就业理论相结合，具有较强的解释能力。

4.2.2 市场分割条件下最低工资标准就业效应模型的建立

（1）模型的假设条件

①劳动力市场上存在一级市场和二级市场。其中，一级市场的劳动者工资水平较高，远远高于当地的最低工资标准，为高收入就业者群体，如高级技术人员、经理人员等。二级市场的工资水平较低，通常接近最低工资标准，就业者群体技能水平较低，如进城务工的农民工等。一级市场和二级市场上的劳动力不能自由流动，劳动力只能在各自的劳动力市场流动。如一级市场的劳动者不愿到二级劳动力市场就业，哪怕是失业；二级劳动力市场的劳动者虽然向往一级劳动力市场，但由于某些原因而不能流向一级劳动力市场。

②劳动力市场的劳动力是异质的。一级市场的劳动力职业素质高，技能水平和边际生产率高，就业能力强；二级市场的劳动力技能相对较低，缺乏专业技能，学历较低，边际生产率低，就业能力较弱。

③劳动力供给总量一定。

（2）模型的建立

根据以上假设条件，建立二元劳动力市场最低工资标准就业效应模型分析最低工资标准提高对二元劳动力市场就业的影响。

如图 4-6 所示，S_1 和 D_1 分别表示一级劳动力市场的供给曲线和需求曲线，当两条曲线相交时，均衡点为 E_1，均衡就业量和均衡工资分别为 L_1 和 W_1。S_0 为二级劳动力市场的供给曲线，D_0 为二级劳动力市场的需求曲线，其初始均衡点为 E_0，此时二级劳动力市场的均衡就业量和均衡工资分别为 L_0 和 W_0。在二级劳动力市场上，虽然劳动力供给大于劳动力需求，由于中国劳动适龄人口增长减速及劳动者心理因素、工作习惯、惠农政策和城镇化发展的影响，部分劳动者不愿意从事低工资的行业，中国二级劳动力市场趋向有限供给。二级劳动力市场的劳动者拥有自己的保留工资，即愿意接受工作的最低工资，用 W_B 表示。最低工资为 W_m，劳动边际成本为 MLC。

从图 4-1 可以看出，一级劳动力市场的均衡工资 W_1 远远高于二级劳动力市场的均衡工资 W_0，这主要是因为技能水平的差异造成的。一级劳动力市场的技能水平和工资水平高，提高最低工资标准不会对其就业和工资水平产生明显的影响。但在二级劳动力市场上，劳动力供给大于劳动力需求，其技能水平和工资水平较低，二级劳动力市场接近买方垄断市场，最低工资标准的提高会对劳动力的供给和需求产生明显的变化。

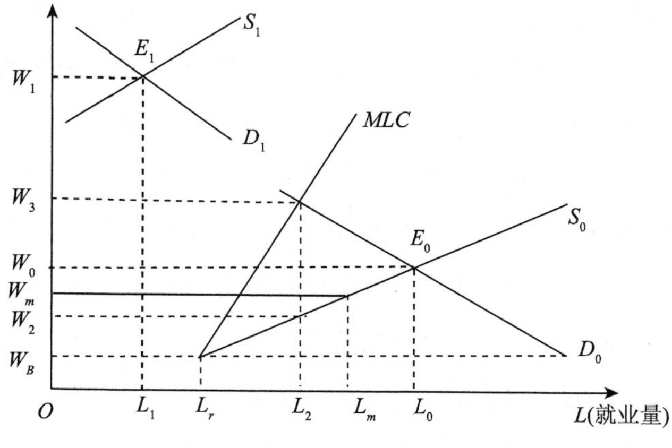

图 4-2　二元劳动力市场的最低工资标准就业效应模型

根据买方垄断市场理论，我们对最低工资标准提高的就业效应进行具体分析（见图 4-2）：

①在没有实施最低工资标准时，买方垄断市场的均衡工资为 W_2，均衡就业量为 L_2。当实施高于 W_2 的最低工资标准 W_m 后，此时就业量为 L_m，即 $W_m > W_2, L_m > L_2$，实施最低工资标准，会提高就业量。

②当最低工资 W_m 提高到市场均衡工资 W_0 时，均衡就业量为 L_0，就业量达到最大值。当最低工资 W_m 不断提高超过 W_0 时，即 $W_m > W_0$，就业量会逐渐减少。

③当最低工资标准 W_m 提高到 W_3 时，此时就业量为 L_2，就业量减少。

由此可见，二级劳动力市场对劳动力需求的变化与最低工资标准的高低及其提高的幅度有关。

（3）模型的修正

在图 4-2 中，我们假定劳动力市场中的一级市场和二级市场之间不能自由地相互流动。实际上，由于劳动者就业观念的改变或生活的需要，在一级市场上因某种原因失业的劳动者有可能接受较低工资水平的工作，流向二级市场。如图 4-3 所示，在劳动力供给量一定的情况下，流向二级市场的一级市场劳动力使二级市场的劳动供给增加，供给曲线 S_0 向右移至 S_0'；一级市场的劳动需求减少，需求曲线 D_1 向左移至 D_1'。同时，实施高于竞争市场均衡工资水平的最低工资标准并适度提高后，使其达到甚至超过部分劳动者原本相对较高的保留工资水平，这样会提高部分二级市场劳动力的劳动意愿，从而使二级市场的劳动供给增加。由于二级市场劳动供给增加，其劳动边际成本曲线 MLC 变成更为平缓的曲线 MLC'。在需求曲线 D_0 不变时，二级市场在点 $A(L_2, W_0)$ 达到均衡。当退出一级市场的劳动者流向二级市场，二级市场的劳动供给从 S_0 增加到 S_0' 时，新的均衡点为 $B(L_0, W_0)$。实施最低工资标准 W_m' 后，$W_m' > W_0$，此时就业量为 L_m'，且 $L_m' > L_m$，二级市场的就业增加。但当最低工资为 W_0' 时，就业量达到最大值，超过 W_0'，就业量将开始下降。

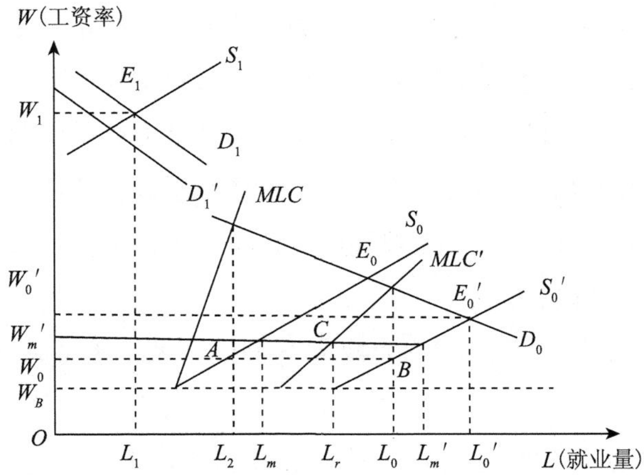

图 4-3　修正后的二元劳动力市场最低工资就业效应模型

4.2.3　理论模型的政策含义

笔者结合中国劳动力市场的分割性特点，并在相关假设条件的前提下，建立了二元劳动力市场的最低工资就业效应模型，并对其进行了修正。现对该模型的政策含义做进一步阐述。

（1）最低工资标准提高的就业效应与最低工资水平及其提高幅度有关

按照传统经济学的理性分析可知，最低工资标准提高意味着低收入劳动者工资水平的提高，在完全竞争的市场条件下减少了对替代性强的低端劳动力的需求。但是，中国劳动力市场具有特殊性——多重二元性和分割性，最低工资标准提高对不同的劳动者群体就业会产生不同的影响；而且，对就业的影响程度与最低工资标准的高低及提高的幅度有密切的关系。适度地提高最低工资标准会促进低端劳动力的劳动供给增加和企业的雇佣需求。当最低工资水平过低时，劳动者的基本生活得不到保障；当最低工资水平过高时，会给用人单位造成成本压力，减少对低端劳动力的需求。

（2）最低工资标准提高的就业效应与劳动力供求数量和供求弹性有关

不同级别劳动力市场中劳动者的技能水平存在差异，其替代性和供求弹性存在差异。一级市场的劳动力技能水平较高，人力资本含量较高，供给弹性较小，替代性较低；而二级市场的劳动力相对于一级市场来说，供给弹性较大，可替代性较强。最低工资标准提高对供求弹性较大的劳动力就业的负面影响比较明显，而对供给弹性较小的高技能劳动力的就业影响不明显。如供给弹性较小的高级技工，替代性较小，技能水平高，最低工资标准提高对其就业影响不明显；而对于缺乏技能的农民工，因供给弹性大，其就业受最低工资标准提高的影响较大。

（3）最低工资标准提高的就业效应与最低工资的合规程度和执行力度有关

为了研究方便，我们在建立二元劳动力市场最低工资就业效应模型时，假设中国最低工资制度为完全覆盖，而且在相关规章中也有所规定。但在实践中，通过相关调查发现，最低工资制度的覆盖率与完全覆盖还存在一定差距，工资低于最低工资标准的劳动者在现实中还少量存在。中国最低工资标准的合规程度相对较低，这与中国最低工资制度的执行和监督管理力度有密切的关系。一般情况下，最低工资标准的合规程度越高、执行和监督力度越强，最低工资标准提高对低端劳动力的就业影响越明显。由于中国较低的最低工资标准合规程度和较弱的执行力度，在对最低工资标准提高的就业效应进行实证分析时，可能会低估其就业负效应。

总之，从理论上来分析，最低工资标准提高对中国就业的影响程度不仅与劳动力市场的特征有关，还与最低工资标准提高的幅度和最低工资标准的合规程度有密切关系。关于最低工资标准提高对就业影响的具体程度，则需要通过计量分析得出。

第5章　中国最低工资标准调整及其就业效应调查分析

在理论分析的基础上，本章主要对中国最低工资标准提高和调整趋势进行量化分析；同时，通过设计调查问卷进行调查，收集第一手数据资料，了解中国最低工资制度实施的现状及最低工资标准在微观层面上运用SPSS 19.0软件进行描述性统计分析和最佳尺度分析，有利于全面了解中国最低工资标准的现状及对就业影响的调查研究。

5.1　中国最低工资标准调整分析

中国最低工资标准因地区不同而存在差异。近年来，中国最低工资标准调整和提高的频率和幅度在不断增加。有些地区几乎每年都调整最低工资标准。从目前来看，中国名义最低工资标准在调整中不断提高，这也是中国“十二五”规划目标实现的具体体现。那么，中国的最低工资标准现在处于一个什么样的水平呢？本章主要从最低工资标准的增长率、最低工资标准与人均GDP、平均工资的比率，以及最低工资标准的国际比较角度来分析中国最低工资标准的现状。

5.1.1　中国最低工资标准调整频率和调整幅度

（1）中国最低工资标准的调整频率

最低工资标准增长率指标，可以作为衡量国家政府对低收入劳动者收入的重视程度的指标。1994年1月，中国正式开始实行最低工资标准。1995年，全国有13个地区颁布了最低工资标准。截至2004年底，中国所有地区均颁布实施了当地最低工资标准；同时，最低工资标准的覆盖范围进一步扩大，非全日制劳动者、民办单位等与用人单位存在劳动关系的所有人员都纳入了最低工资标准实施对象。此后，中国各地政府根据《最低工资规定》要求对最低工资标准进行调整。据统计，1994 年至 2006 年 3 月，中国最低工资标准共调整了 177 次，按 31 个省、自治区和直辖市计算，平均每个地区调整次数约为 5.7 次。① 2011 年，最低工资标准增长的幅度达到高峰。表 5-1 给出了 2001—2015 年最低工资标准调整的地区比例情况。除 2009 年外，中国受 2008 年爆发的世界金融危机的影响，全国各个地区都没有对最低工资标准进行调整，在其他年份，都有不同比例的地区调整了最低工资标准，特别是 2010 年后，最低工资标准调整的范围进一步扩大。

表 5-1　2001—2015 年中国最低工资标准调整比例　　单位：个

年份	地区数	调整最低工资标准地区数	调整比例（%）
2001	31	10	32.3
2002	31	14	45.2
2003	31	6	19.4
2004	31	21	67.8
2005	31	11	32.4
2006	31	21	67.8
2007	31	14	45.2
2008	31	22	70.1
2010	31	30	96.8
2011	31	24	77.4
2012	31	24	77.4
2013	31	26	83.9
2014	31	19	61.3
2015	31	28	90.3

资料来源：五地调整最低工资标准，平均增幅 11.3%为近年最低［N］. 经济参考报，2015-04-23.

① 王询，姜广东. 劳动经济学［M］. 北京：首都经济贸易大学出版社，2008.

（2）中国最低工资标准的调整幅度

2012 年 1 月，国务院提出中国最低工资标准在 2011—2015 年年均增长要达到 13%以上。也就是说，2015 年的最低工资标准至少是 2011 年的 1.63 倍。但从全国平均最低工资标准的增长指数来看（见表 5-2），2011 年全国最低工资标准为 900 元/月，2015 年为 1425 元/月，增长率为 58.3%，距 63%还差约 5 个百分点，基本上实现了“十二五”规划的增长目标。在全国范围内，从中国 2000—2015 年的最低工资标准绝对增长额来看（见表 5-2），2000 年最低工资标准为 268 元/月，2015 年最低工资标准达到 1425 元/月，增长幅度为 431%。整体来看，最低工资标准在调整频率加快的同时，其增长幅度也在不断加大。其中，2004 年和 2010 年是中国最低工资标准平均增幅最大的两年，增幅分别为 21.9%和 23.9%。中国 2004—2015 年的最低工资标准年均增速约为 12.3%①；而且，绝大部分年份最低工资标准增幅超过了 10%。这说明中国政府越来越重视民生问题，对低收入劳动者的收入保障也高度关注。

表 5-2 中国 2000—2015 年最低工资标准增长率 单位：元/月

年份	最低工资标准	增长率（%）
2000	268	—
2001	289	7.8
2002	314	8.6
2003	328	4.5
2004	400	21.9
2005	424	6.0
2006	504	18.9
2007	559	10.9
2008	622	11.3
2009	622	0
2010	771	23.9
2011	900	16.7
2012	1019	13.2

① 据人社部劳动工资研究所按最低工资标准各档次平均值测算得出。

续表

年份	最低工资标准	增长率（%）
2013	1166	14.4
2014	1252	7.40
2015	1425	13.8

资料来源：各年地区平均数求和再除以地区数得到全国各年的最低工资标准。

（3）全国各地区2015年最低工资标准

中国最低工资标准表现为两种形式：一种是按月支付的月最低工资标准，另一种是按小时支付的小时最低工资标准。2015年，从月最低工资标准来看，深圳最低工资标准以2030元/月排在第2位；上海2016年4月最低工资标准调整为2190元，超过深圳居第1位。广东、浙江和天津最低工资标准也接近2000元/月。所有地区的月最低工资水平都在1000元以上（见表5-3）。最低的地区是海南，月最低工资标准为1270元。从小时最低工资标准来看，最低的地区是北京，最低工资标准为18.7元/小时；其次是深圳和上海，分别为18.5元/小时和18.0元/小时。小时最低工资标准最低的也是海南，为11.2元/小时。

表5-3　2015年中国各地区月最低工资标准和小时最低工资标准　单位：元

地区	月最低工资标准	小时最低工资标准	地区	月最低工资标准	小时最低工资标准
深圳	2030	18.5	江西	1530	15.3
上海	2020	18.0	安徽	1520	16.0
广东	1895	18.3	四川	1500	15.7
浙江	1860	17.0	福建	1500	16.0
天津	1850	18.5	重庆	1500	15.0
北京	1720	18.7	陕西	1480	14.8
新疆	1670	16.7	吉林	1480	13.5
内蒙古	1640	13.3	黑龙江	1480	14.2
江苏	1630	14.5	河北	1480	15.0
青海	1640	14.5	宁夏	1480	14.0
山西	1620	17.7	甘肃	1470	15.5

续表

地区	月最低工资标准	小时最低工资标准	地区	月最低工资标准	小时最低工资标准
山东	1600	16.0	西藏	1400	13.0
河南	1600	15.0	广西	1400	13.5
贵州	1600	17.0	湖南	1390	13.5
云南	1570	14.0	辽宁	1300	15.0
湖北	1550	16.0	海南	1270	11.2

资料来源：2015 年北京最低工资标准上涨至 1720 元　2015 最新各地最低工资标准调整一览表 [EB/OL].（2015-04-01）[2016-03-10]. http：//bj. bendibao. com/news/201541/183034. shtm.

注：表中最低工资标准为地区最高档。

(4) 全国各地区最低工资标准及其增长率

表 5-4 为 1996 年和 2014 年中国各地区最低工资标准的增长情况。从最低工资标准增长幅度来看，增长幅度最大的是河北和内蒙古，增长率分别为 747%和 744%；最低工资标准增长最慢的是广东和海南，增长率分别为 317%和 351%，远远低于平均增长幅度 564%。

表 5-4　中国各地区 1996 年和 2014 年最低工资标准及其增长率

单位：元/月

地区	最低工资标准		最低工资增长率（%）	地区	最低工资标准		最低工资增长率（%）
	1996 年	2014 年			1996 年	2014 年	
北京	270	1560	478	上海	300	1820	507
天津	265	1680	534	广东	300	1250	317
河北	160	1355	747	广西	180	1003	457
山西	160	1300	713	海南	230	1037	351
河南	170	1250	635	重庆	170	1200	606
湖南	220	1098	399	四川	153	1250	717
湖北	170	1073	531	贵州	160	1117	598
江西	165	1240	652	云南	200	1253	527
江苏	200	1453	627	陕西	163	1325	713
浙江	223	1148	418	甘肃	160	1275	697
安徽	167	1023	513	西藏	—	1175	—
青海	185	1260	581	新疆	203	1310	545
宁夏	160	1223	664	吉林	195	1380	608
辽宁	210	1300	519	内蒙古	160	1350	744

续表

地区	最低工资标准		最低工资增长率（%）	地区	最低工资标准		最低工资增长率（%）
	1996 年	2014 年			1996 年	2014 年	
黑龙江	185	990	435	山东	170	1350	694
福建	250	1303	421	平均值			564

资料来源：中国各地区政府发布的相关文件，以各地区最低工资标准的平均值为准。

5.1.2 中国最低工资标准与 GDP 比率变化

（1）中国人均 GDP 增长率

根据官方公布的 GDP 和最低工资标准的统计数据，笔者整理出了中国 2001—2015 年人均 GDP 和最低工资标准每年的增长比率（见表 5-5 和图 5-1）。从中可以看出，在此期间，中国的 GDP 得到了较大幅度的增长，说明中国经济取得了较快的发展，特别是 2004—2011 年，人均 GDP 平均增速超过 10%；同时，中国最低工资标准在 2004—2015 年增速明显，增长最快的是 2004 年和 2010 年，增速超过了 20%；最低工资标准平均增速达到了 8.2%。但整体来看，2001—2007 年，全国人均 GDP 的增长速度稍高于最低工资标准的增长速度。2008—2015 年，最低工资标准的增长速度高于人均 GDP 的增长速度（2009 年最低工资标准未进行调整，故除外）。特别是在 2010 年以后，最低工资标准的增速明显高于人均 GDP 的增速。这说明，中国低收入劳动者在一定程度上分享到了中国经济快速发展的成果。

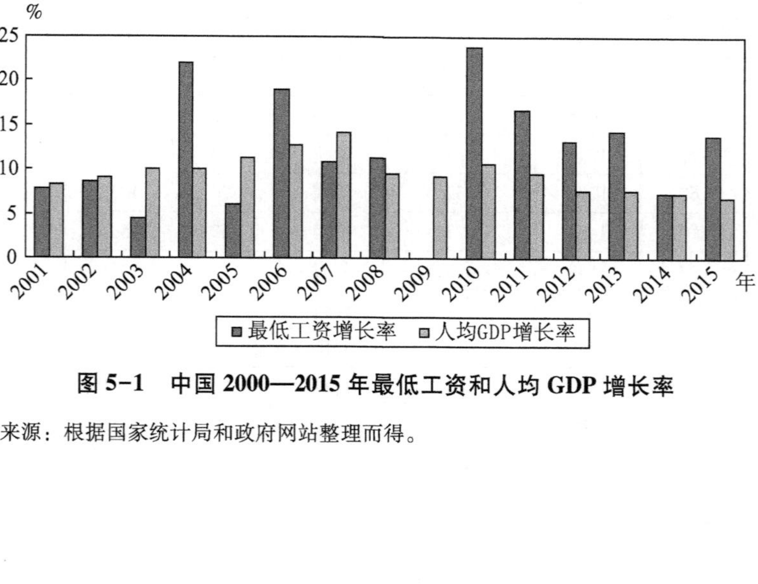

图 5-1 中国 2000—2015 年最低工资和人均 GDP 增长率

资料来源：根据国家统计局和政府网站整理而得。

表 5-5　中国 2001—2015 年人均 GDP 增长率和最低工资增长率

单位：元/年

年份	人均 GDP	GDP 增长率（%）	最低工资增长率（%）	年份	人均 GDP	GDP 增长率（%）	最低工资增长率（%）
2000	7902	—	—	2008	23912	9.6	11.3
2001	8670	8.3	7.8	2009	25963	9.2	0
2002	9450	9.1	8.6	2010	30567	10.6	23.9
2003	10600	10	4.5	2011	36018	9.5	16.7
2004	12400	10.1	21.9	2012	39544	7.7	13.2
2005	14259	11.3	6.0	2013	43320	7.7	14.4
2006	16602	12.7	18.9	2014	46629	7.3	7.40
2007	20337	14.2	10.9	2015	52000	6.9	13.8
平均增长率						9.6	8.2

（2）中国各地区人均 GDP 增长率

最低工资与人均 GDP 的比例指标，可以用来解释劳动者是否分享到了社会经济的发展成果。GDP 是衡量中国经济发展的主要指标。1996 年，中国人均 GDP 相对较低。经过十几年的发展，2014 年中国人均 GDP 大幅增长，各地区人均年 GDP 绝对值及其增长情况见表 5-6。

表 5-6　中国各地区 1996 年和 2014 年人均 GDP 及其增长率

单位：元/年

地区	人均 GDP		人均 GDP 增长率（%）	地区	人均 GDP		人均 GDP 增长率（%）
	1996 年	2014 年			1996 年	2014 年	
北京	12833	99995	679	上海	20452	97370	376
天津	11629	105231	805	广东	9365	63469	578
河北	5325	39984	651	广西	4074	33090	712
山西	4199	35070	735	海南	5307	38924	633
河南	4016	37072	823	重庆	3901	47850	1127
湖南	4118	40271	878	四川	3688	35128	852
湖北	5099	47145	825	贵州	2025	26437	1206
江西	3696	34674	838	云南	3690	27264	639
江苏	8445	81874	869	陕西	3257	46929	1341

续表

地区	人均 GDP		人均 GDP 增长率（%）	地区	人均 GDP		人均 GDP 增长率（%）
	1996 年	2014 年			1996 年	2014 年	
浙江	9547	73002	665	甘肃	2895	26433	813
安徽	3854	34425	793	西藏	2654	29252	1002
青海	3761	39671	955	新疆	5401	40648	653
宁夏	3716	41834	1026	吉林	5123	50160	879
辽宁	7672	65201	749	内蒙古	4269	71046	1564
黑龙江	6445	39226	509	山东	6821	60879	793
福建	7994	63472	694	平均值			829

资料来源：根据历年《中国统计年鉴》整理而得。

从人均 GDP 的绝对值分析其变化，1996 年人均 GDP 最高的是上海，为 20452 元/年；其次是北京和天津，人均 GDP 分别为 12833 元/年和 11629 元/年。人均 GDP 最低的是贵州，为 2025 元/年；其次是西藏和甘肃，分别是 2654 元/年和 2895 元/年。可见，上海人均 GDP 是贵州的 10.1 倍。2014 年，天津人均 GDP 最高，为 105231 元/年；北京为 99995 元/年，排名第 2 位。上海降为第 3 位，人均 GDP 为 97370 元/年。2014 年，人均 GDP 较低的是甘肃和贵州，分别为 26433 元/年和 26437 元/年，位居倒数第 1 和倒数第 2。

从人均 GDP 的年均增长率来看，排在首位的是内蒙古，增长率为 1564%；其次是陕西和贵州，分别是 1341%和 1206%。增长较慢的是上海和黑龙江，人均 GDP 年均增长率分别为 376%和 509%。全国各地人均 GDP 平均增长 829%，高于最低工资增长 564%。

（3）中国 2000—2015 年最低工资占人均 GDP 的比率变化

通过中国 2000—2015 年最低工资占人均 GDP 的比重（见表 5-7）可以看出，基本上处于 0.3～0.4。2009 年为 0.29，处于最低时期。但从 2010 年开始，最低工资占人均 GDP 的比重逐步回升，这与中国最低工资快速增长有关。

表 5-7 中国 2000—2015 年最低工资标准占人均 GDP 的比重

单位：元/月

年份	最低工资	人均 GDP	最低工资/人均 GDP	年份	最低工资	人均 GDP	最低工资/人均 GDP
2000	268	658.5	0.41	2009	622	2163.6	0.29
2001	289	722.5	0.40	2010	771	2547.3	0.30
2002	314	787.5	0.40	2011	900	3001.5	0.30
2003	328	883.3	0.37	2012	1019	3295.3	0.31
2004	400	1033.3	0.39	2013	1166	3610.0	0.32
2005	424	1188.3	0.36	2014	1252	3885.8	0.32
2006	504	1383.5	0.36	2015	1425	4333.3	0.33
2007	559	1694.8	0.33	平均值			0.34
2008	622	1992.7	0.31				

资料来源：根据 2000—2015 年地区平均数求和再除以地区数得到全国各年的最低工资标准。

（4）各地区最低工资占人均 GDP 的比率变化

表 5-8 是中国各地区 1996 年和 2014 年最低工资与人均 GDP 的比率变化情况，可以判断各地区低收入劳动者是否分享到了社会经济的发展成果。从表 5-8 的计算结果可以看出，除了河北和上海最低工资占人均 GDP 的比率有所提高外，其他地区的最低工资占人均 GDP 的比率都在下降，平均下降幅度为 13.0%。下降最多的是贵州、甘肃、湖南和陕西，分别为 44.4%、33.9%、31.7%和 31.2%。整体来看，最低工资占人均 GDP 的比率在下降，说明低收入劳动者没有充分分享到经济发展的成果。

表 5-8 中国各地区 1996 年和 2014 年最低工资占人均 GDP 的比率变化

单位：元

地区	最低工资/人均 GDP		比率变化（%）	地区	最低工资/人均 GDP		比率变化（%）
	1996 年	2014 年			1996 年	2014 年	
北京	25.2	19.2	-6.0	上海	17.6	21.6	4.0
天津	27.3	19.2	-8.1	广东	38.4	24.0	-14.4
河北	36.1	40.8	4.7	广西	53.0	36.0	-17.0
山西	45.7	44.4	-1.3	海南	52.0	32.4	-19.6
河南	50.8	39.6	-11.2	重庆	52.3	30.0	-22.3
湖南	64.1	32.4	-31.7	四川	49.8	43.2	-6.6

续表

地区	最低工资/人均 GDP		比率变化（%）	地区	最低工资/人均 GDP		比率变化（%）
	1996 年	2014 年			1996 年	2014 年	
湖北	40.0	26.4	-13.6	云南	65.0	55.2	-9.8
江西	53.6	43.2	-10.4	陕西	60.0	28.8	-31.2
江苏	28.4	21.6	-6.8	甘肃	66.3	32.4	-33.9
浙江	28.0	19.2	-8.8	福建	37.5	21.6	-15.9
安徽	51.9	36.0	-14.9	新疆	45.1	38.4	-6.7
青海	59.0	38.4	-20.6	吉林	45.7	40.8	-4.9
宁夏	51.7	34.8	-16.9	内蒙古	44.9	22.8	-22.1
辽宁	32.8	24.0	-8.8	山东	29.9	26.4	-3.5
黑龙江	34.4	30.0	-4.4	平均值			-13.0
贵州	94.8	50.4	-44.4				

资料来源：根据历年《中国统计年鉴》整理而得。

（5）各地区人均 GDP 和最低工资标准增长率的变化趋势

从图 5-2 可以看出，中国各地区 1996—2014 年最低工资标准增长率和人均 GDP 增长率的变化。除河北和上海人均 GDP 的增长率低于最低工资标准增长率外，其他地区人均 GDP 的增长率均大于最低工资增长率，特别是内蒙古、陕西和贵州，最低工资增长幅度大大低于人均 GDP 的增长率，说明最低工资与经济发展不协调。劳动者为经济发展做出了贡献，却没有充分分享到经济发展的成果。

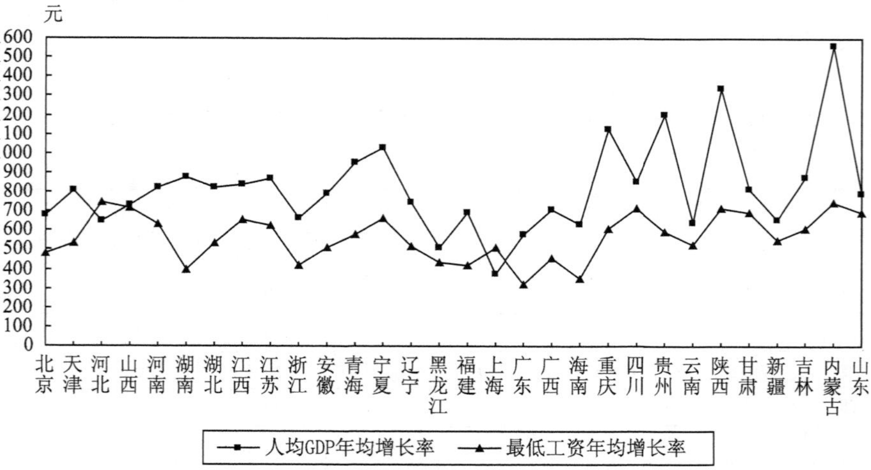

图 5-2　中国各地区 1996—2014 年人均 GDP 和最低工资增长率

5.1.3 中国最低工资与平均工资比率变化

最低工资占平均工资的比重，可用于衡量国家分配公平和收入差距的程度，也是判断最低工资标准高低的一个重要指标。本项目根据相关部门统计数据进行整理，得出了中国各地区（不含西藏）1996 年和2014 年最低工资占平均工资比率及二者增长率情况，具体结果见表 5-9。

表 5-9 中国各地区（不含西藏）1996 年和 2014 年最低工资与城镇单位在岗职工月平均工资

单位：元

地区	1996 年			2014 年			平均工资增长率（%）	最低工资增长率（%）
	最低工资	平均工资	比值	最低工资	平均工资	比值		
北京	270	798	0.33	1560	8522	0.18	968	478
天津	265	637	0.42	1680	6064	0.28	852	534
河北	160	441	0.36	1355	3759	0.36	752	747
山西	160	432	0.37	1300	4080	0.32	844	713
河南	170	449	0.38	1250	3514	0.36	683	635
湖南	220	460	0.48	1098	3926	0.28	753	399
湖北	170	425	0.40	1073	4153	0.26	877	531
江西	165	404	0.41	1240	3851	0.32	853	652
江苏	200	550	0.36	1453	5072	0.29	822	627
浙江	223	618	0.36	1148	5131	0.22	730	418
安徽	167	431	0.38	1023	4241	0.24	884	513
青海	185	543	0.34	1260	4757	0.26	776	581
宁夏	160	470	0.34	1223	4571	0.27	873	664
辽宁	210	439	0.48	1300	4015	0.32	815	519
黑龙江	185	380	0.49	990	3669	0.27	874	435
福建	250	557	0.45	1303	4452	0.29	699	421
上海	300	889	0.33	1820	8354	0.22	840	507
广东	300	761	0.39	1250	4956	0.25	551	317
广西	180	450	0.40	1003	3785	0.26	741	457
海南	230	456	0.50	1037	4156	0.25	811	351

续表

地区	1996年			2014年			平均工资增长率（%）	最低工资增长率（%）
	最低工资	平均工资	比值	最低工资	平均工资	比值		
重庆	170	418	0.41	1200	4632	0.26	1008	606
四川	153	430	0.36	1250	4379	0.28	918	717
贵州	160	410	0.39	1117	4397	0.25	972	598
云南	200	519	0.39	1253	3841	0.33	640	527
陕西	163	407	0.40	1325	4211	0.31	935	713
甘肃	160	490	0.33	1275	3913	0.33	699	697
新疆	203	499	0.41	1310	4455	0.29	793	545
吉林	195	448	0.44	1380	3876	0.36	765	608
内蒙古	160	393	0.41	1350	4479	0.30	1040	744
山东	170	484	0.35	1350	4318	0.31	792	694
平均值	209	517	0.39	1269	4601	0.28	807	564

资料来源：根据1997年和2015年《中国统计年鉴》、百度文库网和国家统计局资料整理。

从各个地区来看，表5-9显示了中国各省、自治区、直辖市（不含西藏）最低工资与平均工资的比值变化情况。按照中国各省、自治区、直辖市（不含西藏）最低工资平均值计算，各地区1996年二者平均比值为39%，北京、上海、甘肃比值最低，为33%；海南最高，为50%。按照同样的计算方法可得到，最低工资与平均工资比值在2014年有所下降，平均比值为0.28。其次，1996—2014年，中国各地区平均工资增长率和最低工资标准增长率分别为807%和564%，两者相差243个百分点。以上数据说明，中国的贫富差距在逐步扩大。

表5-10　中国2000—2015年月最低工资与职工月平均工资的比率

单位：元/月

年份	最低工资	职工平均工资	比率（%）
2000	268	781	34.5
2001	289	906	31.9
2002	314	1036	30.3
2003	328	1170	28.0
2004	400	1335	30.0
2005	424	1517	28.0

续表

年份	最低工资	职工平均工资	比率（%）
2006	504	1738	29.0
2007	559	2060	27.1
2008	622	2408	25.8
2009	622	2687	23.1
2010	771	3045	25.3
2011	900	3483	25.8
2012	1019	3897	26.1
2013	1166	4290	27.2
2014	1252	4697	26.7
2015	1425	4694	30.4

资料来源：根据各省、直辖市、自治区的原始数据求平均得到全国各年的最低工资标准。

从全国范围来看，表 5-10 显示了中国 2000—2015 年月最低工资占平均工资比重的变化情况，二者比值处于 23%～35%。但是，与中国“十二五”规划纲要提出的“最低工资年均增长超过 13%”的目标相比，实现得并不理想。人力资源和社会保障部劳动工资研究所做了相关调查和比较分析，发现全国 31 个城市包括直辖市和省会城市最低工资（按最高档计算）与平均工资比率也出现了下降，如 2004 年二者比值为 34%；2014 年为 31%，与 2004 年相比下降了 3 个百分点。2004 年城市最高占比为 50%，2014 年下降为 40.6%。① 根据经验，由于最低工资主要对低收入群体和行业的劳动力成本造成压力，因此，我们对各地最低工资与城镇私营单位平均工资的比率进行了计算（见表 5-11）。可以清楚地看到，最低工资与城镇私营单位平均工资的比重处于 33%～59%，此比率明显高于全国平均数据。如上海，最低工资占城镇私营单位平均工资的比重达到了 58.4%，吉林为 56%，河南为 54.7%，还有山西，都超过了 50%。而且，从统计年鉴的数据上，我们知道城镇集体单位、股份合作单位的平均工资比城镇私营单位的平均工资更低，最低工资占其平均工资的比重也就更大，对这些企业的成本压力更大。

因此，在最低工资标准不断提高的过程中，我们不能忽视最低工资标准

① 白天亮．最低工资涨得太快了吗？［N］人民日报，2016-03-25.

对低收入群体在低工资行业中就业所带来的压力和不良影响。

表 5-11　中国 2014 年各地区月最低工资与城镇私营单位月平均工资比率

单位：元

地区	月最低工资	年平均工资	月最低工资/月平均工资（%）
上海	1820	37377	58.4
广东	1250	41295	36.3
浙江	1148	38689	35.6
天津	1680	47838	42.1
北京	1560	52902	35.4
新疆	1310	36199	43.4
内蒙古	1350	34778	46.6
江苏	1453	39975	43.6
山西	1300	29203	53.4
山东	1350	38911	41.6
河南	1250	27414	54.7
贵州	1117	32785	40.9
云南	1253	32055	46.9
湖北	1073	28534	45.1
江西	1240	30149	49.4
安徽	1023	35268	34.8
四川	1250	32671	45.9
福建	1123	40813	33.0
重庆	1200	40139	35.9
陕西	1120	30483	44.1
吉林	1220	26140	56.0
黑龙江	990	26960	44.1
河北	1355	31459	51.7
宁夏	1223	33229	44.2
甘肃	1275	27273	56.1
青海	1260	30337	49.8
广西	1003	31638	38.0
湖南	1098	30568	43.1
辽宁	1300	32123	48.6
海南	1037	32707	38.0

5.1.4 中国最低工资标准的国际比较

为了全面了解中国最低工资标准的现状，在对中国最低工资标准进行纵向分析的同时，我们还可以从横向的角度来对中国最低工资标准与其他国家的最低工资标准进行比较分析。

（1）全球小时最低工资标准比较

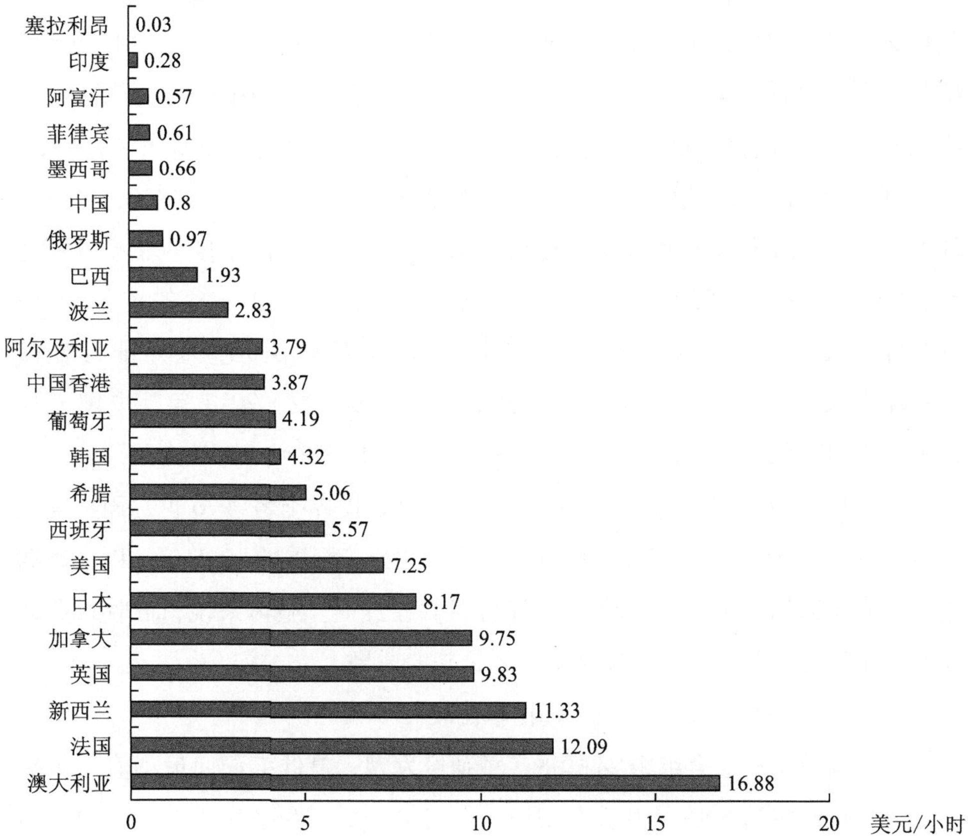

图 5-3 各国/地区小时最低工资标准对比

资料来源：全球最低工资排行榜：中国第 17 位［EB/OL］．（2014-01-25）［2016-02-05］．http：//www. ukchinese. com/News/2014-01-25/5355. html.

从世界各国每小时最低收入的对比中（见图 5-3）可以看出，最低工资标准为 16.88 美元/小时的澳大利亚排名首位；其次是法国，小时最低工资标准为 12.09 美元；美国排名第 7 位，属于中等范围。中国排名第 17 位，小时最低工资标准为 0.8 美元，约为印度的 3 倍，但不足澳大利亚的 1/20。虽然中国的最低工资标准增长速度较快，但从最低工资标准绝对数上来说，与发展中国家巴西相比，中国的最低工资标准整体上并不高。

（2）世界人均 GDP，以及最低工资与人均 GDP 的比率的比较

人均 GDP 比较客观地反映了一定国家社会的发展水平和发展程度。学者刘植荣研究得到，2009 年世界最低工资（按最低值计算）占人均 GDP 的平均值为 58%，中国仅为 25%，印度达到了 104%。笔者按照中国当地最低工资标准的平均值计算得到 2009 年最低工资与人均 GDP 的比值是 29%①（见表 5-7），2015 年为 33%，说明中国最低工资标准占人均 GDP 的比重在逐步提高。2009 年，中国最低工资标准世界排名第 158 位，高于中国标准的非洲国家达到 32 个。中国人均 GDP 世界排名第 99 位，明显高于最低工资的排名。② 中国统计局数据显示，2011 年，中国人均 GDP 为 4382 美元，世界排名第 95 位；印度人均 GDP 为 1265 美元，世界排名第 137 位。2014 年，中国人均 GDP 为 7595 美元，世界排名第 78 位；印度人均 GDP 为 1505 美元，排名第 144 位。中国 2015 年人均 GDP 为 8280.09 美元，世界排名第 73 位；而卢森堡人均 GDP 为 103186.99 美元，居世界首位，相当于中国的 12.5 倍。以上数据说明，中国人均 GDP 的绝对值和世界排名都在提高。整体来说，低收入劳动者在一定程度上分享到了中国经济发展带来的成果。

（3）世界最低工资与平均工资比率比较

学者刘植荣对经合组织 24 国的工资研究发现，最低工资（最小值）占平均工资平均比重为 50%，中国为 21%。本书按最低工资平均值计算得到中国

① 此数据是根据国家和地区的最低值计算的。笔者是按照平均值计算的，所以比值相对较高。

② 刘植荣．世界工资调查：非洲 32 个国家最低工资超中国［EB/OL］.（2010-02-10）［2015-04-05］. http：//www.360doc.com/content/10/0213/09/12016_ 15773299.shtml.

2009 年的比重为 23.1%。① 2015 年，中国最低工资占平均工资的比重为 30.4%，与 40%的标准还存在一定的差距，与一些发达国家相比差距更明显。

从以上分析可知，中国最低工资标准近年来调整频繁，提高幅度较大，低收入劳动者也享受到了经济发展的成果，但是多数地区最低工资相对于理想目标值偏低，还有提升的空间。

5.2 中国最低工资标准实施现状及其就业效应的问卷调查分析

5.2.1 调查问卷的设计及数据来源

通过对中国最低工资标准现状及调整的分析，我们知道中国目前实行的是基于地区的最低工资制度，不同的地区因经济发展、生活消费水平及收入水平的不同实行不同的最低工资标准；而且，中国各地的工资制度执行情况有所不同，执行力度有所差异。为了更好地分析中国最低工资制度的现状及其对就业的影响情况，我们对中国最低工资制度的实施现状及其就业效应进行了问卷调查。

本书采用调查问卷对全国不同地区、不同行业的不同用人单位进行了随机调查。本次的调查问卷是在 2010 年调查问卷（对北京和焦作地区的调查）进行修改和补充的基础上形成的（见附录），能保证调查问卷的效度和信度。在调查过程中，充分利用现代先进的通信技术，通过网络、微信、邮件、电话和面对面等多种调查方式对最低工资标准实施现状及其就业效应进行了充分的调查。

调查问卷主要分为四个部分：第一部分，关于被调查者本人及家庭相关情况，包括性别、户籍、文化程度（学历）、职称、所在岗位、工作年限、工

① 表 5-6 得出的中国最低工资与平均工资的比率为 0.23，这是笔者按照中国各地区最低工资的平均值得出的；图 5-4 得到的中国最低工资与平均工资的比率为 0.21，这是刘植荣按照最低工资的最低值计算出来的。因此，计算结果有细微的差别。

作性质、家庭人均消费支出和人均月工资收入等。第二部分，关于被调查者所在单位情况，主要包括单位所属行业、注册类型和单位规模。其中，调查行业在原来的基础上增加了对批发零售业、采矿业、房地产行业的调查。第三部分，关于最低工资就业效应的现状调查，主要包括最低工资制度的执行情况及执行不力的主要原因，最低工资标准的高低、主要作用及其对用人单位人工成本的影响，最低工资标准是否需要分类实行，最低工资标准影响的主要人群等。第四部分，关于最低工资标准合理性及促进最低工资标准和就业协调建议的征集。

本次调查面向全国最低工资标准及其就业效应进行了调查，共收到调查问卷 3345 份，剔除不合格问卷后，合格样本为 3330 份。

5.2.2 被调查劳动者和用人单位基本特征分析

通过运用 SPSS 19.0 对调查问卷中的被调查者及其所在单位特征分布进行分析，结果如下：

（1）被调查者个人及家庭特征的统计分析

①男性和女性人数比例基本相当。从性别构成来看，样本中男性比例整体上略低于女性，男性为 1530 人，占 45.9%；女性为 1800 人，占 54.1%。

②被调查者年龄以青壮年为主，35 岁以下的占 73.3%。其中，20 岁以下的为 410 人，占 12.3%；21~35 岁的年轻人居多，总人数为 2030 人，占 61.0%；36~50 岁的占 21.0%；50 岁以上的占 2.8%（见图 5-4）。由于年轻人较多，所以工作年限较短。

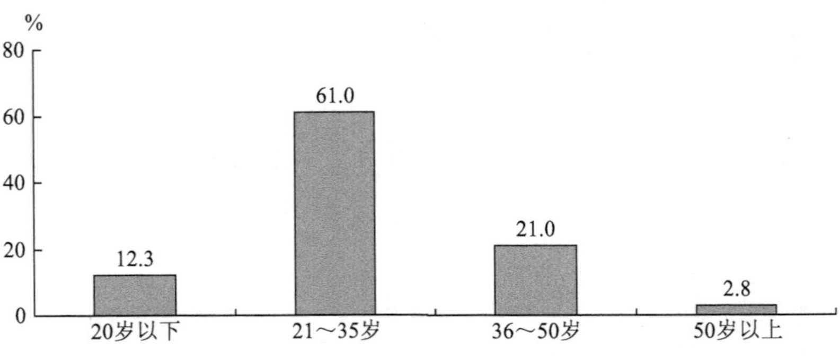

图 5-4 被调查者的年龄分布

③被调查者的文化程度整体偏低，主要以本科及本科以下学历为主。其中，中学及以下文化程度的为 1080 人，占 32.4%；大专学历 970 人，占 29.1%；本科学历 1140 人，占 34.2%；研究生及以上学历的为 4.2%，比例相对较低（见图5-6）。

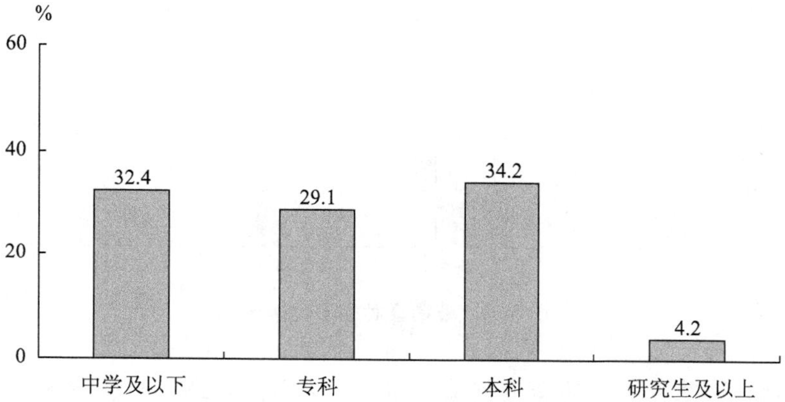

图 5-5　被调查者的受教育情况

④被调查者大多是初级及以下职称。其中，无职称员工人数为 2080 人，占 62.5%，大多数技能水平较低；初级职称的员工为 780 人，占 23.4%；中级职称占 9.0%；而高级职称只占 5.1%。初级及以下职称占整体被调查员工人数的 85.9%。

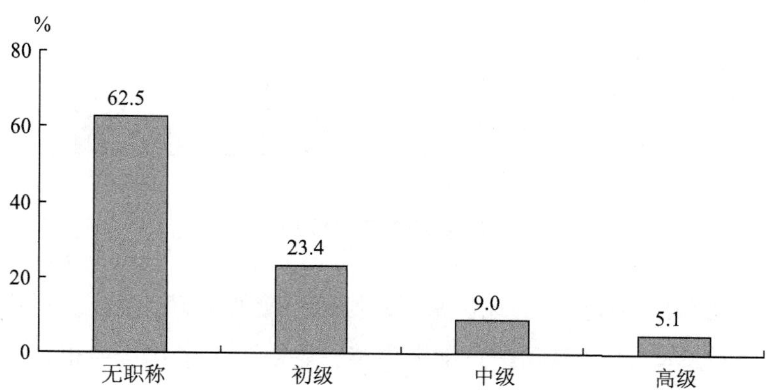

图 5-6　被调查者的职称构成

⑤从被调查者的工龄来看，工作年限为 2 年以下的人数为 990，占 29.7%；2~5 年的人数为 1300，占 39.0%；6~10 年的人数为 600，占 18.0%；10 年以上的占 13.2%。可见，5 年及以下工龄的占了大部分，为 68.7%。10 年以上的员工人数相对较少。

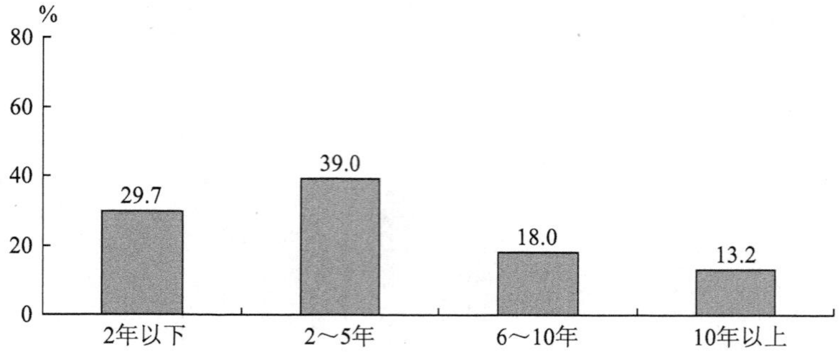

图 5-7　被调查者的工龄构成

⑥从被调查者所在的岗位整体分布情况来看，管理人员、技术人员、生产人员和后勤服务人员比例相当。其中，管理人员数量为 890 人，占 26.7%；技术人员数量为 790 人，占 23.7%；生产人员数量为 1000 人，占 30.0%；后勤服务人员数量为 650 人，占 19.5%。

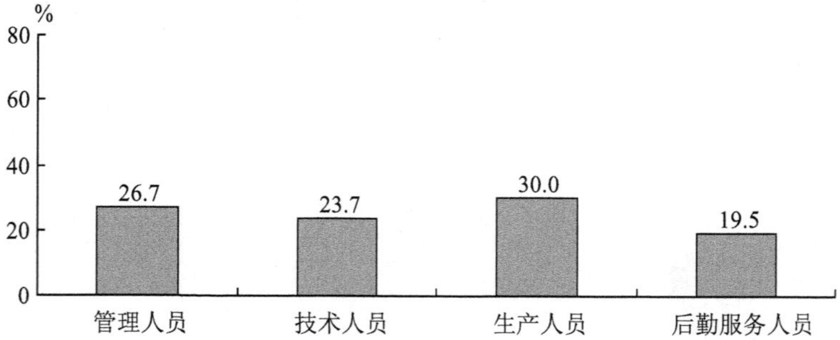

图 5-8　被调查者的岗位构成

⑦从户籍和被调查员工的地位来看，城镇户籍的占 50.2%，农村户籍的占 49.8%，二者基本相当。从传统意义上来说，农民工占了接近一半。在被调查的人员中，绝大部分是一般员工，占总被调查人数的 90.4%；有 9.6%的被调查

者是单位的负责人。不同的地位对最低工资制度的看法和立场是有差别的。

表 5-12 被调查员工个人的基本特征

		频率	百分比（%）	有效百分比（%）	累积百分比（%）
性别	男性	1530	45.9	45.9	45.9
	女性	1800	54.1	54.1	100.0
年龄	20 岁以下	410	12.3	12.3	12.3
	21~35 岁	2030	61.0	61.0	73.3
	36~50 岁	700	21.0	21.0	94.3
	50 岁以上	190	5.7	5.7	100.0
学历	中学及以下	1080	32.4	32.4	32.4
	专科	970	29.1	29.1	61.6
	本科	1140	34.2	34.2	95.8
	研究生及以上	140	4.2	4.2	100.0
职称	无职称	2080	62.5	62.5	62.5
	初级	780	23.4	23.4	85.9
	中级	300	9.0	9.0	94.9
	高级	170	5.1	5.1	100.0
工龄	2 年以下	990	29.7	29.7	29.7
	2~5 年	1300	39.0	39.0	68.8
	6~10 年	600	18.0	18.0	86.8
	10 年以上	440	13.2	13.2	100.0
工作性质	全日制	222	66.7	66.7	66.7
	非全日制	111	33.3	33.3	100.0
户籍	城镇	167	50.2	50.2	50.2
	农村	166	49.8	49.8	100.0
负责人	是	32	9.6	9.6	9.6
	不是	301	90.4	90.4	100.0

⑧被调查者的工资收入和人均消费情况分析。从工资收入来看，中低收入数量占主体，其中月工资不高于 1600 元的占 16.8%，1601~3200 元的占 47.1%，3201~4800 元的占 18.0%，4800 元以上的占 18.0%。从被调查者的

人均消费来看，人均每月基本生活消费不高于1600元的人占27.9%，高于月收入同等水平所占比例；1601～3200元的占43.2%；3201～4800元的占21.6%；月基本生活消费在4800元以上的只占8.1%。

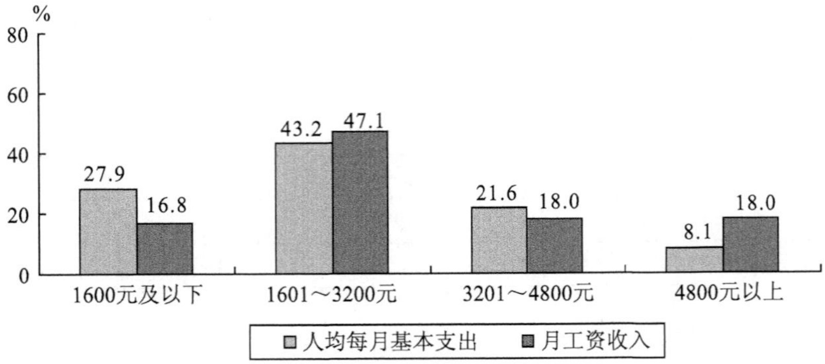

图 5-9　被调查者人均每月基本支出和月工资收入分布

（2）被调查者所在单位的基本特征统计分析

①从单位所属行业来看，笔者根据研究的重点内容主要调查中国的制造业、建筑业、住宿餐饮业、批发零售业、采矿业和房地产业及其他行业。其中，制造业所占比例较大，为49.8%。建筑业与住宿餐饮业所占比例分别为1.5%和15.0%，批发零售业占6.6%，采矿业占10.5%，房地产业占6.0%，其他行业占10.5%。

表 5-13　所属行业的频率分析

		频率	百分比（%）	有效百分比（%）	累积百分比（%）
有效	制造业	1660	49.8	49.8	49.8
	建筑业	50	1.5	1.5	51.4
	住宿餐饮业	500	15.0	15.0	66.4
	批发零售业	220	6.6	6.6	73.0
	采矿业	350	10.5	10.5	83.5
	房地产业	200	6.0	6.0	89.5
	其他行业	350	10.5	10.5	100.0
	合计	3330	100.0	100.0	

②从单位规模来看，2000 人以上的单位占 12.3%，501～2000 人的占 15.6%，100～500 人的占 17.1%，100 人以下的占 55.0%，用人单位以中小型居多。

表 5-14　单位规模的频率分析

		频率	百分比（%）	有效百分比（%）	累积百分比（%）
有效	100 人以下	1830	55.0	55.0	55.0
	100～500 人	570	17.1	17.1	72.1
	501～2000 人	520	15.6	15.6	87.7
	2000 人以上	410	12.3	12.3	100.0
	合计	3330	100.0	100.0	

③从单位所有制性质来看，民营企业占 59.8%，占大部分。另外，国有企业占 20.4%，集体企业占 5.4%，外资企业占 10.2%，科研等事业单位占 4.2%。

表 5-15　单位性质的频率分析

		频率	百分比（%）	有效百分比（%）	累积百分比（%）
有效	国有企业	680	20.4	20.4	20.4
	集体企业	180	5.4	5.4	25.8
	外资企业	340	10.2	10.2	36.0
	民营企业	1990	59.8	59.8	95.8
	科研等事业单位	140	4.2	4.2	100.0
	合计	3330	100.0	100.0	

5.2.3　中国最低工资标准及其提高对就业影响的样本数据统计分析

（1）对最低工资标准的知晓程度和合理性的评价分析

①对最低工资标准的知晓程度。从调查的结果来看，有 46.2%的被调查员工不知道当地的最低工资标准或者不能准确地知道当地的最低工资水平，只有 53.8%的员工能准确地了解当地的最低工资标准。由此可见，被调查的员工对最低工资标准的知晓程度比较低，这与最低工资制度的宣传力度和员工对自身权益的关注度有密切关系。因此，用人单位和相关政府部门应当加

大对最低工资标准的宣传力度，让更多的甚至所有的劳动者都能准确地知道当地的最低工资标准。

②对当地最低工资标准的合理性评价。在被调查的员工中，有 61.9%的员工认为当地的最低工资标准偏低，36.6%的员工认为最低工资标准合理，还有 1.5%的被调查者认为最低工资标准偏高。调查结果的数据说明，最低工资标准的合理性并不高，大多数被调查者认为最低工资标准偏低。在最低工资标准不断提高的情况下，认为最低工资标准偏低，可能与中国近年来物价大幅增长有关。在最低工资标准增长的同时，物价的上涨并没有带来实际最低工资水平的明显提高。另外，与中国“80 后”“90 后”新生劳动者的消费观念和价值观念有关，一些青年劳动者超前消费、品质消费、娱乐消费等支出较多，从而影响了对最低工资标准的合理性评价。认为最低工资标准偏高的被调查者则很可能是用人单位的负责人，最低工资标准给经济效益不佳或利润空间偏小的用人单位带来了成本压力。

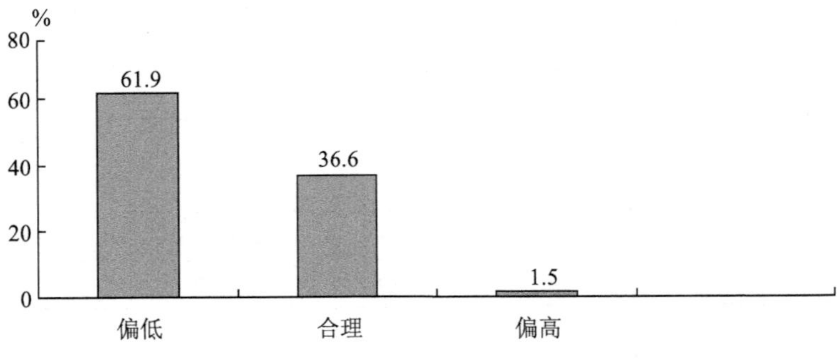

图 5-10　最低工资标准的合理性评价

不同注册类型的经济单位，对最低工资标准的合理性评价不同。其中，城镇集体单位对当地最低工资标准合理性的整体评价最低，评价最高的是民营单位。

表 5-16　不同注册类型单位的被调查者对最低工资标准高低的评价

不同类型经济单位	对当地最低工资的合理性评价		
	偏低	合理	偏高
国有单位	63.2	35.3	1.5

续表

不同类型经济单位	对当地最低工资的合理性评价		
	偏低	合理	偏高
集体单位	83.3	16.7	0
外资单位	73.5	23.5	2.9
民营单位	57.3	41.2	1.5
科研等事业单位	64.3	35.7	0

③对合理最低工资标准要求的调查。首先，在对“合理的最低工资标准”进行调查的过程中，要求被调查者写出具体的数额，发现最高的为 6500 元/月，最低的是 800 元/月。在对调查数据进行描述性统计分析时，把调查数据分为四个档次，运用软件 SPSS 19.0 对合理最低工资标准进行频率分析得到的结果是：有 7.8%的被调查者认为月最低工资标准应在 1000 元以下；15.6%的被调查者选择 1000~1600 元/月；而大部分被调查者选择的是 1601~2200 元/月及 2200 元/月以上，占 75.3%；还有极少数被调查者认为不应该设定最低工资标准，占 1.2%（见图 5-11）。

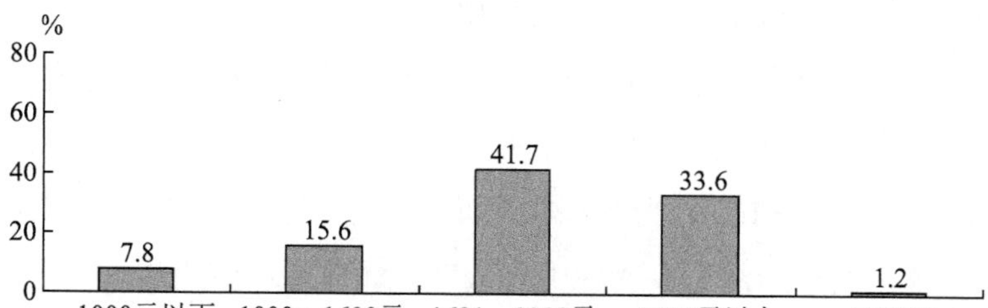

图 5-11　合理最低工资标准的分布结构

其次，全日制员工和非全日制员工、城镇户口员工和农村户口员工对合理最低工资标准的要求有差别。很明显，非全日制员工对合理最低工资标准的要求整体低于全日制员工，农村户口员工对合理最低工资标准的要求低于城镇户口员工。特别是标准要求在 1000 元以下的，绝大部分是农村户籍的非全日制员工，还有少数是单位负责人；而要求合理最低工资标准在 2200 元/月以上的，城镇全日制员工占主体。这也体现了不同的员工对最低工资标准的期望不同。

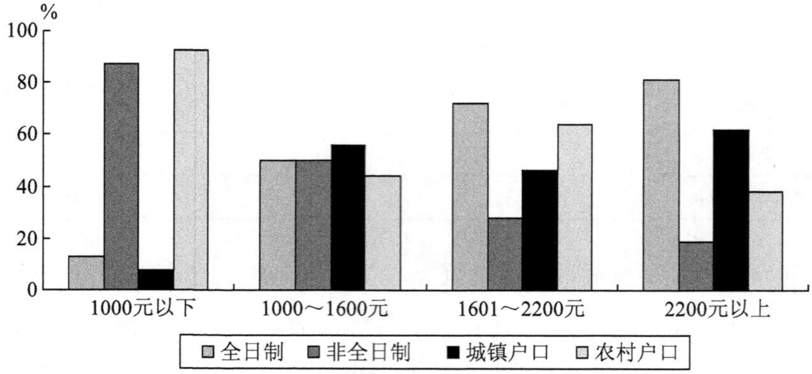

图 5-12　不同工作性质和户籍类别对合理最低工资标准的要求

最后，不同的行业和岗位对合理最低工资标准的要求也存在差异。其中，制造业员工对合理最低工资标准的期望值较低，要求低于 1000 元/月的全是制造业的被调查员工，占整个制造业数量的 15.7%；还有 14.5%的制造业员工，要求合理最低工资标准为 1000~1600 元/月。建筑业、房地产业对最低工资标准的要求较高。对于不同的岗位来说，生产人员对最低工资标准的要求相对较低，管理人员和技术人员相对较高；而后勤服务人员对合理最低工资标准的要求更高，接近一半的后勤服务人员要求的合理最低工资标准定位在 2200 元以上（见图 5-13）。当然，在统计中，还存在地区差异。经济发达的上海、北京地区高于经济欠发达的中部地区，如河南和湖北等。

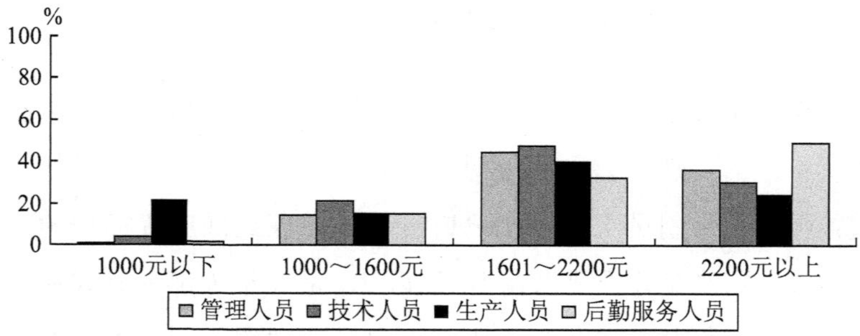

图 5-13　不同岗位合理最低工资标准的要求

（2）对最低工资制度执行情况的评价分析

①最低工资制度执行情况整体上不乐观。从调查结果中发现，有 25. 2%的被调查者所在的单位没有执行最低工资制度。同时，有 25. 5%的员工出现过月工资收入低于最低工资标准的情况；而且，有 17. 1%的员工愿意接受低于最低工资标准的工作。最低工资制度执行很好的只占 74. 8%。虽然，中国最低工资制度执行力度和监管力度有所增强，与前几年相比，最低工资制度执行有所改进，如在 2010 年，笔者对北京和河南地区的调查显示，只有 45. 2%的被调查者单位很好地执行了最低工资制度，但是与理想状态还存在一些差距。从调查中得知，一些用人单位对非正式员工存在不签订劳动合同、工资水平低于当地最低工资标准的情况。有些单位为了避免用工风险，按当地的最低工资标准给员工发放工资和缴纳社会保险。那些愿意接受低于最低工资标准工作的员工，其维权意识有待增强。

②不同的行业最低工资制度执行情况不同。从调查数据来看，6 个行业中，建筑业和批发零售业最低工资制度执行情况较差，特别是建筑业的最低工资制度执行情况最差，未执行比例达到 60. 0%；房地产行业最低工资制度执行情况相对较好；制造业和住宿餐饮业未执行最低工资制度的比例分别为 25. 3%和 30. 0%（见图 5-14）。

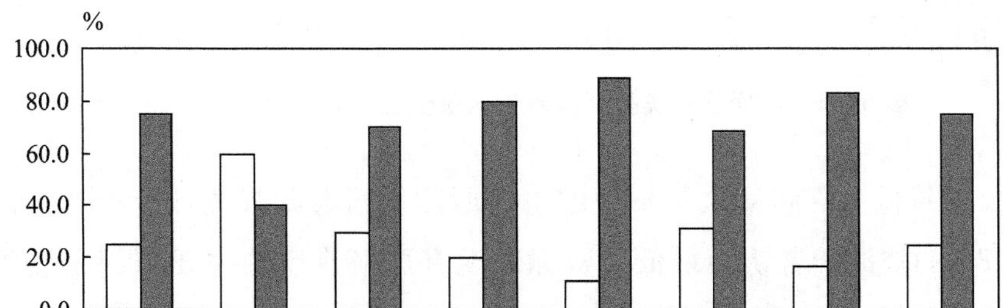

	制造业	建筑业	住宿餐饮业	采矿业	房地产业	批发零售业	其他行业	整体
□根本没执行	25.3	60.0	30.0	20	11.4	31.8	17.1	25.2
■执行很好	74.7	40.0	70.0	80	88.6	68.2	82.9	74.8

图 5-14　不同行业对最低工资制度执行情况看法的对比

③不同注册类型经济单位最低工资制度执行情况差别较大。从统计分析

结果来看，集体单位的最低工资制度执行情况最差，有 55.6%的被调查员工单位根本没有执行最低工资制度，这与集体单位利润较小和工资水平不高有关，最低工资标准提高对其产生了较大的成本压力。另外，民营单位和外资单位没执行最低工资标准的分别占 27.1%和 26.5%。执行情况较好的是国有单位和科研等事业单位，但也有超过 10%的单位没执行最低工资标准，这些单位对于其正式员工来说，工资水平较高而且比较稳定，最低工资标准提高对其影响不大，而没有执行最低工资标准的很可能是对其非正式员工，为了节约人工成本，不惜牺牲劳动者的利益，违背最低工资标准的相关规定，这是应当避免的。

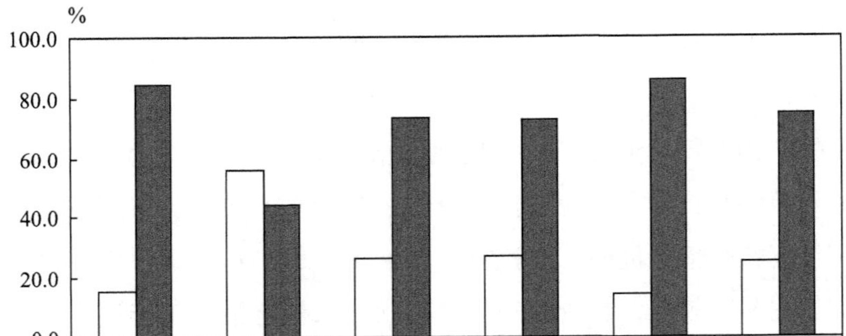

	国有单位	集体单位	外资单位	民营单位	科研等事业单位	整体
□ 根本没执行	15.3	55.6	26.5	27.1	14.3	25.2
■ 执行很好	84.7	44.4	73.5	72.9	85.7	74.8

图 5-15　不同注册类型经济单位对最低工资制度执行情况评价的对比

④最低工资制度执行不力的主要原因。问卷调查统计分析的结果显示，40.8%的被调查者认为最低工资标准没有严格执行的主要原因是监管不严，有法不依，执法不严。另外，有 35.7%的就业者认为是利润空间太小，支付能力不足。这两个方面的比例高于 2010 年的调查结果。可能的原因是，近年整体经济形势造成企业利润下降，一些地方出现了劳动密集型的企业频频倒闭的现象，还有部分企业进行了裁员。最后是监管不严，在中国《劳动法》和《最低工资规定》中明文规定了最低工资标准及其执行要求，由于某些原

因，执法部门监管不严，出现了最低工资标准执行不力的情况，这方面还有待进一步完善和改进。

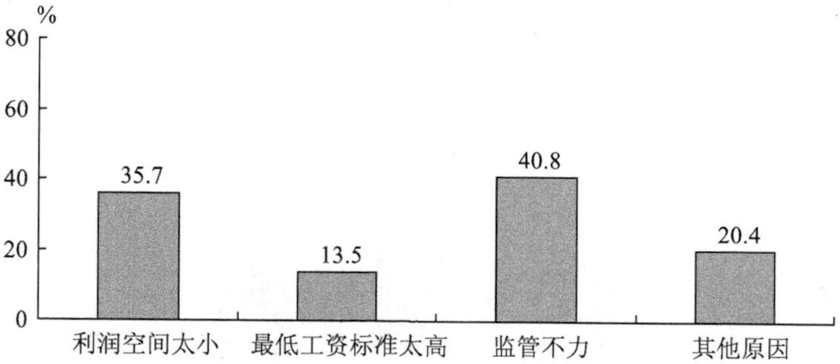

图 5-16　被调查者认为单位没有执行最低工资制度的原因

⑤用人单位因最低工资标准提高造成成本上升的应对措施调查。用人单位在最低工资标准提高的条件下，要严格执行最低工资标准的相关规定。但是，用人单位可能会采取裁员、减少福利、延长劳动时间等措施来应对人工成本的增加。调查结果显示，28.8%的用人单位不会采取有损劳动者权益的措施并严格执行新的最低工资标准，18.3%的用人单位在最低工资标准提高后会采取裁员的措施，38.7%的用人单位会减少员工的福利，14.2%的用人单位会延长劳动者的劳动时间来应对最低工资标准提高带来的成本压力。

（3）最低工资标准对就业影响的评价分析

①用人单位人工成本受最低工资标准提高的影响程度调查。整体来看，最低工资标准提高对大多数单位的人工成本影响较小。统计分析结果显示，有 35.4% 的被调查者认为没有什么影响，认为影响较小的占 37.9%，只有 26.7%的被调查者认为提高最低工资标准对成本的影响较大。

②最低工资标准与平均工资合适比率的调查分析。关于最低工资标准占平均工资比率的调查结果显示，认为最低工资标准与平均工资比率为 20%~30%的被调查者占 13.8%；31%~40%的，占 26.1%；41%~50%的，比率最高，达到 32.4%；高于 60%的，占 6.9%。整体来看，最低工资标准与平均工资的比率处于 30%~60%。中国目前的最低工资标准只有少数地区达到了 40%，大部分地区是 30%左

右。但是，对于不同所有制性质经济单位的最低工资标准与平均工资的比率是不一样的，如城镇集体企业的二者比率偏高，有些地区接近60%，大部分超过了40%。因此，最低工资标准的提高对不同性质、不同行业的就业影响会有差别。

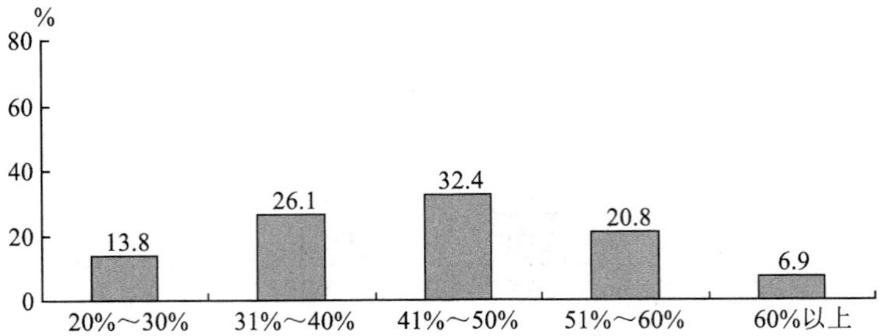

图 5-17　最低工资占平均工资比率的调查结果分布

③最低工资标准提高影响的主要就业群体。从调查结果来看，认为最低工资标准提高对低技能的农民工和城镇工人的就业影响明显，占 73. 6%；认为最低工资标准会影响刚从高校毕业学生就业的占 23. 4%；认为最低工资标准提高对中高级技术劳动者就业几乎不产生影响，调查比例仅占 3%。因此，最低工资标准提高可能会对低技能的农民工、城镇职工及刚毕业的大学生就业产生较为明显的影响。

（4）最低工资标准分类制定与就业协调的调查分析

①关于最低工资标准分类制定的调查。根据最低工资标准分类制定的调查结果，发现有 82%的被调查员工认为有必要按行业、区域和企业性质的不同分类制定最低工资标准，有 86. 5%的被调查员工认为有必要在同行业中按照岗位不同制定最低工资标准。在发挥最低工资标准对劳动者基本生活保障作用的同时，还需要从企业的角度出发，同时兼顾平均工资、经济发展水平和劳动者就业状况。由于不同行业的成本构成不同，不同岗位（工种）的工作条件和环境存在差异。因此，有必要分类制定最低工资标准，体现不同行业的差别，提高最低工资标准的针对性。

②关于最低工资标准与就业协调发展的调查。通过统计分析可知，有 77. 8%的被调查者认为最低工资标准应随着经济的发展合理提高；有 6. 9%的

被调查者认为最低工资标准应有所降低；还有 15%的被调查者反对实施最低工资制度，建议取消最低工资标准，劳动者工资由市场决定。另外，最低工资标准提高 10%会对就业可能产生影响的调查结果显示：24. 6%的被调查者认为对其就业会有较大的影响，29. 2%的认为没有影响，46. 2%的认为影响不大。

（5）最低工资制度和劳动监察部门发挥的作用分析

对订立最低工资制度及其在实施过程中发挥的作用进行调查分析，发现有 78. 1%的被调查者认为最低工资制度有利于保障其基本生活，47. 7%的人认为有利于促进社会公平，37. 5%的人认为最低工资制度有利于防止工资下滑，只有 1. 2%的人认为订立最低工资制度没有任何好处。

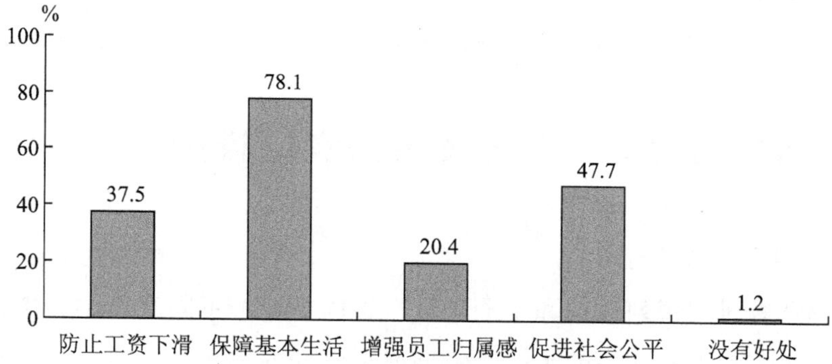

图 5-18　最低工资制度发挥的作用统计结果分布

同时，有 33. 3%的被调查员工认为最低工资制度在维护劳动者报酬权益和提高工资收入方面起到了很大的作用；但是，也有 15. 6%的被调查员工认为不能很好地维护其劳动者权益，对工资水平的提高没有作用。而对于政府劳动监察部门在制止和纠正违反《最低工资规定》支付劳动者工资的行为方面发挥作用的调查结果显示：27. 6%的被调查员工认为劳动监察部门起了很大的作用，11. 2%的员工认为劳动监察部门完全没有作用，还有 17. 4%的员工回答是“不知道”，其余 43. 8%的员工认为劳动监察部门只是起了部分作用。

通过对问卷调查样本的描述性统计分析可知，中国的最低工资制度及其执行力度和监管力度有待进一步完善和加强。

第 6 章　最低工资标准提高对中国就业影响的实证研究

在前面章节，笔者对中国最低工资标准的调整和现状进行了详细的分析；同时，对中国最低工资制度的实施，以及最低工资标准提高对中国就业的影响进行了全国范围内的随机抽样调查，对调查结果运用 SPSS 19.0 进行统计分析。在本章将运用 Eviews 8.0 主要就最低工资标准提高对中国城镇单位、不同行业、不同地区、不同经济单位及农民工就业的影响进行计量分析和结果解释。

6.1　研究方法、数据来源和实证模型

（1）研究方法的选取

本书选取时间序列数据和不同地区、不同行业、不同注册类型单位等截面数据，运用面板数据分析法对中国最低工资标准提高的就业效应进行计量分析。面板数据也叫平行数据或纵列数据，是一种把时间序列数据和截面数据综合起来的数据。面板数据具有独特的优势，不仅能提供更多的数据信息和自由度以弥补时间序列数据的不足，还能避免多重共线性的困扰，可以构造和检验更为真实、全面的行为方程，其估计效率更高。面板数据分析法不仅能分析单个地区的最低工资标准提高对就业的影响，还能使我们考虑到同一时点各地区最低工资标准的不同带来的影响。但在运用面板数据模型过程中可能会出现横截面的异方差与序列的自相关性问题，需要对数据进行单位根和协整检验。

面板数据分析的一般步骤是：

①检验数据序列的平稳性，防止变量之间的虚假回归。它可以通过 LLC 、

IPS 等方法对变量的单位根进行检验，而非面板序列的普通序列通常用 *ADF* 方法检验单位根。

②面板数据协整检验。如果变量之间的单位根检验是同阶单整，可以采用 *Kao*、*Pedroni*、*Johansen* 等方法对面板数据进行协整检验，检验通过可直接对原序列进行回归；如果是非同阶单整，则需要对序列进行差分或取对数进行变换，使之成同阶序列。若变换序列后均为平稳序列，则可用变换后的新序列直接进行回归。

③面板数据模型的选择和确定。一般通过 *F* 检验和 *Hausman* 检验来确定所要选择的模型是固定效应模型还是随机效应模型。

（2）指标选取与数据来源

①指标选取。影响就业的因素有很多，如经济发展速度、产业结构的变化、工资水平、劳动力供求形势，以及国际经济环境的变化等。本书主要分析最低工资标准提高对中国就业的影响。在计量分析过程中，分析变量通常包括就业量（*EM*）、最低工资标准（*MW*）、平均工资（*AW*）和人均行业增加值等相关变量。为了消除变量间可能存在的异方差，本书先对就业量、人均 *GDP*、最低工资标准和平均工资进行自然对数变换。

②数据来源。第一，对平均工资、*GDP*、行业增加值、就业量、居民消费价格指数进行相关研究的原始数据均源于官方统计数据，经过折算后得到月平均工资、人均 *GDP*，数据具有真实性和可靠性，具体来自《中国统计年鉴》(2001—2016 年)、《中国劳动统计年鉴》(2001—2016 年）和《中国国民经济和社会发展统计公报》(2001—2016 年)，以及各个省、自治区、直辖市相关年度的统计年鉴。第二，各地区的最低工资标准原始数据来自劳动法宝网，各地区、各年份最低工资为相应地区相应年份最低工资各档次最低工资标准的算数平均值；月最低工资标准、平均工资、人均 *GDP* 和行业增加值均以 2000 年为基期进行消费者物价指数剔除，折算成实际值。第三，由于《中国统计年鉴》中没有历年外出农民工就业数量的统一数据，本书的外出农民工数量和工资来自《国民经济和社会发展统计公报》和国家统计局农调队调查的数据。

（3）实证模型的选取

假定中国劳动力市场是分割的，提高最低工资标准对中国就业影响具有不确定性，就业效应因行业、区域、经济单位不同而产生差异。我们提出以下实证回归模型：

$$\mathrm{Ln}(EM_{it}) = C_0 + C_1\mathrm{Ln}(MW_{it}) + C_2\mathrm{Ln}(AW_{it}) + C_3\mathrm{Ln}(GDP_{it}) + \varepsilon_{it} \quad (6.1)$$

其中，被解释变量为就业量（EM_{it}），解释变量为月最低工资标准（MW_{it}），月平均工资（AW_{it}）和人均 GDP（X_{it}）实际值作为控制变量。t 代表时间，i 表示不同截面数据，ε_{it} 为随机误差项。

MW 表示月最低工资标准实际值或人均月行业增加值的实际值。各个省、直辖市和自治区的月最低工资标准值取不同档次的平均值，全国历年最低工资标准为各地区历年最低工资标准求和后算数平均得到。最低工资的变动对就业的影响具有不确定性。

AW 表示月平均工资实际值。平均工资与最低工资有一定的共性，在某种意义上两者可成正向变化。

GDP 表示人均月 GDP 实际值或人均月行业增加值的实际值。GDP 增长速度反映一个国家或地区的经济发展速度，人均 GDP 反映经济发展水平。各部门增加值之和即国内生产总值。行业增加值反映行业对国内生产总值的贡献。通常情况下，GDP 增长越快，所能提供的就业机会就越多。但在经济转型和产业结构升级的情形下，在促进人均 GDP 增加的同时，可能会使总就业减少。因此，人均 GDP 对就业的影响不确定。

EM 表示就业量，反映就业水平。西方经济学家最早用失业率的变化来衡量最低工资标准，现已逐步演变为用就业量来衡量，因为运用就业量衡量最低工资标准对某地区或某行业及某类用人单位的就业影响更为准确。

在文献综述中，我们可以看到，目前学者们认为最低工资标准提高的就业效应具有不确定性。有些学者认为，最低工资标准提高对劳动者就业会有负面影响；有些学者却认为，最低工资标准的适度提高反而能促进就业。通过对最低工资标准的现状进行分析，发现中国整体的最低工资标准相对偏低；执行力度不是很理想；提高最低工资标准对就业产生影响的比例较低，不到30%。由此可见，最低工资标准提高对中国产生的具体影响有待实证研究检验。

6.2 最低工资标准提高对不同注册类型单位就业的影响

(1) 中国不同类型用人单位就业量的变化趋势

根据登记注册类型的不同，中国城镇用人单位可以分为城镇国有单位、城镇集体单位、城镇外商投资单位及城镇其他单位。随着中国社会主义市场经济的建立和不断发展，2000—2014 年中国不同类型用人单位的就业人数发生了较大的变化（见图 6-1），其中，城镇国有单位、城镇集体单位的就业人数不断下降，城镇外商投资单位和城镇其他单位就业人数呈递增趋势，特别是城镇其他单位的就业人数上升速度较快。

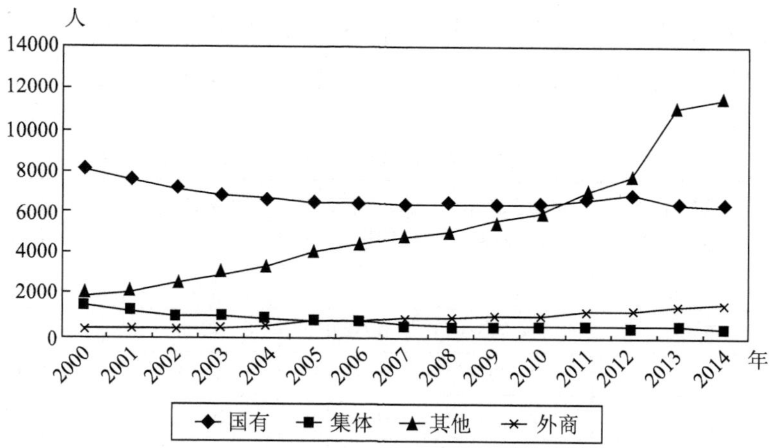

图 6-1 不同注册类型单位 2000—2014 年就业人数

资料来源：2001—2015 年《国家统计年鉴》。

(2) 不同注册类型单位数据序列的平稳性检验

通过对不同类型城镇经济单位混合数据库（pool）序列采用 *LLC*、*IPS*、*Fisher-ADF* 和 *Fisher-PP* 方法进行单位根检验，发现城镇国有单位、城镇集体单位、城镇外商投资单位和城镇其他单位数据序列都是通过一阶差分后达到平稳的（见表6-1）。

表 6-1　不同类型经济单位数据序列单位根检验

变量	*LLC*	*IPS*	*Fisher-ADF*	*Fisher-PP*	平稳性
dLn（*gy*） （城镇国有单位）	-5.50964 （0.0000）	-2.43443 （0.0075）	24.8937 （0.0016）	24.7759 （0.0017）	平稳
dLn（*jt*） （城镇集体单位）	-2.15462 （0.0156）	-1.90735 （0.0282）	17.7590 （0.0231）	24.5464 （0.0019）	平稳
dLn（*ws*） （城镇外商投资单位）	-2.92091 （0.0017）	-2.57330 （0.0050）	21.2548 （0.0065）	31.3578 （0.0001）	平稳
dLn（*qt*） （城镇其他单位）	-1.71093 （0.0435）	-2.64888 （0.0040）	22.5057 （0.0041）	36.5742 （0.0000）	平稳

（3）不同注册类型城镇单位数据序列协整检验

在面板数据序列平稳的基础上，对面板数据序列进行 *Johansen* 面板协整检验，检验结果显示在显著水平上拒绝零假设，表明不同类型用人单位变量数据序列通过协整检验，变量之间至少存在1个协整方程（见表6-2）。

表 6-2　不同注册类型单位 *Johansen* 面板协整检验结果

单位类型	假设协整方程个数	*Fisher* 联合迹统计量	*Fisher* 联合迹统计量（*P* 值）	*Fisher* 联合 λ - max 统计量	*Fisher* 联合 λ - max 统计量（*P* 值）
城镇国有单位	无*	193.8	0.0000	174.1	0.0000
	最多1个*	94.77	0.0000	74.90	0.0000
	最多2个	33.39	0.0001	28.05	0.0005
	最多3个	20.53	0.0085	20.53	0.0085
城镇集体单位	无*	134.1	0.0000	124.5	0.0000
	最多1个*	34.20	0.0000	25.99	0.0011
	最多2个	16.92	0.0309	17.00	0.0301
	最多3个	7.669	0.4665	7.669	0.4665
城镇外商投资单位	无*	108.6	0.0000	82.19	0.0000
	最多1个*	39.23	0.0000	20.36	0.0090
	最多2个	27.46	0.0006	28.74	0.0004
	最多3个	8.310	0.4038	8.310	0.4038

续表

单位类型	假设协整方程个数	*Fisher* 联合迹统计量	*Fisher* 联合迹统计量（*P* 值）	*Fisher* 联合 λ - max 统计量	*Fisher* 联合 λ - max 统计量（*P* 值）
城镇其他单位	无*	164.3	0.0000	151.0	0.0000
	最多 1 个*	97.42	0.0000	75.56	0.0000
	最多 2 个	36.74	0.0000	28.17	0.0004
	最多 3 个	22.50	0.0041	22.50	0.0041

注：* 表示在 5%的显著水平上拒绝零假设。

（4）计量结果及分析

通过面板数据固定效应模型分析发现，不同注册类型城镇单位就业效应的回归结果如下：

表 6-3　不同注册类型用人单位就业效应模型回归结果

变量	国有单位	城镇集体单位	城镇外商投资单位	其他单位
最低工资	-0.0797 (0.1400)	0.2472 (0.0301)	1.0886 (0.0000)	1.6926 (0.0000)
平均工资	-1.1901 (0.0000)	0.9049 (0.0400)	-1.0156 (0.0000)	-0.1966 (0.0130)
人均 *GDP*	1.1010 (0.0000)	-1.5797 (0.0000)	0.9004 (0.0000)	-0.1566 (0.2956)

①最低工资标准提高对城镇国有单位就业效应的回归结果

$$\mathrm{Ln}(EM_{gy}) = -0.0797\mathrm{Ln}(MW) - 1.1901\mathrm{Ln}(AW) + 1.1010\mathrm{Ln}(GDP) + 10.2461 \tag{6.2}$$

t 值——（-1.18）　（-12.11）　（9.24）　（122.50）

p 值——（0.14）　（0.00）　（0.00）　（0.00）

$R^2=0.88$，$AdjR^2=0.86$，$DW=1.39$，$F=63.15$

②最低工资标准提高对城镇集体单位就业效应的回归结果

$$\mathrm{Ln}(EM_{jt}) = 0.2472\,\mathrm{Ln}(MW) + 0.9049\,\mathrm{Ln}(AW) - 1.5797\,\mathrm{Ln}(GDP) + 9.8134 \tag{6.3}$$

t 值 —— (1.05)　　(2.11)　　(-5.38)　　(18.32)

p 值—— (0.03)　　(0.04)　　(0.00)　　(0.00)

$R^2=0.95$, $AdjR^2=0.94$, $DW=0.61$, $F=161.9$

③最低工资标准提高对城镇外商投资单位就业效应的回归结果

$$\mathrm{Ln}(EM_{gy}) = 1.0886\,\mathrm{Ln}(MW) - 1.0156\,\mathrm{Ln}(AW) + 0.9004\,\mathrm{Ln}(GDP) + 1.2293 \tag{6.4}$$

t 值 —— (4.70)　　(-5.17)　　(6.64)　　(2.73)

p 值—— (0.00)　　(0.00)　　(0.00)　　(0.00)

$R^2=0.98$, $AdjR^2=0.98$, $DW=1.33$, $F=562.69$

④最低工资标准提高对城镇其他单位就业效应的回归结果

$$\mathrm{Ln}(EMgy) = 1.6926\,\mathrm{Ln}(MW) - 0.1966\,\mathrm{Ln}(AW) - 0.1566\,\mathrm{Ln}(GDP) + 0.5309 \tag{6.5}$$

t 值 —— (8.84)　　(-2.57)　　(-1.06)　　(2.81)

p 值 —— (0.00)　　(0.01)　　(0.29)　　(0.00)

$R^2=0.98$, $AdjR^2=0.98$, $DW=2.39$, $F=475.75$

由回归结果我们发现，首先，最低工资标准的提高对城镇国有单位的就业有阻碍作用，国有单位的最低工资就业效应为负，变量系数为-0.0797，相伴概率 p 值为 $0.14>0.05$，结果并不显著。对城镇集体、城镇外商投资等其他类型的单位就业均有显著的促进作用，其中，城镇其他单位的最低工资变量系数为1.6926，最低工资标准对其就业的促进作用最明显，这主要是由于部分国有单位机制欠灵活，企业效益较差，减少了对劳动力的需求。平均工资较低的城镇集体单位的最低工资标准提高的就业为正，变量系数为0.2472，结果不显著，这可能与最低工资制度较弱的执行力度及较低的合规率有关。其次，提高最低工资标准也能大大促进外商投资单位就业的增加，而且显著相关。

6.3　最低工资标准提高对不同行业就业的影响

由于各个行业的人工成本占总成本的结构不同，以及劳动力构成的差异，最低工资标准对其行业就业量的变化也存在差别。本书主要选择劳动密集型较高的行业采矿业（*ck*）、建筑业（*jz*）、批发零售业（*pf*）、住宿和餐饮业（*zc*）、房地产业（*fdc*）和制造业（*zz*）六大行业。在这些行业中，低技能劳动者数量较多，其平均工资水平也相对较低，是最低工资标准受益较大的行业，也是对最低工资标准最为敏感的行业。

（1）不同行业面板数据平稳性检验

对面板数据进行估计时，为了避免虚假回归，本节采用 *LLC*、*IPS*、*ADF* 和 *PP* 四种方法对面板数据进行单位根检验，结果都表明不同行业混合数据序列是平稳的（见表 6-4）。

表 6-4　不同行业面板数据序列单位根检验

变量	*LLC*	*IPS*	*Fisher-ADF*	*Fisher - PP*	平稳性
dLn（*ck*）	-7.83294 (0.0000)	-4.27095 (0.0000)	32.6456 (0.0001)	42.5054 (0.0000)	平稳
dLn（*jz*）	-2.07651 (0.0189)	-1.78458 (0.0372)	19.0878 (0.0144)	36.8507 (0.0000)	平稳
dLn（*zc*）	-3.24305 (0.0006)	-1.84222 (0.0327)	17.1733 (0.0284)	22.3799 (0.0043)	平稳
dLn（*fdc*）	-5.30798 (0.0000)	-3.90293 (0.0000)	31.5215 (0.0001)	61.9471 (0.0000)	平稳
dLn（*pf*）	-9.38544 (0.0000)	-5.91426 (0.0000)	44.1444 (0.0000)	59.1441 (0.0000)	平稳
dLn（*zz*）	-9.77295 (0.0000)	-6.46955 (0.0000)	47.4278 (0.0000)	51.3793 (0.0000)	平稳

（2）最低工资标准提高对采矿业就业效应的计量分析

①采矿业数据序列面板协整检验。从表 6-5 可以发现，通过采用 *Kao* 检验和 *Pedroni* 检验方法进行面板协整检验，结果显示 $P<0.05$，表明采矿业变量支持协整，可以通过固定效应模型分析变量之间的关系。

表 6-5　采矿业 *Kao* 检验和 *Pedroni* 面板协整检验结果

检验方法	检验假设	统计量名	统计值	P 值
Kao	$H_0: \rho = 1$	*ADF*	− 4. 184575	0. 0000
Pedroni	$H_0: \rho = 1$ $H_1 (\rho_i = \rho) < 1$	*Panel v − Statistic*	1. 350545	0. 0484
		Panelrho − Statistic	0. 619180	0. 0321
		Panel PP − Statistic	−0. 328220	0. 0214
		Panel ADF − Statistic	−0. 149242	0. 0407
	$H_0: \rho = 1$ $H_1 (\rho_i = \rho) < 1$	*Group rho − Statistic*	1. 570038	0. 0418
		Group PP − Statistic	0. 244060	0. 0464
		Group ADF − Statistic	0. 468873	0. 0304

②计量结果分析。对采矿业 2003—2015 年就业量、最低工资标准、平均工资、人均行业增加值变量利用固定效应模型进行分析，结果如下：

$$\mathrm{Ln}(EM_{ck}) = 0.2455\,\mathrm{Ln}(MW) + 0.2196\,\mathrm{Ln}(AW) - 0.2128\,\mathrm{Ln}(GDP) + 4.6435 \quad (6.6)$$

t 值——（3. 17）　（1. 95）　（−1. 34）　（60. 12）

p 值——（0. 00）　（0. 05）　（0. 19）　（0. 00）

$R^2 = 0.93$，$AdjR^2 = 0.91$，$DW = 1.62$，$F = 84.39$

从回归的结果来看，最低工资（*MW*）的 t 值为 3. 17，相伴概率 p 值为 0；平均工资（*AW*）的 t 值为 1. 95，相伴概率 p 值是 0. 05；人均 *GDP* 的 t 值为−1. 34，相伴概率 p 值是 0. 19。从 p 值来看，最低工资标准对就业有显著正效应，平均工资和人均行业增加值对就业的影响不显著。最低工资标准对采矿业就业具有正效应，其变量系数为 0. 2455，即最低工资标准每提高 1%，就业将增加约 0. 2455%。平均工资的变量系数为 0. 2196，它对就业的影响程度稍微小于最低工资标准对就业的影响，但平均工资标准对就业的影响并不显著。可以解释的是：虽然采矿业的平均工资保持在一个相对较高水平，但其对专业人员的要求比较高，加上本身具有安全问题，所以导致最低工资标准的就业效应并不显著。采矿业人均行业增加值的变量系数为−0. 2128，其变动与就业量的变动相反，说明了经济增长对采矿业的拉动效应在降低，这可能是由于产业结构升级而致。特别是近几年，煤炭行业产能过剩矛盾加剧，亏损企业增多，财务支付能力大大减弱，政府部门对其减量重组，减少煤炭企业数量，以化解产能危机。

（3）最低工资标准提高对建筑业就业效应的计量分析

①建筑业数据序列面板协整检验。从表 6-6 可知，建筑业相关的各个变量通过 *Kao* 检验和 *Pedroni* 检验，说明就业量与最低工资标准、平均工资和人均行业增加值的面板数据存在协整关系。

表 6-6　建筑业 *Kao* 检验和 *Pedroni* 面板协整检验结果

检验方法	检验假设	统计量名	统计值	P 值
Kao	$H_0: \rho = 1$	*ADF*	- 5.228402	0.0000
Pedroni	$H_0: \rho = 1$　$H_1(\rho_i = \rho) < 1$	*Panel v - Statistic*	2.563015	0.0052
		Panel rho - Statistic	0.164317	0.0453
		Panel PP - Statistic	-13.01865	0.0000
		Panel ADF - Statistic	-1.117850	0.0318
	$H_0: \rho = 1$　$H_1(\rho_i = \rho) < 1$	*Group rho - Statistic*	1.067989	0.0472
		Group PP - Statistic	-15.69634	0.0000
		Group ADF - Statistic	-0.747792	0.0273

②计量结果分析。对建筑业 2003—2015 年总体就业量、最低工资标准、平均工资、人均行业增加值变量利用固定效应模型进行分析，结果如下：

$$\mathrm{Ln}(EM_{jz}) = 1.1197\ \mathrm{Ln}(MW) + 2.7738\ \mathrm{Ln}(AW) - 2.4301\ \mathrm{Ln}(GDP) - 2.3050 \tag{6.7}$$

t 值——（5.02）　（10.18）　（-12.82）　（-10.54）

p 值——（0.00）　（0.00）　（0.00）　（0.00）

$R^2 = 0.98$, $AdjR^2 = 0.98$, $DW = 2.93$, $F = 360.09$

从对建筑业固定效应模型回归分析的结果来看，最低工资标准（MW）的 t 值为 5.02，相伴概率 p 值是 0，显著性很高；平均工资（AW）的 t 值为 10.18，相伴概率 p 值是 0；人均行业增加值的 t 值为-12.82，相伴概率 p 值是 0。最低工资标准对建筑业就业具有正效应，其变量系数为 1.1197，即最低工资标准每提高 1%，就业将增加约 1.1197%。平均工资的变量系数为 2.7738，即建筑业的就业量与平均工资呈显著的正向关系。最低工资标准提高对建筑业的就业产生了显著的正效应，可能的解释是：由于建筑业的平均工资水平较高，2014 年为 38830 元/年，高于全国平均工资水平 36390 元/年。中国每年都有大量农民工进城务工，这些农民工能吃苦，工作环境比较差、劳动强度大、工作时间长，很多建筑业农民工的维权意识差，不能享受到社会保险。在项目结束后就转移到其他地方，工作相对不稳定。因此，农民工工资在一定程度上高于刚毕业大学生的工资也不足为怪。对于这些农民工，他们往往看重的是每月到手的基本工资。首先，建筑业的农民工工资不会低于最低工资标准。其次，建筑业的最低工资标准执行力度较弱。根据实际调查结果，约 60%的被调查者所在的建筑行业根本没有执行最低工资标准。

（4）最低工资标准提高对房地产业就业效应的计量分析

①房地产业数据序列面板协整检验。从表 6-7 可以看出，房地产业相关变量也通过了 *Kao* 检验和 *Pedroni* 面板协整检验，可以通过固定效应模型分析房地产业变量之间的关系。

表 6-7　房地产业 *Kao* 检验和 *Pedroni* 面板协整检验结果

检验方法	检验假设	统计量名	统计值	*P* 值
Kao	$H_0: \rho = 1$	*ADF*	-6.233373	0.0000
Pedroni	$H_0: \rho = 1$ $H_1(\rho_i = \rho) < 1$	*Panel v - Statistic*	-0.597635	0.0250
		Panel rho - Statistic	1.053269	0.0439
		Panel PP - Statistic	-5.286901	0.0000
		Panel ADF - Statistic	-1.710004	0.0436
	$H_0: \rho = 1$ $H_1(\rho_i = \rho) < 1$	*Group rho - Statistic*	2.049160	0.0498
		Group PP - Statistic	-5.984521	0.0000
		Group ADF - Statistic	-1.491594	0.0479

②计量结果分析。对房地产业 2003—2015 年总体就业量、最低工资标准、平均工资、人均行业增加值变量利用固定效应模型进行分析，回归结果如下：

$$\mathrm{Ln}(EM_{fdc}) = 1.2524\,\mathrm{Ln}(MW) + 2.0326\,\mathrm{Ln}(AW) - 1.6278\,\mathrm{Ln}(GDP) - 6.1466 \quad (6.8)$$

t 值——（8.36）　（7.49）　（-9.08）　（-10.81）

p 值——（0.00）　（0.00）　（0.00）　（0.00）

$R^2=0.98$，$AdjR^2=0.98$，$DW=2.34$，$F=433.90$

从回归结果来看，最低工资标准（*MW*）、平均工资（*AW*）、人均行业增加值的 t 值分别为 8.36、7.49 和-9.08，相伴概率 p 值均为 0，显著性都很高。最低工资标准对房地产业就业具有正效应，其变量系数为 1.2524，意味着最低工资标准每提高 1%，房地产业就业将增加 1.2524%。平均工资的变量系数为 2.0326，即房地产业平均工资标准每提高 1%，就业将增加约 2.0326%。最低工资标准提高对房地产业就业的带动作用明显，这可能是由于国家把房地产业推向市场，并把它作为支柱产业以后，房地产业投资增长迅速。在国家政策的推动作用下快速发展，房价也不断上升，特别是中国一线城市从 2008 年开始房价直线飙升。其次，中国城镇化进程的加快，促进了中国房地产业的发展，导致房地产业对劳动力的需求比较旺盛；而且，房地产业是高利润行业，其平均工资远高于最低工资标准。但从长期来看，由于中国房地产业持续快速发展，住房供给大于住房需求，特别是在房价较高的情况下，有很多需要买房的劳动者因为经济实力不足难以承担买房的资金，使需求增加，对房地产业投资减少，其发展对就业的拉动作用减弱。

（5）最低工资标准提高对批发零售业就业效应的计量分析

①批发零售业数据序列面板协整检验。从表 6-8 可以看出，批发零售业相关变量也通过了 *Kao* 检验和 *Pedroni* 面板协整检验，可以通过固定效应模型分析批发零售业变量之间的关系。

表 6-8　批发零售业 *Kao* 检验和 *Pedroni* 面板协整检验结果

检验方法	检验假设	统计量名	统计值	*P* 值
Kao	$H_0: \rho = 1$	*ADF*	-2.626956	0.0043
Pedroni	$H_0: \rho = 1$ $H_1 (\rho_i = \rho) < 1$	*Panel v-Statistic*	0.571483	0.0238
		Panel rho-Statistic	-0.017186	0.0431
		Panel PP-Statistic	-3.461334	0.0003
		Panel ADF-Statistic	1.070388	0.0478

续表

检验方法	检验假设	统计量名	统计值	P 值
Pedroni	$H_0: \rho = 1$ $H_1 (\rho_i = \rho) < 1$	*Group rho-Statistic*	0.867657	0.0072
		Group PP-Statistic	-3.691433	0.0001
		Group ADF-Statistic	2.000846	0.0373

②计量结果分析。对批发零售业 2003—2015 年总体就业量、最低工资标准、平均工资、人均行业增加值变量利用固定效应模型进行分析，具体结果如下：

$$\text{Ln}(EM_{pf}) = 1.7303\text{Ln}(MW) + 2.7536\text{Ln}(AW) - 4.1734\text{Ln}(GDP) + 5.7666 \tag{6.9}$$

t 值——（6.07）　（3.53）　（-5.19）　（8.52）

p 值——（0.00）　（0.00）　（0.00）　（0.00）

$R^2 = 0.77$, $AdjR^2 = 0.74$, $DW = 1.72$, $F = 23.36$

从对批发零售业的回归结果来看，最低工资标准（MW）的 t 值为 6.07，相伴概率 p 值是 0，显著性很明显；平均工资（AW）的 t 值为 3.53，相伴概率 p 值是 0，显著性很高；人均行业增加值的 t 值为-5.19，相伴概率 p 值是 0。最低工资标准提高对批发零售业就业具有正效应，其变量系数为 1.7303，意味着最低工资标准每提高 1%，该行业就业将可能增加 1.7303%。从 p 值为 0 可以看出，最低工资标准提高对批发零售业就业的正向作用显著。

（6）最低工资标准提高对制造业就业效应的计量分析

①制造业数据序列面板协整检验。从表 6-9 可以看出，制造业相关变量也通过了 *Kao* 检验和 *Pedroni* 面板协整检验，可以通过固定效应模型分析制造业变量之间的关系。

表 6-9　制造业 *Kao* 检验和 *Pedroni* 面板协整检验结果

检验方法	检验假设	统计量名	统计值	P 值
Kao	$H_0: \rho = 1$	*ADF*	- 2. 332479	0. 0098
Pedroni	$H_0: \rho = 1$ $H_1(\rho_i = \rho) < 1$	*Panel v-Statistic*	-0. 138341	0. 0450
		Panel rho-Statistic	-0. 850895	0. 0074
		Panel PP-Statistic	-5. 509180	0. 0000
		Panel ADF-Statistic	1. 474695	0. 0199
	$H_0: \rho = 1$ $H_1(\rho_i = \rho) < 1$	*Group rho-Statistic*	-0. 052541	0. 0290
		Group PP-Statistic	-6. 263725	0. 0000
		Group ADF-Statistic	2. 508694	0. 0339

②计量结果分析。对制造业 2003—2015 年总体就业量、最低工资标准、平均工资、人均行业增加值变量利用固定效应模型进行分析，结果如下：

$$\mathrm{Ln}(EM_{zz}) = 0.5890\,\mathrm{Ln}(MW) + 1.1652\,\mathrm{Ln}(AW) - 1.1128\,\mathrm{Ln}(GDP) + 4.0236 \quad (6.10)$$

t 值——（4. 25）　　（5. 73）　　（-8. 84）　　（25. 94）

p 值——（0. 00）　　（0. 00）　　（0. 00）　　（0. 00）

$R^2 = 0.97$, $AdjR^2 = 0.96$, $DW = 3.04$, $F = 208.82$

从回归的结果可以看出，最低工资标准（*MW*）、平均工资标准（*AW*）和人均行业增加值的 p 值均为 0，可见显著性都很高。同时，最低工资标准的变量系数为 0. 5890，说明最低工资标准的提高对制造业就业具有正效应，意味着最低工资标准每提高 1%，该行业的就业量将增加 0. 5890%。最低工资标准的提高在一定程度上促进了其就业水平的提高。人均行业增加值与就业量呈负向关系，随着人均行业增加值的增大，就业量将减少。这可能与产业结构升级和优化有关。平均工资标准的提高促进了制造业就业的增加。

（7）最低工资标准提高对住宿和餐饮业就业效应的计量分析

①住宿和餐饮业数据序列面板协整检验。从表 6-10 可以看出，住宿和餐饮业相关变量也通过了 *Kao* 检验和 *Pedroni* 面板协整检验。因此，可以通过固定效应模型分析住宿和餐饮业变量之间的关系。

表 6-10　住宿和餐饮业 *Kao* 检验和 *Pedroni* 面板协整检验结果

检验方法	检验假设	统计量名	统计值	P 值
Kao	$H_0: \rho = 1$	ADF	- 2. 861836	0. 0021
Pedroni	$H_0: \rho = 1$ $H_1(\rho_i = \rho) < 1$	Panel v-Statistic	1. 424675	0. 0471
		Panel rho-Statistic	-1. 351958	0. 0482
		Panel PP-Statistic	-6. 481803	0. 0000
		Panel ADF-Statistic	1. 272791	0. 0385
	$H_0: \rho = 1$ $H_1(\rho_i = \rho) < 1$	Group rho-Statistic	-0. 605584	0. 0224
		Group PP-Statistic	-7. 485433	0. 0000
		Group ADF-Statistic	2. 255083	0. 0379

②计量结果分析。对住宿和餐饮业 2003—2015 年总体就业量、最低工资标准、平均工资、人均行业增加值变量利用固定效应模型进行分析，具体结果如下：

$$\mathrm{Ln}(EM_{zc}) = 0.1394\,\mathrm{Ln}(MW) + 1.6479\,\mathrm{Ln}(AW) - 0.8659\,\mathrm{Ln}(GDP) - 1.0762 \tag{6.11}$$

t 值——　(0. 99)　(8. 78)　(-10. 13)　(-3. 29)

p 值——　(0. 32)　(0. 00)　(0. 00)　(0. 00)

$R^2 = 0.97$, $AdjR^2 = 0.96$, $DW = 2.76$, $F = 261.36$

从住宿和餐饮业的固定效应模型回归结果来看，最低工资标准（*MW*）的 t 值为 0. 99，相伴概率 p 值是 0. 32，显著性很高；平均工资（*AW*）的 t 值为 8. 78，相伴概率 p 值是 0，说明平均工资对就业量的影响不显著。人均行业增加值的 t 值为-10. 13，相伴概率 p 值是 0，显著性很高。可见，最低工资标准提高对住宿和餐饮业就业具有正效应，其变量系数为 0. 1394，意味着最低工资标准每提高 1%，该行业就业将增加 0. 1394%。最低工资标准提高对住宿和餐饮业有正向带动作用，拉动效果不是很显著，可以解释为：一方面，可能是由于该行业技术含量相对低，而且工资水平整体偏低，远远低于全国平均工资水平；而且，据调查所知，住宿和餐饮业通常以最低工资标准为员工的月工资标准，行业人工成本较低，员工的流动性很强，主动离职率较高，老员工走了马上招聘新员工，该行业裁员的可能性很小。住宿和餐饮行业与其他行业不同的是，大部分员工是用人单位管吃管住，在某种程度上可以为员工省去一部分费用；而部分用人单位却会以此为由给员工支付低于最低工资标准的工资，节省用工成本，其实是不合法律规定的。另一方面，可能是因为近些年住宿和餐饮业发展速度很快，对劳动者的需求相对稳定，住宿和餐饮业深受很多低学历和低技能的女性劳动者的偏爱，所以提高最低工资标准对该行业就业的带动作用是比较显著的。

表 6-11　不同行业固定效应模型回归结果

变量	最低工资（*MW*）	平均工资（*AW*）	人均行业增加值
采矿业	0. 2454 (0. 0029)	0. 2196 (0. 0583)	-0. 2128 (0. 1879)
建筑业	1. 1197 (0. 0000)	2. 7738 (0. 0000)	-2. 4301 (0. 0000)
住宿和餐饮业	0. 1394 (0. 3254)	1. 6497 (0. 0000)	-0. 8659 (0. 0000)
房地产业	1. 2524 (0. 0000)	2. 0326 (0. 0000)	-1. 6278 (0. 0000)
批发零售业	1. 7303 (0. 0000)	2. 7536 (0. 0010)	-4. 1734 (0. 0000)
制造业	0. 5890 (0. 0001)	1. 1652 (0. 0010)	-1. 1128 (0. 0000)

从表 6-11 可以看出，不同行业人均行业增加值的变量系数均为负数，说明随着人均行业增加值的不断提高，不同行业的就业量反而减少，其中批发零售业就业幅度降低较大。可能的解释是：最低工资标准的提高，促进了行业（或产业）结构的升级优化、资源的有效配置及劳动效率的提高，提升了人均行业增加值，减少了就业需求。可见，最低工资标准的提高倒逼产业结构升级和优化已初显成效。

6. 4　最低工资标准提高对不同地区就业的影响

由于中国不同地区的经济发展不平衡及劳动力市场特征不同，最低工资标准的提高对地区就业的影响程度不同。我们分别对全国30个省、自治区、直辖市（不含西藏）和7个区域采用面板数据模型分析最低工资标准提高对地区就业的具体影响效果。

（1）最低工资标准提高对不同地区（省、自治区、直辖市）（不含西藏）就业的影响

①各地区数据序列的平稳性检验。通过对不同地区混合数据库（pool）序列采用 *LLC*、*IPS*、*Fisher-ADF* 和 *Fisher-PP* 方法进行单位根检验，发现30个地区的数据序列通过一阶差分后均达到平稳（见表6-12）。运用 *Johansen* 多变量系统极大似然估计方法对30个地区的数据变量进行协整检验，结果发现，在显著水平5%下每个地区的相关变量之间至少存在1个协整方程。

表6-12　不同地区（不含西藏）面板数据检验

地区	*LLC*	*LLC* 检验 *P* 值	*IPS*	*IPS* 检验 *P* 值	*ADF*	*ADF* 检验 *P* 值	是否平稳
dLn（Beijing）	−1.9558	0.02	−1.7686	0.03	17.1768	0.02	是
dLn（Tianjin）	−8.9055	0.00	−6.1116	0.00	42.5071	0.00	是
dLn（Hebei）	−2.2255	0.01	−2.1213	0.02	20.4614	0.00	是
dLn（Shanxi）	−1.9454	0.02	−2.3097	0.01	20.7607	0.00	是
dLn（Neimenggu）	−8.7010	0.00	−9.1478	0.00	58.1820	0.00	是
dLn（Liaoning）	−7.8712	0.00	−7.4234	0.00	51.2359	0.00	是
dLn（Jilin）	−1.5588	0.05	−1.6423	0.05	22.9814	0.00	是
dLn（Heilongjiang）	−4.7545	0.00	−3.1064	0.00	25.6716	0.00	是
dLn（Shanghai）	−4.3388	0.00	−3.0801	0.00	23.9526	0.00	是
dLn（Jiangsu）	−6.7313	0.00	−6.2957	0.00	44.7673	0.00	是
Ln（Zhejiang）	−6.5743	0.00	−3.1053	0.00	23.9076	0.00	是
dLn（Anhui）	−11.343	0.00	−10.635	0.00	64.5346	0.00	是
dLn（Fujian）	−2.9770	0.00	−2.7543	0.00	21.9318	0.00	是
dLn（Jiangxi）	−3.2792	0.00	−2.5505	0.00	20.0655	0.01	是
dLn（Shandong）	−2.0906	0.01	−2.0202	0.02	18.4827	0.01	是
dLn（Henan）	−1.5197	0.06	−2.3745	0.00	21.1277	0.00	是
dLn（Hubei）	−2.6766	0.00	−2.3541	0.00	20.4837	0.00	是
dLn（Hunan）	−2.1595	0.01	−2.1847	0.01	17.7020	0.02	是

续表

地区	LLC	LLC 检验 P 值	IPS	IPS 检验 P 值	ADF	ADF 检验 P 值	是否平稳
dLn（Guangdong）	−2.6561	0.00	−1.0365	0.15	16.8591	0.03	是
dLn（Guangxi）	−5.8428	0.00	−3.9179	0.00	29.1273	0.00	是
dLn（Hainan）	−4.2847	0.00	−3.4638	0.00	28.0225	0.00	是
dLn（Chongqing）	−5.5296	0.00	−4.2689	0.00	30.6721	0.00	是
dLn（Sichuan）	−2.9733	0.00	−2.6299	0.00	26.5024	0.00	是
dLn（Guizhou）	−3.3049	0.00	−3.5264	0.00	26.3590	0.00	是
dLn（Yunnan）	−26.213	0.00	−15.516	0.00	43.6717	0.00	是
dLn（Shanxi）	−3.4308	0.00	−3.5767	0.00	30.6063	0.00	是
dLn（Gansu）	−6.0897	0.00	−4.4512	0.00	31.8613	0.00	是
dLn（Qinghai）	−3.9901	0.00	−4.2687	0.00	31.5862	0.00	是
dLn（Ningxia）	−4.6475	0.00	−3.8628	0.00	29.0503	0.00	是
dLn（Xinjiang）	−4.6332	0.00	−3.4292	0.00	25.9929	0.00	是

②各地区计量分析结果。对中国 30 个省、自治区和直辖市（不含西藏）2000—2014 年就业量、最低工资标准、平均工资、人均 GDP 构建固定效应模型进行回归分析，得到结果（见表 6-13）。

表 6-13　各地区（不含西藏）固定效应模型分析回归结果

区域	省份	X_1系数	X_2系数	X_3系数	R^2	$AdjR^2$
华东	上海	1.6669	0.0179	−1.3451	0.97	0.96
	山东	0.6440	−0.3891	0.1242	0.93	0.91
	江苏	1.7171	−1.0458	0.1343	0.65	0.56
	安徽	0.3491	−1.1484	1.0902	0.90	0.87
	福建	0.2439	0.0375	0.2941	0.98	0.97
	浙江	0.8606	−0.6427	0.8140	0.97	0.97
华南	广东	0.3495	1.2862	−0.7032	0.83	0.79
	广西	0.2265	−0.8685	0.7663	0.88	0.86
	海南	0.3278	−0.9007	0.9195	0.81	0.76
华北	天津	1.1848	−0.9935	0.3386	0.85	0.81
	北京	0.4007	0.33797	−0.3523	0.98	0.97

续表

区域	省份	X_1系数	X_2系数	X_3系数	R^2	$AdjR^2$
华北	内蒙古	0.5048	-0.3061	-0.0149	0.55	0.43
	山西	0.1576	0.5896	-0.6095	0.76	0.69
	河北	0.4636	0.4459	-0.7823	0.50	0.36
西北	新疆	0.5549	-0.1736	-0.1523	0.65	0.55
	甘肃	0.5483	0.0376	-0.3587	0.70	0.62
	青海	0.0922	-1.2423	1.0419	0.75	0.69
	陕西	0.2368	-1.3545	1.0960	0.75	0.68
	宁夏	0.4419	-0.4187	0.1223	0.88	0.85
华中	河南	0.7028	-0.6044	0.1896	0.84	0.79
	湖北	0.1974	-1.9501	1.7197	0.59	0.48
	湖南	0.3436	-1.5013	1.2003	0.91	0.88
	江西	0.4379	0.4523	-0.5063	0.69	0.61
西南	贵州	-0.1050	-0.5860	0.7303	0.87	0.83
	云南	-0.0364	-1.4048	1.5685	0.89	0.86
	四川	0.3243	-0.3639	0.3164	0.70	0.62
	重庆	0.5461	-1.5308	1.2797	0.92	0.90
东北	辽宁	0.2322 (0.3012)	-1.3873	1.1361	0.88	0.85
	吉林	0.5201	-0.9916	0.3989	0.23	0.02
	黑龙江	0.1311	-0.2151	-0.0192	0.95	0.93

从上面的固定效应模型回归结果，可以看出最低工资标准的回归系数值的差异。其中，贵州和云南两省的变量系数分别为-0.1050和-0.0364，即最低工资标准每提高1%，其就业分别减少0.1050%和0.0364%。从数量上来看，虽然最低工资标准提高的就业效应为负，但减少的就业数量较少。其他地区的最低工资标准提高的就业效应均为正，即最低工资标准的提高促进了就业。最低工资标准就业正效应比较明显的地区是江苏、上海和天津，最低工资变量系数分别为1.7171、1.6669和1.1848，即就业的增加量超过了最低工资标准提高的幅度。可见，最低工资标准提高对江苏省的就业增加最为明显，最低工资标准每提高1%，就业增加1.7171%。辽宁省最低工资标准的就

业弹性为 0.2322，但其相伴概率 p 值为 0.3012，估算结果不显著。其他地区最低工资标准变量系数都为正，即最低工资标准提高在一定程度上使其就业量增加。

最低工资标准提高对贵州和云南两省就业产生负面效应的原因，可能是由于这两个省经济发展整体上比较落后，平均工资水平相对较低，最低工资标准的提高对其产生了成本压力，从而阻碍了其就业水平，但从数量上看，就业量降低不明显。而江苏、上海和天津地区，是中国经济较发达地区，经济发展较快，平均工资水平也居全国前列，而且江苏省的最低工资标准在全国来说处于中等水平，因此，最低工资标准的提高促进了其就业的大幅增加。虽然天津和上海两市最低工资标准较高，但由于经济的快速发展和平均工资水平较高，相对来说，最低工资标准占平均工资的比例是较低的，对其成本不会产生影响，经济的快速发展促进了对劳动力的需求，使就业增加。

（2）最低工资标准提高对不同区域（不含西藏）就业的影响

为了进一步考察最低工资标准对中国不同区域就业的影响，我们将全国（不含西藏）划分为华东（包括山东、江苏、安徽、浙江、福建、上海）、华中（包括湖北、湖南、河南、江西）、华北（包括北京、天津、河北、山西、内蒙古）、华南（包括广东、广西、海南）、西北（包括宁夏、新疆、青海、陕西、甘肃）、西南（包括四川、云南、贵州、重庆）和东北（包括辽宁、吉林、黑龙江）7 个区域，运用固定效应模型进行计量分析。

①不同区域数据序列的平稳性检验。通过对不同区域混合数据序列采用 *LLC*、*IPS*、*Fisher-ADF* 和 *Fisher-PP* 方法进行单位根检验，发现这七大区域的数据序列通过一阶差分后均达到平稳（见表 6-14），可以用固定效应模型分析变量之间的关系。

表 6-14　7 个区域面板数据单位根检验

变量	*LLC*	*IPS*	*Fisher-ADF*	*Fisher-PP*	平稳性
dLn（*hd*）（华东）	-3.18148（0.0007）	-7.56512（0.0000）	29.4008（0.0001）	39.1329（0.0000）	平稳

续表

变量	LLC	IPS	Fisher-ADF	Fisher-PP	平稳性
dLn（hn）（华南）	-9.77765 (0.0000)	-8.27191 (0.0000)	55.9123 (0.0000)	76.6369 (0.0000)	平稳
dLn（hz）（华中）	-2.05714 (0.0198)	-1.65615 (0.0488)	15.5275 (0.0497)	32.3272 (0.0001)	平稳
Ln（hb）（华北）	-10.8006 (0.0000)	-8.00928 (0.0000)	53.1588 (0.0000)	49.5822 (0.0000)	平稳
dLn（xb）（西北）	-4.79130 (0.0000)	-5.10256 (0.0000)	36.9514 (0.0000)	69.8398 (0.0000)	平稳
dLn（xn）（西南）	-14.8094 (0.0000)	-11.1230 (0.0000)	61.5043 (0.0000)	70.7292 (0.0000)	平稳
dLn（db）（东北）	-8.99694 (0.0000)	-7.67313 (0.0000)	51.4861 (0.0000)	71.2642 (0.0000)	平稳

②不同地区面板数据协整检验。对于七大区域数据变量的协整检验，可运用 *Johansen* 多变量系统极大似然估计方法。检验结果表明，在显著水平 5% 上每个区域的相关变量之间至少存在 1 个协整方程（见表 6-15）。

表 6-15 不同区域 *Johansen* 面板协整检验结果

区域	假设协整方程个数	Fisher 联合迹统计量	Fisher 联合迹统计量（P 值）	Fisher 联合 λ-max 统计量	Fisher 联合 λ-max 统计量（P 值）
华东	无*	192.6	0.0000	173.3	0.0000
	最多 1 个*	91.15	0.0000	80.90	0.0000
	最多 2 个	23.59	0.0027	25.90	0.0011
	最多 3 个	5.383	0.7159	5.383	0.7159
华南	无*	70.16	0.0000	45.22	0.0000
	最多 1 个*	32.23	0.0001	24.35	0.0020
	最多 2 个	15.40	0.0519	11.74	0.1632
	最多 3 个	17.43	0.0259	17.43	0.0259
华中	无*	191.9	0.0000	170.2	0.0000
	最多 1 个*	123.6	0.0000	107.6	0.0000

续表

区域	假设协整方程个数	*Fisher* 联合迹统计量	*Fisher* 联合迹统计量（*P* 值）	*Fisher* 联合 λ-max 统计量	*Fisher* 联合 λ-max 统计量（*P* 值）
华中	最多 2 个	34. 98	0. 0000	17. 30	0. 0271
	最多 3 个	40. 39	0. 0000	40. 39	0. 0000
华北	无*	114. 8	0. 0000	49. 90	0. 0000
	最多 1 个*	74. 71	0. 0000	32. 52	0. 0001
	最多 2 个	54. 03	0. 0000	34. 18	0. 0000
	最多 3 个	41. 92	0. 0000	41. 92	0. 0000
西北	无*	196. 5	0. 0000	149. 6	0. 0000
	最多 1 个*	122. 3	0. 0000	70. 68	0. 0000
	最多 2 个	76. 29	0. 0000	41. 91	0. 0000
	最多 3 个	60. 87	0. 0000	60. 87	0. 0000
西南	无*	102. 4	0. 0000	48. 72	0. 0000
	最多一个*	70. 12	0. 0000	35. 43	0. 0001
	最多 2 个	50. 34	0. 0000	31. 12	0. 0000
	最多 3 个	45. 62	0. 0000	45. 62	0. 0000
东北	无*	106. 1	0. 0000	29. 98	0. 0002
	最多 1 个*	85. 24	0. 0000	32. 96	0. 0001
	最多 2 个	66. 23	0. 0000	37. 37	0. 0000
	最多 3 个	53. 81	0. 0000	53. 81	0. 0000

注：* 表示在 5%的显著水平上拒绝零假设。

③计量结果及分析。

表 6-16　不同地区固定效应模型回归结果

地区	最低工资标准（*MW*）	平均工资（*AW*）	人均行业增加值
华东	0. 9930 (0. 0000)	−0. 2011 (0. 0838)	−0. 0308 (0. 0000)
华南	0. 7334 (0. 0022)	−0. 2139 (0. 6573)	0. 0172 (0. 6860)
华中	1. 1518 (0. 0000)	−1. 1382 (0. 0000)	0. 3448 (0. 0000)

续表

地区	最低工资标准（*MW*）	平均工资（*AW*）	人均行业增加值
华北	0.6152 (0.0000)	0.5411 (0.0000)	−0.8565 (0.0001)
西北	0.9041 (0.0000)	−0.4764 (0.0000)	−0.0838 (0.5460)
西南	0.3042 (0.0602)	−1.3281 (0.0000)	1.1673 (0.0000)
东北	0.4438 (0.0000)	−0.9202 (0.0000)	0.4812 (0.0166)

a. 华东地区就业效应回归结果

$$\mathrm{Ln}(EM_{hd}) = 0.9930\,\mathrm{Ln}(MW) - 0.2011\,\mathrm{Ln}(AW) - 0.0308\,\mathrm{Ln}(GDP) + 1.5884 \tag{6.12}$$

t 值——（7.19）　（−1.76）　（−5.85）　（27.74）

p 值——（0.00）　（0.08）　（0.00）　（0.00）

$R^2=0.96$，$AdjR^2=0.96$，$DW=1.2$，$F=212.09$

b. 华南地区就业效应回归结果

$$\mathrm{Ln}(EM_{hn}) = 0.7334\,\mathrm{Ln}(MW) - 0.2139\,\mathrm{Ln}(AW) + 0.0172\,\mathrm{Ln}(GDP) + 0.2260 \tag{6.13}$$

t 值——（3.21）　（−0.44）　（0.41）　（5.85）

p 值——（0.00）　（0.66）　（0.69）　（0.00）

$R^2=0.83$，$AdjR^2=0.81$，$DW=0.88$，$F=42.37$

c. 华中地区就业效应回归结果

$$\mathrm{Ln}(EM_{hz}) = 1.1518\mathrm{Ln}(MW) - 1.1382\mathrm{Ln}(AW) + 0.3448\mathrm{Ln}(GDP) + 2.8225 \tag{6.14}$$

t 值——（8.99）　（−5.12）　（1.55）　（20.74）

p 值——（0.00）　（0.00）　（0.12）　（0.00）

$R^2=0.87$，$AdjR^2=0.86$，$DW=1.59$，$F=60.39$

d. 华北地区就业效应回归结果

$$\mathrm{Ln}(EM_{hb}) = 0.6152\mathrm{Ln}(MW) + 0.5411\mathrm{Ln}(AW) - 0.8565\mathrm{Ln}(GDP) + 6.2304 \tag{6.15}$$

t 值——（7.88）　　（2.41）　　（−0.15）　　（22.30）

p 值——（0.00）　　（0.01）　　（−4.09）　　（0.00）

$R^2=0.89$，$AdjR^2=0.88$，$DW=1.31$，$F=71.62$

e. 西北地区就业效应的回归结果

$$\mathrm{Ln}(EM_{xb}) = 0.9041\mathrm{Ln}(MW) - 0.4764\mathrm{Ln}(AW) - 0.0838\mathrm{Ln}(GDP) + 5.4452 \tag{6.16}$$

t 值——（12.22）　　（−3.27）　　（−0.60）　　（19.32）

p 值——（0.00）　　（0.00）　　（0.54）　　（0.00）

$R^2=0.88$，$AdjR^2=0.87$，$DW=2.20$，$F=64.90$

f. 西南地区就业效应回归结果

$$\mathrm{Ln}(EM_{xn}) = 0.3042\,\mathrm{Ln}(MW) - 1.3281\,\mathrm{Ln}(AW) + 1.1673\,\mathrm{Ln}(GDP) + 0.9396 \tag{6.17}$$

t 值——（1.92）　　（−4.93）　　（5.16）　　（15.88）

p 值——（0.06）　　（0.00）　　（0.00）　　（0.00）

$R^2=0.94$，$AdjR^2=0.94$，$DW=1.65$，$F=154.10$

g. 东北地区就业效应回归结果

$$\mathrm{Ln}(EM_{db}) = 0.4438\,\mathrm{Ln}(MW) - 0.9202\,\mathrm{Ln}(AW) + 0.4812\,\mathrm{Ln}(GDP) + 7.0952 \tag{6.18}$$

t 值——（4.65）　　（−5.32）　　（2.47）　　（60.16）

p 值——（0.00）　　（0.00）　　（0.00）　　（0.02）

$R^2=0.95$，$AdjR^2=0.94$，$DW=2.63$，$F=23.97$

从以上结果可以看出，最低工资标准提高对华东、华南、华中、西北、西南、华北和东北七大区域的就业影响都呈正效应。但通过对估算结果进行比较分析，发现最低工资标准提高对西南地区和东北地区的就业正效应相对较低；对华中地区的就业水平促进作用最大，就业弹性为 1.1518，这与华中地区近些年的经济发展较快有关。“中部崛起”战略的实施和中原经济区的建设促进了中部地区经济的较快发展，提高了就业水平。西南地区即四川、云南、贵州、重庆地区，最低工资变量系数为 0.3042，估算系数为最低的区域。

这与上面各地区分析的结果相呼应。虽然四川、重庆的最低工资就业效应为正，但最低工资标准提高对贵州和云南两省的就业有负面影响，使西南地区的整体最低工资标准就业效应降低，即最低工资标准每提高 1%，就业量增加 0.3042%，就业量增加相对不明显。最低工资标准的提高从长期来看并不会减少就业，反而会促进就业。就业增加比较明显的是华东地区，就业弹性为 0.9930，这与华东地区的经济发展程度高、最低工资标准远远低于平均工资水平、最低工资标准的提高对用人单位成本影响较小有关；再有，就是高工资水平的吸引作用，使更多劳动力流入并愿意在该地区工作，从而引起就业的增加。东北地区就业弹性为 0.4438，最低工资标准就业正效应相对不明显，这与东北地区的经济发展水平欠发达有关，对劳动力的吸引力不强。

6.5 最低工资标准提高对中国城镇单位整体就业的影响

（1）城镇单位数据序列的平稳性检验

①对全国城镇单位，选用 *ADF* 方法对其数据序列进行平稳性检验。具体检验结果见表 6-17。

表 6-17　全国城镇单位数据单位根检验结果

变量	检验类型	*ADF* 值	临界值	*AIC*	*SC*	*DW*	结论
Ln（*EM*）	（0，t，1）	2.207531	-4.0579***	-3.259429	-3.129056	1.45	不平稳
Ln（*MW*）	（0，t，0）	0.165155	-4.0579*	-2.831666	-2.701293	1.99	不平稳
Ln（*AW*）	（c，t，3）	-5.754301	-4.0044*	-5.744518	-5.653225	1.50	平稳
Ln（*GDP*）	（c，t，0）	2.142734	-4.2000*	-4.722666	-4.541804	2.13	不平稳
ΔLn（*EM*）	（c，t，3）	-4.015287	-3.9333**	-5.609398	-5.428537	2.17	平稳
ΔLn（*MW*）	（c，0，0）	-5.388927	-4.0579*	-2.982788	-2.895873	1.99	平稳
ΔLn（*GDP*）	（c，t，0）	-3.699485	-3.8288**	-4.432178	-4.258347	1.92	平稳

注：①Δ 表示一阶差分。

②检验类型中的 *c*、*t*、*n* 分别表示含截距项、含线性趋势项及滞后阶数。

③*、**、*** 分别表示在 1%、5%、10%显著水平上的临界值。

从表 6-17 可以看出，Ln(*EM*)、Ln(*MW*)、Ln(*GDP*) 为非平稳的时间序列，经过一阶差分后均为显著平稳序列。控制变量 *AW* 的自然对数 Ln(*AW*) 原数列为平稳数列，与其他数列不同阶，在此剔除，对原有模型进行修正。

②总就业量、最低工资标准和人均 *GDP* 长期均衡关系检验。本书对城镇单位数据变量协整检验采用的方法是 *Johansen* 多变量系统极大似然估计法。结果表明，在显著水平 5%上至少变量之间通过了协整检验（见表 6-18）。

表 6-18　城镇单位 *Johansen* 面板协整检验结果

假设协整方程个数	*Fisher* 联合迹统计量	*Fisher* 联合迹统计量（*P* 值）	*Fisher* 联合 λ-max 统计量	*Fisher* 联合 λ-max 统计量（*P* 值）
无*	36.08	0.0000	24.38	0.0004
最多 1 个*	19.33	0.0036	22.10	0.0012
最多 2 个	0.161	0.9999	0.161	0.9999

注：* 表示在 5%的显著水平上拒绝零假设。

（2）计量结果及分析

运用 2000—2015 年中国城镇单位整体就业量、最低工资标准、人均 *GDP* 变量数据进行计量分析，具体回归分析结果如下：

$$\text{Ln}(EM_{it}) = -0.000291\text{Ln}(MW_{it}) + 0.999923\text{Ln}(GDP_{it}) + 2.4876 \quad (6.19)$$

t 值——（-1.16）　　（1.72）　　（9.02）

p 值——（0.15）　　（0.00）　　（0.00）

$R^2=0.99$，$AdjR^2=0.99$，$DW=2.23$，$F=78.33$

从本次回归的结果来看，最低工资标准（*MW*）的 t 值为-1.16，相伴概率 p 值是 0.15。最低工资标准的就业弹性系数为-0.000291，即最低工资标准每提高 1%，就业将减少约 0.0003%，但 p 值大于 0.05，说明统计效果不显著。由此可见，最低工资标准提高对中国城镇单位就业几乎没有影响。一方面，可能是因为中国最低工资标准整体偏低，提高最低工资标准没有给城镇单位带来成本上升的明显压力，这与实地问卷调查结果一致；另一方面，与最低工资制度的执行力度有关。据调查，中国最低工资标准的执行力度整体不理想，这在一定程度上减少了那些利润小、成本压力大的微利企业对劳动力需求的减少程度。人均 *GDP* 的 *t* 值为 1.72，相伴概率 *p* 值是 0。城镇单位人均 *GDP* 的变量系数为 0.99，说明 *GDP* 的增长促进了城镇单位的就业水平，二者呈显著正方向变动关系。这也符合大部分地区当前的省情和劳动部门近年来的失业人数登记率没有太大变动的实际情况。

6.6 最低工资标准提高对外出农民工就业的影响

（1）数据序列的平稳性检验

现选用 *ADF* 方法对外出农民工面板数据序列进行平稳性检验，结果显示 Ln(*EM*)、Ln(*MW*)、Ln(*GDP*) 为非平稳的时间序列，但经过一阶差分处理后均为显著平稳序列，检验结果具体见表 6-19。

表 6-19 外出农民工数据单位根检验结果

变量	检验类型	*ADF* 值	临界值	*AIC*	*SC*	*DW*	结论
Ln（*EM*）	（0，0，1）	-3.625497	-3.0988**	-3.576789	-3.485495	2.49	不平稳
Ln（*MW*）	（0，t，0）	0.165155	-4.0579*	-2.831666	-2.701293	1.99	不平稳
Ln（*AW*）	（c，t，1）	-2.732120	-4.8864*	-3.962465	-3.788634	1.85	不平稳
Ln（*GDP*）	（c，t，0）	2.142734	-4.2000*	-4.722666	-4.541804	2.13	不平稳
ΔLn（*EM*）	（c，t，1）	-5.882013	-4.9923*	-5.097557	-4.935921	2.61	平稳
ΔLn（*MW*）	（c，0，0）	-5.388927	-4.0579*	-2.982788	-2.895873	1.99	平稳
ΔLn（*AW*）	（c，t，1）	-4.535782	-4.9923*	-3.418176	-3.296949	1.93	平稳
ΔLn（*GDP*）	（c，t，0）	-3.699485	-3.8288**	-4.432178	-4.258347	1.92	平稳

注：①Δ 表示一阶差分。
②检验类型中的 *c*、*t*、*n* 分别表示含截距项、含线性趋势项及滞后阶数。
③*、**、*** 分别表示在 1%、5%、10%显著水平上的临界值。

（2）总就业量、最低工资、平均工资和人均 *GDP* 长期均衡关系检验

时间序列 Ln(*EM*)、Ln(*MW*)、Ln(*AW*)、Ln(*GDP*) 通过一阶差分处理后为平稳的一阶单整序列；同时，数据变量通过协整检验，结果显示变量之间至少存在 1 个协整方程。检验结果见表 6-20。

表 6-20 *Johansen* 面板协整检验结果

假设协整方程个数	*Fisher* 联合迹统计量	*Fisher* 联合迹统计量（*P* 值）	*Fisher* 联合 λ-max 统计量	*Fisher* 联合 λ-max 统计量（*P* 值）
无 *	164.9	0.0000	133.1	0.0000
最多 1 个 *	59.97	0.0000	53.58	0.0000
最多 2 个	16.99	0.0302	17.34	0.0267
最多 3 个	9.004	0.3419	9.004	0.3419

注：* 表示在 5%的显著水平上拒绝零假设。

（3）计量结果分析

在变量数据序列平稳的基础上，对外出农民工 2000—2015 年总体就业量、最低工资标准、平均工资、人均 *GDP* 变量利用协整回归进行分析，结果如下：

$$\mathrm{Ln}(EM_{nmg}) = 1.0407\mathrm{Ln}(MW) - 0.1880\mathrm{Ln}(AW) - 0.7440\mathrm{Ln}(GDP) + 9.5163 \quad (6.20)$$

t 值—— (4.78)　　(−0.75)　　(−3.15)　　(9.19)

p 值—— (0.00)　　(0.16)　　(0.00)　　(0.00)

$R^2 = 0.96$, $AdjR^2 = 0.95$, $DW = 2.01$, $F = 97.5$

由回归结果可知，最低工资标准的变量系数为 1.0407，说明对于外出农民工来说，最低工资标准提高对其就业有促进作用，而且显著。其原因，首先可能是最低工资制度在外出农民工劳动者当中的执行力度不够严格。其次，可能是近些年来用人单位为了规避劳动用工风险，而且大多数外出农民工工作环境差、工作任务繁重并且工作时间较长，用人单位在一定程度上提高了外出农民工的工资水平，最低工资标准逐渐被用人单位接受。

6.7 最低工资标准提高对中国就业影响结果的综合分析

通过对中国不同地区、不同行业、不同类型单位和外出农民工最低工资标准提高的就业效应进行计量分析，可以得出以下结论：

（1）不同注册类型用人单位最低工资标准提高的就业效应

实证研究结果发现，最低工资标准的提高对城镇国有单位的就业效应为负，对城镇集体单位、城镇其他单位和城镇外商投资单位的就业效应为正，尤其是对其他单位就业有明显的促进作用。其中，最低工资标准提高对城镇国有单位就业的消极影响不显著，因其相伴概率 p 值为 0.14。城镇集体单位最低工资标准的就业弹性系数为 0.2472，这与最低工资制度在城镇集体单位的执行力度比较弱有关。如果加大对城镇集体单位最低工资标准的监管和执行力度，最低工资标准的提高就可能会对平均工资水平较低的城镇集体单位造成较大的成本压力，从而对其就业产生负面影响。政府可以加大对城镇集体企业的支持力度，通过税收减免等政策降低其成本增加的压力来实现最低工资标准和就业的相互协调。

（2）不同行业最低工资标准提高的就业效应

结果显示，最低工资标准提高促进了不同行业就业的增加。首先，采矿业、建筑业、住宿和餐饮业、批发零售业、房地产业及制造业的变量系数分别为 0.2454、1.1197、0.1394、1.7303、1.2524 和 0.5890。其中，采矿业的最低工资标准就业效应不显著。最低工资标准提高的就业效应与劳动力市场的供求弹性、最低工资标准的高低及最低工资制度的执行力度密切相关。从问卷调查结果可知，建筑业、住宿和餐饮业及批发零售业的最低工资执行力度最弱，因此在一定程度上抵消了最低工资标准提高给其就业带来的负面影响，其实际就业弹性应比计量结果要低。也就是说，最低工资标准提高对建筑业、住宿和餐饮业及批发零售业的实际就业促进作用要比计量结果系数小。其次，不同行业人均行业增加值的变量系数均为负数，说明人均行业增加值增加，就业量减少，劳动效率提高。这表明最低工资标准的提高倒逼产业结构升级和优化已经初显成效。

（3）不同地区最低工资标准提高的就业效应

中国实行的是基于地区差异的最低工资制度。由于各地的经济发展水平、就业状况和劳动力结构的差异，最低工资标准提高的幅度不同，其对各地的就业影响程度也不相同。通过时间数据序列的计量分析可知，对云南和贵州两省的就业效应为负，对其他地区的就业效应为正。特别是对江苏、上海和天津 3 个地区，从长期来看，就业的增加幅度大于最低工资标准提高的幅度。可见，对于经济发展相对落后的云南和贵州，最低工资标准增加的幅度不能过快，否则对其就业的负面影响会更明显。

（4）城镇单位最低工资标准提高的整体就业效应

计量的结果显示，最低工资标准提高对城镇单位整体就业没有产生明显的影响。最低工资标准的变量系数为-0.000291，p 值为 0.1505，结果不显著，说明中国最低工资标准提高幅度是合适的，有利于提高低收入劳动者的收入水平及促进国民经济和就业的协调发展。但由于中国城镇单位最低工资标准合规率较低，在一定程度上可能低估了最低工资标准对其就业的损害作用。

（5）外出农民工最低工资标准提高的就业效应

外出农民工最低工资标准的变量系数为 1.0407，说明提高最低工资标准对中国外出农民工就业有促进作用。近年来，中国新生代农民工规模不断壮大，工资水平整体提高，甚至出现了农民工工资高于大学毕业生工资的现象。最低工资标准的不断提高，迎合了这一趋势，同时，也促进了外出农民工的就业水平，从而实现了最低工资标准和就业的协调发展。

第7章　外国最低工资标准现状及其就业效应比较分析

为了更好地借鉴国际先进经验，本书将对典型国家的最低工资标准现状和调整及其对就业影响的研究成果进行归纳总结。在前期研究的基础上，本书拓展了对德国、印度、韩国、日本等国最低工资标准就业效应研究结果的分析。

7.1　典型发达国家最低工资标准现状及其就业效应分析

7.1.1　德国最低工资标准现状及其就业效应

（1）德国最低工资标准现状

德国是一个重视劳动者利益的国家。德国最初由工会代表和经营者协商确定最低工资标准并由政府主管部门强制实施，适用于整个行业或某一行业中的若干企业。这种谈判最低工资标准最初仅在建筑业等少数行业存在。随着时间的推移，德国大部分行业由雇主协会与工会共同协商确定本行业的最低工资标准。各行业的最低工资标准高低不同，有些还分德意志民主共和国和德意志联邦共和国地区。具体见表7-1。可以看出，大部分行业在西区和东区的最低工资标准不同，西区的最低工资标准高于东区的最低工资标准。据统计，2014年约有180万特定人群被排除在最低工资标准框架之外，如义工、兼职人员、实习生、短期工和退休人员等。

表7-1 2014年德国各行业的最低工资标准 单位：欧元/小时

行业	分类	最低工资标准
垃圾工	统一标准	8.68
借用工/临时工	西区	8.19
	东区	7.50
提供培训人员	西区	13.00
	东区	11.65
建筑业工人	西区/普通建筑工人	11.10
	西区/专业建筑工人	13.95
	东区/所有建筑工人	10.50
	柏林/所有建筑工人	13.80
屋顶建筑工人	统一标准	11.55
电工（安装）	西区	10.00
	东区	9.10
房屋清洁工人	西区/内部清洁	9.31
	西区/外部清洁	12.33
	东区/内部清洁	7.96
	东区/外部清洁	10.31
	西区/无经验者	9.90
油漆工	西区/学徒期满者	12.15
	东区/统一标准	9.90
护理工	西区	9.00
	东区	8.00
石匠	西区	11.25
	东区	10.66
保安人员	巴符州	8.90
	巴伐利亚州	8.42
	北威州	8.23
	黑森州	7.76
	其他州	7.50
洗衣店人员	西区	8.25
	东区	7.50

资料来源：笔者据相关资料整理而得。

2014 年 4 月，德国通过了《最低工资法》，并于 2014 年 8 月 11 日生效。这是全德国范围内第一次实行统一的最低工资标准。《最低工资法》规定，自 2015 年 1 月 1 日起税前最低工资标准为 8.5 欧元/小时，但送报纸的工人最低工资标准为 6.38 欧元/小时。德国联邦政府将根据最低工资委员会的建议调整最低工资标准。

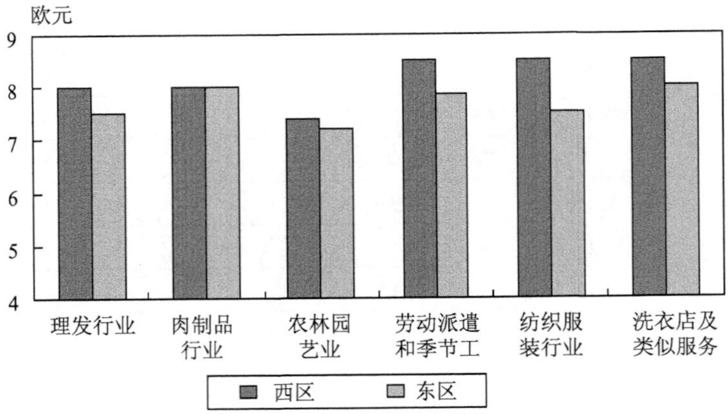

图 7-1　德国行业最低工资标准

资料来源：德国最低工资法解析［EB/OL］.（2015-01-19）［2016-10-12］. http：//huashang-bao. com/portal. php？ mod=view&aid=2522.

《最低工资法》还规定了行业 2015 年初至 2016 年底的最低工资标准，具体见图 7-1。行业最低工资标准是：理发行业（西区 8 欧元/小时，东区包括柏林 7.5 欧元/小时），肉制品行业（8 欧元/小时），农林园艺业（西区 7.4 欧元/小时，东区 7.2 欧元/小时），劳动派遣和季节工（西区 8.5 欧元/小时，东区 7.86 欧元/小时），纺织服装行业（西区 8.5 欧元/小时，东区 7.5 欧元/小时）和洗衣店及类似服务（西区 8.5 欧元/小时，东区 8 欧元/小时）。这些行业中的最低工资标准很多低于全国统一的小时最低工资标准。德国自 2015 年 1 月起最低工资标准为 1473 欧元/月。

（2）德国最低工资标准就业效应分析

根据德国经济社会研究所（WSI）的统计，1998—2011 年，德国产业劳动协约最低工资标准覆盖下的劳动者比率从 76%降到了 61%，存在部分劳动者被迫接受低于最低工资标准的现象。德国劳动部部长安德雷娜·纳勒斯认为德国愿意找兼职工作而不愿意接受职业教育的年轻人在减少，因此，她反对将18岁以下的就业者纳入享受最低工资标准的人群。德国纽伦堡大学的莫勒教授认为，东区实行全国统一的最低工资标准（8.5欧元/小时）有点高。西区经济相对于东区经济更发达，工资水平更高。在德国实施全国统一最低工资标准之前，东区的最低工资标准明显低于西区。像波兹坦、莱比锡等城市，其酒店餐饮业的最低工资一般标准是6~8欧元/小时，与全国法定最低工资标准8.5欧元/小时差距较大。德国经济研究所的数据显示，全国低于统一最低工资标准（8.5欧元/小时）的雇员占17%。其中，东区高达27%，超过全国平均水平。西区为15%，比东区低12%。因此，东区雇主的成本压力相对较大。德国专家卡尔·布伦克则指出，法定最低工资标准会提高服务业的价格，如餐饮、理发、出租车等行业的服务价格随全国统一最低工资标准而上升，给小企业主带来了巨大的经济负担。① 但罗曼·乔治（Roman George，2008）对德国经济研究所做出的最低工资标准每上涨1%工作岗位就减少0.75%的结论提出了质疑。他认为，对于工资与职位的关系应该具体分析，在一些岗位上，提高工资也会减少人员流动，提高生产力从而产生积极的就业效果。②

随着德国最低工资标准的普遍实施，其对就业影响的研究成果逐渐增多。弗林斯·汉娜（Frings Hanna，2013）对德国实施集体谈判最低工资标准的建筑行业中两个相关职业进行了最低工资标准就业效应估计，尽管最低工资标准在东区具有约束力，但研究结果发现最低工资标准对就业没有显著的负面影响。③ 巴赫曼·罗纳德、鲍尔·托马斯K.和弗林斯·汉娜（Bachmann Ronald，Bauer Thomas K. & Frings Hanna，2014）指出了雇主对出台具体行业的最

① 张智勇．德国最低工资［EB/OL］.（2016-03-18）［2016-03-19］. http：//www.ldbj.com/zuidigongzi/deguo_ zuidigongzi.htm.

② 刘淼．经济学家：最低工资不会影响就业率［EB/OL］.（2009-05-18）［2015-03-15］. http：//suqiankuaile.blog.163.com/blog/static/1165677542009425101832531/.

③ Frings Hanna. The Employment Effect of Industry-Specific，Collectively Bargained Minimum Wages［J］. *German Economic Review*，2013，14（3）：258-281.

低工资标准、推行高成本战略、阻止市场准入表示支持。他们采用德国服务业 800 个企业数据集进行分析，发现高生产率的雇主支持最低工资标准，进入门槛低的行业和地区最低工资标准的支持率更高。这一点尤其是在东区表现明显。中欧和东欧国家低工资竞争的潜在威胁较高。此外，相对最低工资标准而言，企业更支持集体协商工资制度。① 鲍尔·托马斯 K.、约亨、夏弗纳·桑德拉和施密特·克里斯托夫 M.（Bauer Thomas K.，Kluve Jochen，Schaffner Sandra & Schmidt Christoph M.，2009）运用结构性劳动力需求模型对德国法定最低工资标准潜在的就业效应和财政效应进行估算，得知德国最低工资标准与非熟练和半熟练的全日制工人就业损失显著相关。尽管最低工资标准会导致来自所得税和社会保障福利的公共收入增加，但由于增加了失业救济金及企业所得税收入下降，会增加财政负担。② 皮亚（Rattenhuber Pia，2014）在研究中指出，德国 1997 年最先对建筑行业子行业中的蓝领工人实行最低工资标准，运用双重倍差分法（DIDID）进行最低工资标准就业效应结果估算，最低工资标准对东区就业效应有较大的正面影响，但对西区影响不显著。③ 维尔纳·托马斯、泽尔·弗里德里希 L.（Werner Thomas，Sell Friedrich L.，2015）分析了就业、物价变化与最低工资标准的关系，使用企业层面的数据评估了德国建筑行业最低工资标准价格效应。结果发现，在东区，最低工资标准存在显著的积极价格效应，而排除了就业上升的可能性；相反，在西区没有发现任何显著的价格效应。这表明，在西区实施的最低工资标准相对于主要工资来说水平太低，因此不具有约束力。④ 因此，对于东西经济发展不平衡的德国来说，最低工资标准对东区的低收入行业和岗位的就业有抑制

① Bachmann Ronald，Bauer Thomas K，Frings Hanna. Minimum Wages as a Barrier to Entry：Evidence from Germany ［J］. *Labor：Review of Labour Economics & Industrial Relations*，2014，46（3）：338-357.

② Bauer Thomas K，Kluve Jochen，Schaffner Sandra，et al. Fiscal Effects of Minimum Wages：An Analysis for Germany ［J］. *German Economic Review*，2009，10（2）：224-242.

③ Rattenhuber Pia. Building the Minimum Wage：The Distributional Impact of Germany's First Sectoral Minimum Wage on Wages and Hours across Different Wage Bargaining Regimes ［J］. *Empirical Economics*，2014，46（4）：1429-1446.

④ Werner Thomas，Sell Friedrich L. Price Effects of the Minimum Wage：A Survey Data Analysis for the German Construction Sector ［J］. *Labour：Review of Labour Economics & Industrial Relations*，2015，29（3）：310-326.

作用，而最低工资标准对西区的就业则没有影响。

7.1.2 美国最低工资标准现状及其就业效应

（1）美国最低工资标准现状

美国既是一个典型的市场经济发达国家，也是最低工资制度实施较早的国家之一。世界上对最低工资标准的研究关注最多的是美国。马萨诸塞州为了更好地对儿童和妇女进行保护，提出应提高其工资水平。1920 年，美国约有 50%的州实施了最低工资制度。1933 年，美国推行了全国性的最低工资制度。1929—1933 年的经济危机对美国经济造成了重大影响。因此，美国在 1935 年废除了最低工资法。1938 年，美国在工人运动不断发展的情况下颁布了全国最低工资法案——《公平劳动标准法》，并设定了联邦最低工资标准，从此，最低工资制度在美国全国范围内推行并得到广泛应用。但美国最低工资制度在实施过程中，关于最低工资标准能否改善低收入劳动者的状况等在其国内引起了较大的争议。美国国会 1981 年成立了最低工资研究组对最低工资相关问题进行专门研究；同时，美国通过了《公平劳动标准法》修正案，将联邦最低工资标准从 3. 10 美元/小时提高到了 3. 35 美元/小时。20 世纪 80 年代，美国允许各州根据经济的发展情况独自制定最低工资标准，但各州的最低工资标准必须高于全国最低工资标准（联邦最低工资标准）。1985 年，美国缅因州最先制定出高于联邦标准的最低工资。截至 1989 年底，包括马萨诸塞州和罗岛州在内的 16 个州提高了州最低工资标准。此时，超过联邦最低工资标准的州约占 1/4。①

美国制定最低工资标准的主要目的是对贫困人口的日常生活进行保障。它最初依据物价指数制定最低工资标准，后来主要参考消费者购买指数对最低工资标准进行调整。

① 傅端香. 中国最低工资就业效应研究［D］. 北京：北京交通大学，2011.

表 7-2 美国联邦最低工资标准的调整情况 单位：美元/小时

生效时间	1938 年法案	1961 年修正案	1966 年修正案	
			非农业工人	农业工人
1938 年 10 月 24 日	0.25			
1939 年 10 月 24 日	0.30			
1945 年 10 月 24 日	0.40			
1950 年 1 月 25 日	0.75			
1956 年 3 月 1 日	1.00			
1961 年 9 月 3 日	1.15	1.00		
1963 年 9 月 3 日	1.25			
1964 年 9 月 3 日		1.15		
1965 年 9 月 3 日		1.25		
1967 年 2 月 1 日	1.40	1.40	1.00	1.00
1968 年 2 月 1 日	1.60	1.60	1.15	1.15
1969 年 2 月 1 日			1.30	1.30
1970 年 2 月 1 日			1.45	
1971 年 2 月 1 日			1.60	
1974 年 5 月 1 日	2.00	2.00	1.90	1.60
1975 年 1 月 1 日	2.10	2.10	2.00	1.80
1976 年 1 月 1 日	2.30	2.30	2.20	2.00
1977 年 1 月 1 日			2.30	2.20
1978 年 1 月 1 日	2.65			
1979 年 1 月 1 日	2.90			
1980 年 1 月 1 日	3.10			
1981 年 1 月 1 日	3.35			
1990 年 4 月 1 日	3.80			
1991 年 4 月 1 日	4.25			
1996 年 10 月 1 日	4.75			

续表

1997年9月1日	5.15
2007年7月24日	5.85
2008年7月24日	6.55
2009年7月24日	7.25
2015年1月1日	7.25

注：现行联邦最低工资于2009年7月24日起生效，为7.25美元/小时，但多数州另有规定州立基本工资，部分州也采取逐年提升的制度，区间为5.15~9.32美元/小时。例如，旧金山2014年为全美基本工资最高（10.74美元/小时）的城市；另外，纽约州的最低时薪为8.75美元。

资料来源：United States Department of Labor. History of Federal Minimum Wage Rates Under the Fair Labor Standards Act, 1938—2009 [EB/OL]. (2009-12-01) [2016-10-12]. https://www.dol.gov/whd/minwage/chart.htm.

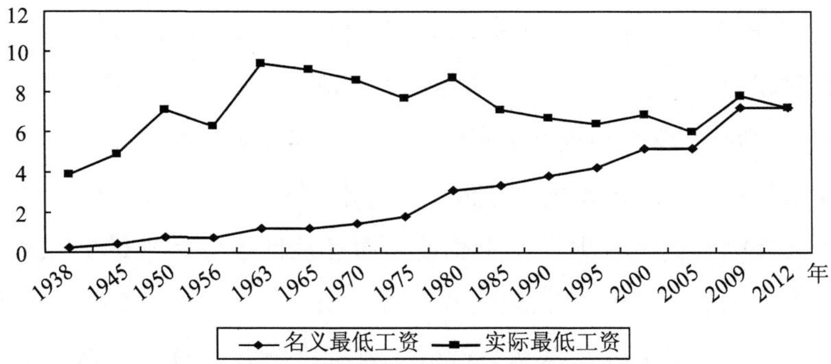

图7-2 1938—2012年美国名义最低工资和实际最低工资水平

资料来源：根据美国劳工局图表数据，经过整理而得。

美国1938年10月最初的小时最低工资标准是0.25美元，名义最低工资标准逐步调整和提高，但实际最低工资标准起伏不定（见图7-2）。可以看出，美国2012年实际最低工资水平仅相当于20世纪50年代的水平。1939年最低工资标准调整为0.30美元/小时，1945年最低工资标准为0.40美元/小时。20世纪90年代，信息技术革命带来了美国最低工资标准的新一轮上涨。1997年为5.15美元/小时，2007年为5.85美元/小时，到2009年7月，美国的最低工资标准提升至7.25美元/小时，至今没有调整。可见，美国的最低工资标准调整次数较少，具体情况见表7-2。当前美国领取最低工资的绝大多数是16~24岁的年轻人和一些年纪较大有家庭的工人。

（2）美国最低工资标准就业效应分析

由于美国实行最低工资制度比较早，最低工资标准对就业的影响引起了学者和专家们的广泛关注。除了在理论上做了不同的研究和解释，对最低工资标准提高的就业效应的计量分析也非常丰富。特别是到 20 世纪 90 年代，随着研究的不断深入和多元化，得出的结论出现了不一致，在观点上也产生了分歧。有的认为，最低工资标准提高对就业有负面影响；有的认为，没有明显影响；有的甚至认为，最低工资标准提高对就业有正的效应。他们的研究结论对传统的经济学理论提出了挑战。在美国，关于最低工资标准提高对就业的影响结果主要倾向于两种观点：

①最低工资标准提高对就业没有产生明显的影响。卡德（Card）、卡茨（Katz）和克鲁格（Krueger）是美国著名的经济学家，他们研究发现最低工资标准提高对就业没有明显的影响。[①] 卡德（Card）、卡茨（Katz）在 1992 年用美国所有州 1989—1990 年最低工资标准和青少年就业的短期面板数据，运用自然实验法估算结果，发现美国最低工资标准 1990 年上涨了 13%，但最低工资标准提高并没有显著减少青少年就业，而且最低工资标准的上涨还提高了青少年的平均工资。1994 年，纽马克（Neumark）、瓦舍尔（Wascher）通过对入学率、最低工资标准覆盖率、最低工资标准指数变量进行修正后再次验证了卡德（Card）、卡茨（Katz）1992 年的研究结论，即最低工资标准提高对就业的影响不明显。1992 年，卡德（Card）、卡茨（Katz）采用面板数据和自然实验法对新泽西州和宾夕法尼亚州的快餐店就业人数进行了实证研究，发现最低工资标准提高的新泽西州快餐店增加的雇员人数超过了最低工资标准没有提高的宾夕法尼亚州。[②] 1994 年，卡德（Card）、卡茨（Katz）为了评估最低工资标准提高的就业效应，对 410 家新泽西州和宾夕法尼亚州提高最低工资标准的快餐店进行了调查和比较分析，发现最低工资提高并没有减少就

---

① Card 和 Krueger 是普林斯顿大学的经济学家和国家经济研究局的研究助理，Katz 既是美国劳工部门的首席经济学家也是哈佛大学的经济学教授；Neumark 是宾夕法尼亚大学的助理教授和学院研究员，Wascher 是高级经济学家，Burkhauser 和 Couch 分别来自康奈尔大学和康涅狄格大学。

② Katz L F, Krueger A B. The Effect of the Minimum Wage on the Fast Food Industry [J]. *Industrial and Labor Relations Review*, 1992, 46 (1): 6-21.

业，雇主也没有因为工资成本的增加而降低雇员的伙食和其他免费福利项目，雇主可能把提高的成本转嫁到了消费者身上。① 同年，卡茨（Katz）、克鲁格（Krueger）对得克萨斯州的快餐业进行了调查，在遵守新的最低工资标准时，也没有发现最低工资标准提高降低就业的证据。1994 年，卡德、卡茨和克鲁格用纽马克（Neumark）与瓦舍尔（Wascher）研究的州面板数据进行研究，结果发现最低工资标准提高对不同州青少年的就业效应存在差异。有些州表现为正效应，有些州为负效应，青少年整体就业效应接近零。当变量滞后期和入学率指标加入模型中时，发现最低工资标准提高的就业正效应更为显著。② 卡德、卡茨和克鲁格（2000）的研究仍然没有发现最低工资标准提高会减少快餐业员工的就业。2008 年，罗曼·乔治（Roman George）研究认为，美国最低工资制度自 1999 年实施以来并没有使就业减少。2009 年，斯蒂芬·巴津（Stephen Bazen）、朱莉·勒盖洛（Julie Le Gallo）运用二分法对州和联邦最低工资标准提高就业效应进行研究，发现 1984—1997 年美国州和联邦最低工资标准上涨对就业都没有产生负面影响。③ 萨比亚（Joseph J. Sabia，2009）指出，州和联邦的最低工资标准上涨没有给零售业的就业带来不利的影响。④ 萨比亚（Sabia）、波克豪瑟（Burkhauser）和汉森（Hansen）2012 年在研究中指出，纽约在 2004—2006 年最低工资标准提高对青年和低学历的工人就业有负面影响。但霍夫曼（Hoffman）选用当前人口调查数据，重新估计了最低工资标准就业效应，得出了最低工资标准对就业没有负面影响的结论。相对而言，人口调查数据更全面可靠，更适合统计分析。此外，当霍夫曼重复使用佛罗里达州、伊利诺伊州和新泽西州三个州及哥伦比亚特区同一时期

① Card David，Lawrence F Katz，Alan B Krueger. Comment on David Neumark and William Wascher，“Employment Effects of Minimum and Subminimum Wages：Panel Data on State Minimum Wage Laws” [J]. *Industrial and Labor Relations Review*，1994，47（3）：487-497.

② Card David，Alan B Krueger. Minimum Wages and Employment：A Case Study of the Fast-Food Industry in New Jersey and Pennsylvania [J]. *American Economic Review*，1994，84（5）：772-793.

③ Stephen Bazen，Julie Le Gallo. The State-federal Dichotomy in the Effects of Minimum Wages on Teenage Employment in the United States [J]. *Economics Letters*，2009，105（3）：267-269.

④ Joseph J Sabia. The Effects of Minimum Wage Increases on Retail Employment and Hours：New Evidence from Monthly CPS Data [J]. *Journal of Labor Research*，2009，30（1）：75-97.

内国家最低工资标准大幅提高的数据进行分析时，发现最低工资标准提高存在较小的就业正效应。这可能是由于分析数据的来源不同造成的结果差异。总之，这两个研究结果相关的最低工资标准的极弱或零就业效应，与最近的研究结果一致。2014 年，霍夫曼（Hoffman）在回顾最低工资标准与就业之间的长期争论的基础上，指出在研究最低工资标准提高对就业的影响时不考虑空间异质性的情况下运用面板数据分析是有缺陷的。他们运用控制异质性的新研究方法得出结论，美国的就业机会并没有因为最低工资标准提高而减少。最低工资标准的实施有利于权衡那些因为获得更高工资而造成的工作损失。① 2015 年，施密特（Schmitt）、约翰（John）综述了 2000 年以来有关美国最低工资标准就业效应的研究文献，结果发现适度增加最低工资标准几乎对就业没有影响；同时，还验证了最低工资标准经过 11 次调整后带来了持续较小的就业效应。适当地增加最低工资标准对雇主的成本压力相对较小，最低工资的调整机制似乎足以避免就业损失，甚至对那些拥有很大份额的低工资工人的雇主来说也是如此。② 2016 年，霍夫曼运用自然实验法对纽约州再次分析其提高最低工资标准后对就业的影响，结果显示年轻工人和低学历工人就业没有受到负面影响。③ 而且，近期的一些研究也表明最低工资标准提高不仅不会造成失业，还会增进社会福利。

②最低工资标准提高明显减少了低收入劳动者的就业。以纽马克、瓦舍尔、波克豪瑟和卡于克（Neumark，Wascher，Burkhauser & Couch）为主要代表的研究者认为，最低工资标准明显对就业有损害作用，尤其是对低收入劳动者就业的负面影响显著。他们还认为，预测最低工资变化对劳动力市场的影响可以从劳动经济学的角度进行。④ 纽马克、瓦舍尔（1992）研究发现，

---

① Hoffman Saul D. Are the Effects of Minimum Wage Increases Always Small? A Reanalysis of Sabia, Burkhauser, and Hansen [J]. *Industrial & Labor Relations Review*, 2016, 69 (2): 295-311.

② Schmitt John. Explaining the Small Employment Effects of the Minimum Wage in the United States [J]. *Industrial Relations*, 2015, 54 (4): 547-581.

③ 同①.

④ Burkhauser R V, Couch K A, Wittenburg D C. Who Minimum Wage Increases Bite: An Analysis Using Monthly Data from the SIPP and the CPS [J]. *Southern Economic Journal*, 2000, 67 (1): 16-40.

最低工资标准提高 10%，可使美国青少年失业增加 1%~2%，青壮年失业增加 1.5%~2%，即最低工资标准的提高会使年轻人就业减少。① 纽马克（Neumark，2003）、阿博德（Abowd，1999）在控制劳动者个人就业状态的条件下，得出最低工资标准政策改变对青少年就业有“挤出效应”的结论。② 布朗、吉尔雷和科亨（Brown，Gliroy，Kohen，1982）研究发现，最低工资标准提高的就业效应为负，并且不同就业者群体的就业效应存在差异。最低工资标准提高 10%，会使青少年就业减少 3%，并且提高最低工资标准对不同性别、种族和年龄段的就业者影响不同。在最低工资标准就业效应均为负的情况下，女性大于男性，青少年大于青壮年，黑人大于白人。③ 2000 年，纽马克（Neumark）、瓦舍尔（Wascher）选取尽可能与卡德和克鲁格（1994）相同的样本，用行政薪资数据对新泽西州和宾夕法尼亚州的最低工资标准提高的就业效应进行了研究，结果发现新泽西州相对于宾夕法尼亚州来说，最低工资标准提高使就业有所下降。Joseph J. Sabia（2009）通过采用 1979—2004 年月度数据，估算结果是最低工资标准提高 10%，零售业就业和周工时下降 1%。费边、彼得·斯科特（Fabián Slonimczyk，Peter Skott，2012）对最低工资标准对就业的相对影响进行了回归分析，结论是美国最低工资标准提高可能会导致就业减少和低技能工人相对工资的恶化。④ 夏琳 M.、唐纳德 J.（Kalenkoski Charlene M.，Lacombe Donald J.，2013）运用空间计量经济技术和美国劳工统计局全年平均值数据，对 1990—2004 年青少年最低工资标准就业效应进行了验证，结果表明青少年就业受到了影响，最低工资标准增加 10%，青少年就业减少 2.1%，忽略空间相关性则会低估最低工资标准对青少

① Neumark David，William Wascher. Employment Effects of Minimum and Subminimum Wages：Panel Data on State Minimum Wage Laws［J］. *Industrial and Labor Relations Review*，1992，46（1）：55-81.

② Neumark David，William Wascher. Minimum Wages and Skill Acquisition：Another Look at Schooling Effects［J］. *Economics of Education Review*，2003，22（1）：1-10.

③ Brown Charles，Curtis Gilroy，Andrew Kohen. The Effect of the Minimum Wage on Employment and Unemployment［J］. *Journal of Economic Literature*，1982，20（2）：487-528.

④ Fabián Slonimczyk，Peter Skott. Employment and Distribution Effects of the Minimum Wage［J］. *Journal of Economic Behavior & Organization*，2012，84（1）：245-264.

年就业的影响程度。①

威廉 F. 福特、特拉维斯·米诺尔和马克 F. 欧文斯（William F. Ford, Travis Minor, Mark F. Owens, 2012）的研究还表明，最低工资标准的差异会受到政治因素的影响。自 1991 年以来，影响最低工资水平的首要因素是国家的政治倾向，而不是生活成本因素。政府只是把生活成本提高作为提高最低工资标准的一个理由。这个研究结果有助于经济学家分析和预测劳动力成本趋势。②

总之，从上述对美国最低工资标准就业效应的研究结果分析可知，美国最低工资标准变化对就业影响的研究结果具有不一致性，不同学者的研究结果存在差异。这可能是研究方法和指标设置的差异造成的。大部分学者支持“正统”的观点即最低工资标准提高会导致就业减少，只有少数学者研究后认为美国最低工资标准提高对就业有促进作用或没有影响。因此，从整体上来看，美国最低工资标准就业负效应占主导地位，即美国最低工资标准提高对其就业有明显的副作用。

7.1.3 英国最低工资标准现状及其就业效应

（1）英国最低工资标准现状

英国也是典型的市场经济发达国家之一。1909 年，英国建立了以雇主、工人代表及独立委员组成的工资委员会。工资委员会有权依法制定合理的最低工资标准。最初，餐饮业、服装制造业及零售业是受工资委员会保护最大的行业。1993 年，英国取消了工资委员会，最低工资制度也暂时停止实施（农业部门除外）。直到 1998 年，英国成立了低收入委员会，该机构负责为政府制定最低工资标准提供咨询。1999 年 4 月，英国重新建立了与美国相似的全国最低工资制度。

英国几乎每年都会调整最低工资标准，月最低工资标准整体呈上升趋势，

---

① Kalenkoski Charlene M, Lacombe Donald J. Minimum Wages and Teen Employment: A Spatial Panel Approach [J]. *Papers in Regional Science*, 2013, 92 (2): 407-417.

② William F Ford, Travis Minor , Mark F Owens. State Minimum Wage Differences: Economic Factors or Political Inclinations? [J]. *Business Economics*, 2012, 47 (1): 57-67.

具体见图 7-3。英国为不同年龄的工人制定了标准不同的小时最低工资标准，如 1999 年 4 月 1 日起，22 岁以上工人的最低工资标准为 3.6 英镑/小时，18~22 岁工人的最低工资标准为 3.0 英镑/小时。2002 年 10 月，22 岁以上工人的最低工资标准调整为 4.2 英镑/小时，18~22 岁工人的最低工资标准调整为 3.6 英镑/小时。2004 年，英国为 16~17 岁的工人也规定了最低工资标准，为 3.0 英镑/小时。① 英国现行的最低工资标准于 2012 年 10 月 1 日起实施，年满 21 岁者最低工资标准为 6.19 英镑/小时，21 岁以下者最低工资标准为 2.65~4.98 英镑/小时不等。2015 年 10 月 1 日起，执行新的最低工资标准：21 周岁或以上者为 6.70 英镑/小时，18~20 周岁者为 5.30 英镑/小时，16~17 周岁者为 3.87 英镑/小时，学徒工为 3.30 英镑/小时。英国的最低工资标准是世界上较高的国家之一，高于美国，位于欧盟国家第 3 位。

英国的月最低工资标准整体上呈上升趋势：1999 年为 902.03 欧元/月；2009 年为 995.28 欧元/月，达到一个新低，可能是因为经济衰退的原因；2015 年达到了 1509.70 欧元/月（见表 7-3）。

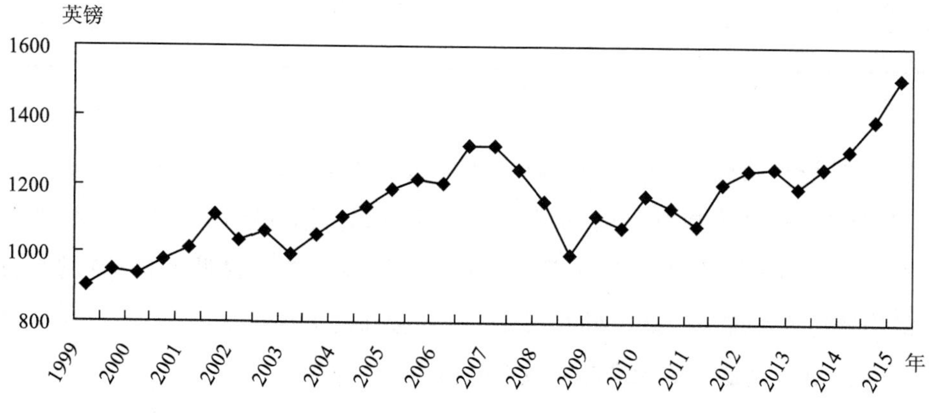

图 7-3　1999—2015 年英国最低工资标准变化趋势

① 谢增毅．英国的最低工资制度：经验与启示［J］．中国社会科学院研究生院学报，2008（6）：63-68.

表 7-3　1999—2015 年英国最低工资标准　　单位：欧元/月

时间	最低工资标准	时间	最低工资标准
1999 年 7 月	902.03	2008 年 1 月	1242.24
2000 年 1 月	952.23	2008 年 7 月	1149.89
2000 年 7 月	936.26	2009 年 1 月	995.28
2001 年 1 月	977.41	2009 年 7 月	1112.55
2001 年 7 月	1011.44	2010 年 1 月	1076.46
2002 年 1 月	1109.29	2010 年 7 月	1169.49
2002 年 7 月	1038.78	2011 年 1 月	1136.22
2003 年 1 月	1063.80	2011 年 7 月	1083.60
2003 年 7 月	998.27	2012 年 1 月	1201.96
2004 年 1 月	1054.20	2012 年 7 月	1244.42
2004 年 7 月	1107.72	2013 年 1 月	1249.85
2005 年 1 月	1134.67	2013 年 7 月	1189.92
2005 年 7 月	1186.59	2014 年 1 月	1251.05
2006 年 1 月	1212.61	2014 年 7 月	1301.31
2006 年 7 月	1200.69	2015 年 1 月	1378.87
2007 年 1 月	1314.97	2015 年 7 月	1509.70
2007 年 7 月	1310.09		

资料来源：欧盟统计局，2015 年 7 月 27 日。

如图 7-3 所示，1995—2015 年，英国最低工资标准呈波浪式上升。2002 年和 2007 年是两个拐点，从 2013 年开始又持续上涨。英国最低工资标准的调整与国家的经济形势紧密联系在一起。经济衰退期，最低工资标准调低；经济快速复苏和增长时期，最低工资标准也会随之提高。

（2）英国最低工资标准就业效应分析

从表 7-3 中可以发现，英国最低工资标准整体上呈波浪式上升。在经济不景气的阶段，最低工资标准会调低。那么，最低工资标准变化对英国就业影响如何？学者们就最低工资标准调整对英国就业的影响进行了广泛的研究。研究的结论大体上可分为两种：第一种观点是最低工资标准调整有利于促进就业或对就业不产生影响；第二种观点是最低工资标准调整会对英国就业产生轻微的抑制作用。下面对其相关研究结果进行具体梳理和分析。

第一种观点：最低工资标准调整对英国就业有积极影响或对其就业不产生影响。

大部分学者研究发现，英国就业没有受到最低工资标准调整所带来的负面影响，甚至得出了最低工资标准促进就业的结论。如克雷格（Craig，1982）研究后发现英国最低工资制度的实施对就业并没有产生负面影响。1994 年，理查德·狄更斯、斯蒂芬·梅钦和艾伦·曼宁（Richard Dickens，Stephen Machin & Alan Manning）运用 1979—1992 年的年度收入调查数据，以最低工资标准与平均工资的比率为测度指标，回归计量分析结果显示最低工资标准对英国就业有促进作用，最低工资标准的就业弹性系数为 43%；但最低工资标准与平均工资的比率和相对平均工资有所下降。① 理查德·狄更斯（Richard Dickensctal，1999）研究发现 1979—1992 年英国最低工资标准的提高降低了失业率，如 1992 年失业率为 10.6%，1994 年失业率降为 9.2%。斯图尔特（Stwart，2002）基于收入调查数据运用双重差分估计法对英国 140 个最低工资标准覆盖的高工资和低工资地区进行比较研究后，发现最低工资标准调整对低收入劳动者和 18 岁及以上工人的就业没有造成显著影响。② 斯图尔特（Stwart，2004）研究发现最低工资标准对不同层次收入的劳动者且被最低工资标准覆盖人群的就业可能产生不显著的正效应。③ 2004 年，加林多-鲁埃达（Galindo-Rueda）、佩雷拉（Pereira）采用公司层面数据进行研究，结果发现最低工资标准变化对英国不同行业就业效应不同：最低工资标准变化使制造业就业水平降低，但提高了其人均收入；最低工资标准对服务业具有轻微的就业负效应（1998—2001 年）和明显的收入正效应（只有 2000 年），整体上最低工资

① Richard Dickens，Stephen Machin，Alan Manning. Minimum Wages and Employment：A Theoretical Framework with an Application to the UK Wages Councils [J]. *International Journal of Manpower*，1994，15 (2/3)：26-48.

② Stewart Mark B. The Impact of the Introduction of the U. K. Minimum Wage on the Employment Probabilities of Low-Wage Workers [J]. *Journal of the European Economic Association*，2004，2 (1)：67-97.

③ Stewart Mark B. Estimating the Impact of the Minimum Wage Using Geographical Wage Variation [J]. *Oxford Bulletin of Economics & Statistics*，2002，64 (supplement)：583-605.

标准没有减少就业。① 彼得·道尔顿、奇亚拉·罗萨扎和沃兹沃思·乔纳森（Dolton Peter，Bondibene Chiara Rosazza & Wadsworth Jonathan，2012）评估了英国最低工资标准对就业和不平等的影响，使用双差分法评估其每年的效果。在最低工资标准不断增长的国家，整个期间的平均就业效应是广泛中性的，从 2003 年起，最低工资标准就业效应较小但显著为正。② 林德、斯坦利、斯托伊（Linde Leonard Megan，Stanley T D.，Doucouliagos Hristos，2014）运用偏相关分析方法分析最低工资标准就业弹性，得出最低工资提高没有对英国整体就业带来显著的不利影响。③ 彼得·道尔顿、奇亚拉·罗萨扎和迈克尔（Peter Dolton，Chiara Rosazza Bondibene & Michael Stops，2015）基于 1999—2010 年的数据，运用计量模型评估了最低工资标准在英国经济衰退期（2008—2010 年）的就业效应，结果是英国最低工资标准适当调整对其就业没有产生明显的影响。④ 这可能是因为在此期间，英国最低工资标准呈下降趋势，与经济衰退相适应。

第二种观点：最低工资对英国就业会产生轻微的负面影响。

少数学者如巴津、格雷格（Bazen，Gregg，1990）研究得出了英国最低工资标准调整对其就业有轻微负效应的结论。摩根（Morgan，1985）采用 1950—1981 年时间序列数据估计发现最低工资标准对英国服装业男性就业的负面影响大于女性。贾丝廷·施耐德、肯·西蒙斯和格雷格·埃弗雷特（Justine Schneider，Ken Simons & Greg Everatt，2001）对英国残疾人最低工资标准就业效应进行了研究，其影响结果与残疾人的年龄、性别、岗位及残疾

① David Neumark，William Wascher. Minimum Wages and Employment [R]. *IZA DP*，No. 2570，January 2007.

② Dolton Peter，Bondibene Chiara Rosazza，Wadsworth Jonathan. Employment，Inequality and the UK National Minimum Wage over the Medium-Term [J]. *Oxford Bulletin of Economics & Statistics*，2012，74 (1)：78-106.

③ Linde Leonard Megan，Stanley T D，Doucouliagos Hristos. Does the UK Minimum Wage Reduce Employment? A Meta-Regression Analysis [J]. *British Journal of Industrial Relations*，2014，52 (3)：499-520.

④ Peter Dolton，Chiara Rosazza Bondibene，Michael Stops. Identifying the Employment Effect of Invoking and Changing the Minimum Wage：A Spatial Analysis of the UK. [J]. *Labor Economics*，2015，(37)：54-76.

类型有关，伤残人员相关特征不同对其就业的影响也不同。① 梅钦（Machin，2003）等对英国实行最低工资制度前后 9 个月内家庭保健业就业的前后变化进行研究，发现实施最低工资标准对英国家庭保健业就业造成了轻微的负面影响，在减少了工人工作时间的同时还提高了该行业工人的工资水平。斯图尔特、斯沃菲尔德（Stewart，Swaffield，2006）研究发现，最低工资标准的长期工作时间效应大于短期工作时间效应。② 林德、斯坦利和斯托伊（Linde Leonard Megan，Stanley T. D.，Doucouliagos Hristos，2014）运用多因素分析偏回归分析法发现就业效应出现了不同的结果，家庭护理行业可能会出现一个真正的负的最低工资标准就业效应。③

综上所述，通过对英国大量相关研究文献的梳理和归纳得知，虽然英国最低工资水平相对于美国来说处于一个高水平状态，但其就业负效应较弱，不如美国显著。

7.1.4 法国最低工资标准现状及其就业效应

（1）法国最低工资标准现状

法国是一个市场经济发达的国家。法国早在 1915 年就对家庭工人实施了最低工资标准政策。最低工资标准是为了保障工薪劳动者最基本的生活需要。1950 年，法国首次颁布了统一的全国最低工资标准，且在《劳动法》中规定最低工资标准与基本工资相关，不包括奖金和补贴。最初规定只有 18 岁以上的雇员（某些专业人士和残疾人不受年龄限制）才享有最低工资标准待遇，并明确规定了全工、半工、学徒工和残疾人领取最低工资标准的比例。法国现行的最低工资标准主要是根据员工的年龄和工作经验规定雇员的最低工资

① Justine Schneider，Ken Simons，Greg Everatt. Impact of the National Minimum Wage on Disabled People［J］. *Disability & Society*，2001，16（5）：729-747.

② Stewart Mark B，Joanna K Swaffield. The Other Margin：Do Minimum Wages Cause Working Hours Adjustments for Low-Wage Workers?［J］. Unpublished Paper，*Economica*，2008，75（297）：148-167.

③ Linde Leonard Megan，Stanley T D，Doucouliagos Hristos. Does the UK Minimum Wage Reduce Employment? A Meta-Regression Analysis［J］. *British Journal of Industrial Relations*，2014，52（3）：499-520.

标准，而且包括了17周岁以下员工的最低工资标准。

表7-4　法国现行工资标准规定

<table>
<tr><td colspan="3">1. 最低每月工资总额（工作时长为35小时/每周）为1457.52法郎，即年收入17490.24法郎</td></tr>
<tr><td rowspan="3">2. 根据年龄及工作经验计算工资</td><td>年龄<17周岁，且工作经验<6个月</td><td>工资至少为最低工资标准的80%，即最低时薪7.69法郎</td></tr>
<tr><td>年龄在17~18周岁之间，且工作经验<6个月</td><td>工资至少为最低工资标准的90%，即最低时薪8.65法郎</td></tr>
<tr><td>年龄在18岁或以上，且工作经验在6个月或以上</td><td>工作时薪至少为9.61法郎</td></tr>
<tr><td colspan="3">3. 年轻人签订学徒合同，所得工资根据年龄和为雇主所工作年限长短而有所不同，可能为最低工资标准的25%~78%。学徒们可以有实习津贴</td></tr>
<tr><td colspan="3">4. 最低工资按小时计算。自2000年2月以来，法国雇员每周工作35小时（多出的工作时间算作加班时间）。每小时的工资总额为9.61法郎，合计为每月1457.52法郎</td></tr>
</table>

资料来源：Anni Wang. 法国现行工资标准规定［EB/OL］.（2015-08-06）［2016-03-01］. https：//www. migreat. fr/zh/.

法国最低工资标准包括全国法定最低工资标准、行业最低工资标准和企业最低工资标准三个层次。而在1950年以前，法国只有行业最低工资标准。雇员个人领取的最低工资标准不能低于全国、行业和企业三条线。实际上，行业最低工资标准和企业最低工资标准是由劳资双方谈判达成的。由于法国工会力量强大，谈判最低工资标准往往高于全国法定最低工资标准。在谈判没有达成协议的行业，其最低工资标准以法定的最低工资为准。

法国每年根据国家的经济发展、物价和工资水平的上涨幅度对最低工资标准进行调整。这样的最低工资标准调整机制缓解了法国的失业状况，保证了劳动者实际生活水平的稳定。自2001年起，法国小时最低工资标准呈稳定增长趋势（见表7-5），2001年为6.67欧元/小时，2006年为8.27欧元/小时，2010年调整为8.86欧元/小时。蒙田研究所指出，法国在1990—2010年最低工资标准提高了28%，而平均净工资只增加了10%，无技术含量的劳动成本增长了 12%。① 法国现行的最低工资标准于 2016 年 1 月 1 日起实施，为 9. 67 欧元/小时。法国最低工资水平是北欧国家中最高的。法国小时最低工资水平高于同期美国和英国的最低工资水平。

表 7-5　法国 2001—2016 年最低工资标准　　单位：欧元/小时

时间	调整时间	最低工资标准	时间	调整时间	最低工资标准
2001	2001-06-29	6. 67	2010	2009-12-17	8. 86
2002	2002-06-28	6. 83	2011	2010-12-17	9. 00
2003	2003-06-28	7. 19	2011	2011-11-30	9. 19
2004	2004-07-02	7. 61	2012	2011-12-23	9. 22
2005	2005-06-30	8. 03	2012	2012-06-29	9. 40
2006	2006-06-30	8. 27	2013	2012-12-21	9. 43
2007	2007-06-29	8. 44	2014	2013-12-19	9. 53
2008	2008-04-29	8. 63	2015	2014-12-22	9. 61
2008	2008-06-28	8. 71	2016	2015-12-18	9. 67
2009	2009-06-26	8. 82			

法国 1950 年最初的最低工资标准为 500 法郎/月，1999 年为 1035. 97 欧元/月，最新的最低工资标准是 1466. 62 欧元/月。法国月最低工资标准具体调整情况见表 7-6。从整体变化趋势来看，法国的月最低工资标准也大都高于同期英国的月最低工资标准。(2007 年和 2015 年 7 月除外。)

表 7-6　法国 1999—2016 年最低工资标准　　单位：欧元/月

时 间	最低工资标准	时 间	最低工资标准
1999-01	1035. 97	2008-07	1321. 02
1999-07	1049. 49	2009-07	1337. 70
2000-07	1083. 29	2010-01	1343. 77
2001-07	1127. 23	2011-01	1365. 00
2002-07	1154. 27	2012-01	1398. 37

① 蒙田研究所．法国最低工资水平过高［EB/OL］．(2015-03-05)［2015-04-05］．http://www. cnfrance. com/info/pinglun/20150305/11965. html.

续表

时间	最低工资标准	时间	最低工资标准
2003-07	1215.11	2012-07	1425.67
2004-07	1286.09	2013-01	1430.22
2005-07	1217.88	2014-01	1445.38
2006-07	1254.28	2015-01	1457.52
2007-07	1280.07	2016-01	1466.62

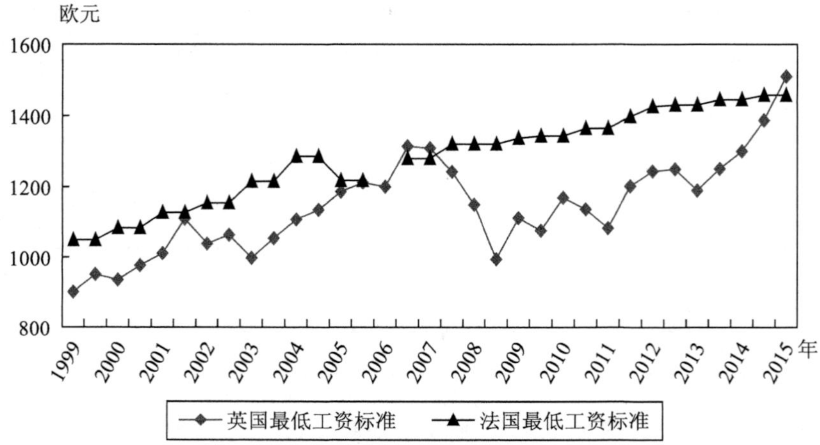

图 7-4　1999—2015 年英国和法国最低工资标准比较

（2）法国最低工资标准就业效应分析

法国实施最低工资制度以后，有关最低工资标准对就业的影响也引起了学者们的关注。法国是一个高水平的最低工资标准国家，学者们对其最低工资标准就业效应研究尤感兴趣。

1981—1985 年和 1985—1989 年分别是法国最低工资标准快速增长和平稳上升阶段。1996 年，多拉多等（Dolado，et al.）对这两个时期的就业效应进行了比较分析，结果发现，1981—1985 年，工资水平接近和低于最低工资标准的就业者群体在法国的失业率上升较快，1985—1989 年这一群体的失业率下降较快。① 在最低工资标准提高的两个阶段，一个失业率下降，另一个失业

① Dolado Juan，Francis Kramarz，Stephen Machin，et al. The Economic Impact of Minimum Wages in Europe [J]. *Economic Policy*，1996，11 (23)：317-372.

率上升，最终的最低工资标准就业效应结果很难得以证明。这主要是因为经济周期对最低工资标准和失业都会产生影响，二者相互交织很难区分。1997年，巴津（Bazen）和斯库拉斯（Skourias）选取1981—1984年最低工资标准的相关数据，以法国多行业15~24岁青少年就业为研究对象，运用双重差分法分析各行业最低工资标准对青少年就业的影响，发现青少年的受雇比例在最低工资标准提高后相对降低了。① 1994年，吉尔伯特（Gilbert Benhayoun）基于1975—1991年人口统计数据使用Mincer的测算模型，运用最小二乘法分别估计了法国最低工资标准提高对青年整体就业、青年男性和青年女性就业水平的影响。结果表明，最低工资标准提高对青年人整体就业没有影响，对青年女性就业影响不明显，对青年男性的就业弹性介于13.2%~47%。② 阿博德（Abowd，1999）认为最低工资标准提高对不同工资收入和年龄段的劳动者就业的影响不同，而且对就业的影响程度与是否受法律保护有关。25岁以上的劳动者，不受法律就业保护，就业水平会因最低工资标准提高有轻微的下降，而受到保护的同龄劳动者其就业效应为轻微的正效应。最低工资标准提高对法国的整体就业影响不显著或基本趋于均衡。③ 经济合作与发展组织根据统计局1992—2008年最低工资标准变化和失业变化率的相关统计数据进行分析，结果发现法国实行最低工资制度没有对就业产生消极影响，即最低工资标准没有发生使法国就业减少的现象。

但是，自欧洲石油危机以来，法国的失业率一直居高不下，2016年1月失业率达到10.6%，法国宣布进入"经济紧急状态"。④ 黎文宇（2013）认为，人

---

① Bazen Stephan, Nicolas Skourias. Is There a Negative Effect of Minimum Wages in France? [J]. *European Economic Review*, 1997, 57 (3-5): 723-732.

② Gibert Benhayoun. The Impact of Minimum Wages on Youth Employment in France Revisited: A Note on the Robustness of the Relationship [J]. *International Journal of Manpower*, 1994, 15 (2): 82-85.

③ Abowd John M, Francis Kramarz, David N Margolis. Minimum Wages and Employment in France and the United States [R]. National Bureau of Economic Research, *Working Paper* 6996, March 1999: 427-472.

④ 老任. 法国失业率高，奥朗德宣布进入"经济紧急状态"[EB/OL]. (2016-01-19) [2016-02-08]. http: //world. people. com. cn/n1/2016/0119 /c1002-28066827. html.

力成本过高是造成法国高失业率的主要原因之一。① 法国 2016 年法定最低工资标准为 1466.62 欧元/月，扣除养老金等社会保险金，劳动者净最低工资为 1143 欧元/月。年底还要为雇员缴纳约 10%的个人所得税，雇主为雇员每月支出最低达到 2000 多欧元。从表 7-7 可以看出，法国最低工资标准一直在提高，失业率也一直居高不下，从 2008 年的 7.4%上升到了 2015 年的 10.0%。

表 7-7　法国 2008—2015 年最低工资标准和失业率的变化　　单位：欧元

年份	失业率（%）	失业率变化（%）	月最低工资	最低工资变化率（%）
2008	7.4	-0.6	1321.02	3.2
2009	9.1	1.7	1337.70	1.3
2010	9.3	0.2	1343.77	0.4
2011	9.2	-0.1	1365.00	1.6
2012	9.8	0.6	1425.67	4.4
2013	10.3	0.5	1430.22	0.3
2014	10.3	0	1445.38	1.1
2015	10.0	-0.3	1457.52	0.8

资料来源：根据法国统计网数据整理而得。

弗雷德里克、伊莎贝尔和泰雷兹（Frédéric Gavrel，Isabelle Lebon & Thérèse Rebière，2012）研究了法国最低工资标准在劳动力市场分割条件下对不同阶段职业生涯的工人的影响。在“边干边学”的尾声阶段，支付工人最低工资会使工人辞去不好的工作而去寻找报酬更好的工作。最低工资标准的上升会减少员工对在职工作的搜索强度，以保持他们较低报酬的“坏工作”。实证研究表明，最低工资标准对不同阶段职业生涯的工人的就业影响不确定；但是，最低工资标准上升轻微降低了整体就业和产出。②

从以上相关研究可知，因为计量技术的缺陷，法国的最低工资标准对就

① 黎文宇．法国高失业率从何而来？［EB/OL］．（2013-05-06）［2015-09-12］．http：//news.sina.com.cn/w/gc/2013-05-06/173075.shtml.

② Frédéric Gavrel，Isabelle Lebon，Thérèse Rebière. Minimum Wage，On-the-Job Search and Employment：On the Sectoral and Aggregate Equilibrium Effect of the Mandatory Minimum Wage［J］. *Economic Modelling*，2012，29（3）：691-699.

业的影响具有不确定性，或影响不明显；但随着最低工资标准的提高，特别是在经济整体形势不乐观的情况下，一味地提高最低工资标准可能会给就业带来不确定的负面影响。

另外，还有学者对其他发达国家的最低工资标准就业效应进行了研究。如米特西斯（Pandelis Mitsis，2015）研究了欧盟国家塞浦路斯在最低工资标准覆盖的职业中就业总量和最低工资标准之间的关系。他通过对最低工资标准覆盖的少数职业进行时间序列数据进行分析，发现最低工资标准和就业总量之间存在显著的负相关关系。在最近发现的搜索和匹配模型的框架下，研究结果表明，最低工资标准立法对未涵盖的最低工资职业具有显著的溢出效应。[①] 拉坡泽可·苏珊娜（Laporšek Suzana，2013）采用面板数据回归法与固定效应模型对欧盟 18 个成员国 1996—2011 年法定最低工资标准对青少年就业的影响进行了分析，分析对象仅限于 15～19 岁的十几岁工人和 20～24 岁的年轻工人。研究发现，最低工资标准对青年工人就业具有显著效应，其失业效应高于十几岁工人。在控制了其他劳动力市场机制的影响条件下，就业效应仍显著为负，即法定最低工资标准往往会降低欧盟国家的青年就业，而且其失业效应比十几岁的工人更强。可能的解释是，2008 年后经济危机对宏观经济的负面影响及劳动力市场机制对就业的影响。考虑到实证研究结果，建议欧盟国家在建立青年工人最低工资标准时更加谨慎，这样其失业效应可能会被淡化[②]，并提出有必要利用微观数据对欧盟单个国家的最低工资标准就业效应进行研究。樋口美雄（Higuchi Yoshio，2013）通过对日本与其他发达国家的比较发现，日本的相对贫困率较高，许多都是那些非正规工人所在的贫困家庭。至于收入阶层之间的流动性，日本处于贫困阶层的家庭比例在很长一段时间内接近欧盟国家的平均水平。其工资效应的面板估计结果表明，最低工资标准的提高与非正规工人工资增加显著相关，特别是女性，似乎并没有

① Pandelis Mitsis. Effects of Minimum Wages on Total Employment: Evidence from Cyprus [J]. *Journal of Labor Research*, 2015, 36 (3): 318-345.

② Laporšek S. Minimum Wage Effects on Youth Employment in the European Union [J]. *Applied Economics Letters*, 2013, 20 (14): 1288-1292.

减少就业机会。对于男性非正规工人，公司提供培训促使其转变正规就业；而对于女性非正规工人，职业培训促使其在不同的公司正规就业。①

因此，最低工资标准变化对美国、英国、法国、德国等典型发达国家的就业的影响程度存在差异：美国最低工资标准较高，对就业的负面影响占主导；英国虽然最低工资水平更高，但其就业效应总体上要比美国弱，具有轻微的就业负效应；最低工资标准的提高对法国的就业具有均衡的不显著影响；德国的最低工资标准表现出明显的区域性，因西区经济发展水平和工资水平较高，其就业水平不受法定最低工资标准的影响，而对经济相对落后的东区来说，最低工资标准就业为负效应。

7.2 典型发展中国家最低工资标准现状及其就业效应分析

7.2.1 印度最低工资标准现状及其就业效应

（1）印度最低工资标准现状

印度是一个人口众多的发展中国家，地区经济发展不平衡，差异较大。1932 年，随着英国《劳动报酬法案》的颁布，印度作为英国的殖民地国家，开始实行最低工资制度。独立后的印度，在 1948 年通过对《劳动报酬法案》的修改制订了《最低工资法》，但其内容相对比较简单，没有最低工资制度的具体执行细则。最低工资标准主要以地区性运行模式为主，也没有上升到国家统一的立法高度。1985 年，印度劳工部进一步解释了《最低工资法》，各邦根据自身的经济情况自行制定，不再由国家统一制定。印度的最低工资制度十分复杂，因为最低工资标准的设定是为了促进每个邦“就业计划”的实施，所以并不是所有参加工作的劳动者都有权领取最低工资。印度为农业、

① Higuchi Yoshio. The Dynamics of Poverty and the Promotion of Transition from Non-Regular to Regular Employment in Japan: Economic Effects of Minimum Wage Revision and Job Training Support [J]. *Japanese Economic Review*, 2013, 64 (2): 147-200.

采矿业、炼油业和中央政府所属企业的不同岗位设定了 48 种最低工资率，而邦政府负责为法定行业中的 1123 种岗位制定工资率。每个邦的法定最低工资标准按职业或行业性质——公共或私人及企业规模来划分。各邦最低工资法所涵盖的职业或行业数量千差万别。印度最低工资制度的特点主要表现在以下几方面：①对学徒工、残障人士、特殊家庭的劳动者及 19 岁以下的青年劳动者等特殊群体的最低工资（包括食宿）标准进行了例外规定；②采用工种性最低工资制度，由行业的劳资双方共同商议并做出调整，能使最需要保障的群体获得保障，其实施效果也相对较好；③在最低工资制度中规定了处罚事项，对严重违反最低工资标准法律规定，性质恶劣时要追究其刑事责任，情节较轻的要进行处罚。

与新兴国家相比，印度最低工资水平比较低。1948 年，印度联邦政府通过的《最低工资法》规定，工人的最低工资为 50~90 卢比/日（合 1.1~2 美元）。2007 年，印度南部一些邦，相对富裕，其工人最低工资大多处于 100~125 卢比/日，而其他邦较穷，最低工资却达不到 50 卢比/日。2012 年，印度政府决定，最低工资标准调整与衣、食、住、行等行业和居民消费水平相联系，使最低工资标准能满足居民的基本生活需求。① 印度由于南北地区间的经济发展不平衡，各个地区之间的最低工资标准差距也在不断加大。2012 年 2 月，印度工会要求更高的最低工资水平，呼吁将最低工资标准从 3500 卢比/月提高到 10000 卢比/月，按照 1 元人民币 = 7.8125 卢比汇率计算，相当于将最低工资标准从 448 元/月提高到 1280 元/月，增长了约 2 倍。2013 年 7 月，印度最低工资标准调整为 137 卢比/日。2015 年 7 月，印度政府在全国范围内将最低工资标准从 137 卢比/日提高至 160 卢比/日。② 全球最低工资标准排行榜数据显示，2014 年中国最低工资标准为印度的 2~3 倍。澳大利亚最低工资标准为 16.88 美元/小时，位居全球第 1 位。中国排名第 17 位，最低工资

① 王京奇．印度拟将最低工资水平与生活必需品价格挂钩［EB/OL］.（2012-02-14）［2015-12-26］. http：//intl. ce. cn/specials/zxgjzh/201202/14/t20120214_ 23070810. shtml.

② 王蕾．印度政府将每日最低工资标准提高至 160 卢比［EB/OL］.（2015-07-08）［2015-09-11］. http：//www. mofcom. gov. cn/article/i/jyjl/j/201507/20150701038672. shtml.

标准为 0.8 美元/小时，印度最低工资标准只有 0.28 美元/小时。[①] 图 7-5 是根据麦当劳指数——以当地购买麦当劳“巨无霸”的成本比较，即以不同国家在最低工资标准条件下所需工作的时间进行比较，发现购买同样一个“巨无霸”，印度工人需要工作 347 分钟，是 9 个国家里需要时间最长的。中国工人需要花 183 分钟。澳大利亚所花时间最短，只有 18 分钟。

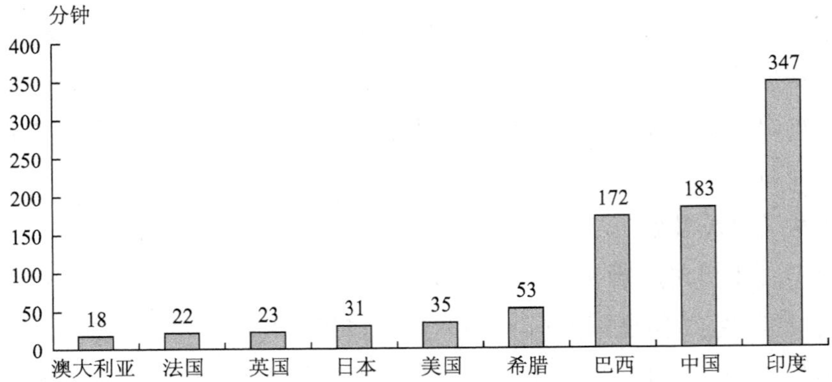

图 7-5　不同国家购买“巨无霸”在最低工资标准情况下所需工作的时间

（2）印度最低工资标准就业效应

印度的最低工资制度执行较为严格与苛刻，这一点值得其他国家借鉴。首先，由于印度不同地区经济发展和最低工资标准差异较大，大量劳动力涌向经济发达地区，造成经济发达地区劳动力集聚，就业压力增大。同时，经济不发达地区因为劳动力的缺乏，影响了其正常的生产。其次，印度最低工资标准的调整机制不完善，其变化趋势与消费物价指数、劳动生产率不协调。印度最低工资法律不灵活，在实施的过程中与用人单位缺乏沟通，使最低工资政策遵从率较低。因此，最低工资增长率应与某地区的物价指数增长率、实际 GDP 增长率与劳动生产率等指标挂钩。[②]

① 全球最低工资排行榜：中国 17 位［EB/OL］.（2013-08-21）［2015-09-12］. http：//finance. china. com. cn/roll/20130821/1744465. shtml.

② 朱梦冰，方芳. 关于发展中国家最低工资制度的调查和分析［N］. 中国劳动保障报，2014-11-05.

学者亚纳·罗杰斯就最低工资标准对印度就业的影响进行了研究，他在《最低工资对发展中国家男性及女性就业的影响：来自印度的证据》中指出，最低工资制度实施后女性在企业就业更容易遭到排斥。因此，女性就业受最低工资标准的影响大于男性。他还利用印度横截面数据检验最低工资标准提高的收益与成本。他在考虑了地区、性别、行业及时间因素的前提下，基于实际工资、全职就业岗位与最低工资标准数据运用回归分析法研究后发现：在乡村地区，最低工资标准提高会显著增加男性的实际工资，提高其就业水平，最低工资标准提高 10%，全职男性实际工资将增加 19.9%，就业率将增加 0.4%；最低工资标准提高对女性就业影响不显著且小于男性，但对其实际工资有促进作用，最低工资标准增加 10%，女性实际工资增加 7%。在城镇地区，最低工资标准的提高会使女性就业状况恶化，失业率显著增加。①

7.2.2 墨西哥和哥伦比亚最低工资标准现状及其就业效应

（1）墨西哥和哥伦比亚最低工资标准现状

墨西哥是一个劳动力资源丰富、劳动力成本较低的拉美发展中国家。1934 年，墨西哥开始实行最低工资制度。最低工资制度的确立是墨西哥工人阶级长期斗争的结果，有利于保障劳动者的经济权益。1964 年，最低工资委员会开始建立。作为一个第三方的公共机构，最低工资委员会向墨西哥政府提出最低工资标准的建议。最低工资委员会负责为某些职业的工作者设定最低工资标准，最低工资标准主要按照地域划分，共分为三类：一般的最低工资标准、专业最低工资标准和农业部门的劳动者最低工资标准。1988 年，最低工资委员会被解散，墨西哥的最低工资标准由工会代表同资方代表谈判协商确定。2005 年的最低工资标准共涵盖 87 个职业、3 个地区；2010 年，最低工资标准的涵盖范围减为 73 个职业。最低工资标准委员会所设定的职业类别符合墨西哥《职业分类》中的四位数类别，以识别不同的工作者。墨西哥采用两种标准确定全国平均最低工资，即一般的全国平均水平和各地区标准不

① 朱梦冰，方芳．关于发展中国家最低工资制度的调查和分析［N］．中国劳动保障报，2014-11-05.

一的最低工资。墨西哥《劳工法》对最低工资标准及调整做了相关规定，如对各种专业技术类员工分别制定最低工资标准，每年根据通货膨胀情况对最低工资标准进行相应的调整。工人一般实行周薪制，工资周期为一周，最长不超过两周。

2012 年 11 月，墨西哥将原来的三档最低工资地区（A 档、B 档和 C 档）改为 A 区（原来的 A 档、B 档）和 B 区（原来的 C 档）。自 2013 年 1 月 1 日起，A 区最低工资标准为 64. 76 比索/天，B 区最低工资标准为 61. 38 比索/天。

墨西哥目前最低工资水平为拉美主要国家中最低。墨西哥《金融家报》2014 年 10 月 29 日报道，墨西哥是经合组织成员国中最低工资水平最低的国家。对中国广州市和墨西哥首都墨西哥城的最低工资标准进行比较，可以看出两市的差别。从表 7-8 可以看出，2007 年，广州市最低工资标准（3. 12 美元/日）远远低于墨西哥城（4. 63 美元/日）。但 2015 年，墨西哥城的最低工资标准远低于广州市。

表 7-8　广州市和墨西哥城最低工资标准比较

年份	广州市最低工资标准			墨西哥城最低工资标准		
	人民币/月	人民币汇率	美元/日	比索/日	比索汇率	美元/日
2007	684	7. 30	3. 12	50. 57	10. 93	4. 63
2008	780	6. 83	3. 80	52. 59	11. 13	4. 73
2009	860	6. 83	4. 20	54. 8	13. 51	4. 06
2010	1100	6. 62	5. 54	57. 46	12. 64	4. 55
2011	1300	6. 30	6. 88	59. 82	12. 42	4. 82
2012	1300	6. 29	6. 89	62. 33	13. 17	4. 73
2013	1550	6. 28	8. 23	64. 76	12. 72	5. 09
2014	1550	6. 12	8. 44	67. 29	17. 27	3. 90
2015	1895	6. 52	9. 69	70. 0	11. 86	5. 90

资料来源：墨西哥：新的世界工厂？［EB/OL］.（2013-02-27）［2016-03-25］. http：//www. texindex. com. cn/Articles/2013-2-27/279170_ 1. html；2015 最新广东最低工资标准　广州最低工资 1895 元［EB/OL］.（2015-07-03）［2016-03-25］. http：//gz. bendibao. com/news/2015227/content181774. shtml；广州最低工资标 2014［EB/OL］.（2013-12-19）［2016-03-25］. http：//www. lawtime. cn/ask/exp/13445. html；墨西哥 2015 年调整最低工资标准［EB/OL］.（2015-04-01）［2016-03-25］. https：//www. yjbys. com/wage/233476. html.

墨西哥专家研究发现，1976—1994 年，墨西哥的最低工资标准与工业部门平均工资的比重是下降的。1981—1987 年，墨西哥实际最低工资标准下降了 45%，是其下降最快的时期。1976 年，最低工资标准是工业部门平均工资的 50%，1994 年仅为 30%。研究还发现，从 1976 年到 1996 年底，最低工资标准的购买力下降了 86%。总统塞迪略承认，仅 1994—1997 年的 4 年间，实际最低工资标准下降超过 25%。2007—2015 年（见表 7-8），墨西哥城最低工资标准起伏不断，时而下降时而提高，降幅最大的是 2014 年，由 2013 年的 5.09 美元/小时突降到 3.90 美元/小时，下降幅度超过 30%。2015 年，最低工资标准上涨到 2013 年的水平。

哥伦比亚是拉美人口第三大国，也是一个连接欧洲和太平洋沿岸的南美洲发展中国家。哥伦比亚贫富差距很大。自 2000 年以来，其基尼系数一直徘徊在 0.55 左右，2006 年超过 0.60。但哥伦比亚劳动力价格相对便宜，相当于普通工人领取的最低工资的标准。哥伦比亚每年确定新的最低工资标准，由政府相关部门、企业界、工会代表三方共同协商确定。哥伦比亚的最低工资标准与墨西哥相比较高，而且提高的速度比较快。2005 年和 2006 年哥伦比亚的最低工资标准分别为 381500 比索/月（约人民币 1092.7 元/月）和 408000 比索/月（约人民币 1168.6 元/月），分别增长了 6.56% 和 6.95%。2011 年和 2014 年分别比上年上调了 4% 和 4.5%，最低工资标准达到 535600 比索/月和 616027 比索/月。2015 年，最低工资标准为 644350 比索/月（约人民币 1417 元/月），比 2014 年增长了 4.6%。因此，哥伦比亚最低工资标准在调整中不断提高，而且执行机制比较完善，最低工资标准合规程度很高。这与墨西哥明显不同。

（2）墨西哥和哥伦比亚最低工资标准就业效应分析

学者贝尔（Bell，1995）使用专门调查组的制造业企业面板数据就墨西哥和哥伦比亚的最低工资标准提高对非技术工人的就业效应进行了研究，发现最低工资标准没有对墨西哥的非技术工人的就业造成损失，但哥伦比亚的非技术工人的最低工资就业弹性约为 -2%，即最低工资标准对哥伦比亚非技术工人的就业有显著的负面影响。这可能与各国最低工资标准的高低有关。因为从 1990 年最低工资与制造业中的非技术工人的平均工资比率来看，墨西哥只有 13%，而在哥伦比亚最低工资与平均工资的比率是 53%，很明显哥伦比亚的相对最低工资水平比墨西哥要高得多。贝尔（Bell，1997）运用时间序列回归分析法，选取墨西哥和哥伦比亚两国制造业年度数据，就最低工资标准对收入和就业的影响进行了实证分析，结果显示墨西哥最低工资标准的工资弹性为 0.17，就业弹性为-0.18；哥伦比亚最低工资标准的工资弹性为 0.44，就业弹性为-0.34。由此可以看出，最低工资标准的提高，提升了两国的工资水平，也降低了两国的就业水平。哥伦比亚最低工资标准的负效应比墨西哥要显著。贝尔采用相同的对数估算方法就两国 20 世纪 80 年代最低工资标准对技术工人和非技术工人的就业影响进行了比较分析，发现墨西哥最低工资标准对非技术工人和技术工人的就业弹性分别是-3%~3%和-1%~5%，估计系数很小说明影响不大；而哥伦比亚最低工资标准对非技术工人和技术工人的就业弹性分别为-33%~-15%和-24%~-3%。可见，哥伦比亚最低工资标准对就业的负效应明显大于墨西哥。为了减少统计上的误差，贝尔采用双重差分法再次进行最低工资标准就业效应估计，发现了同样的结果，即最低工资标准对墨西哥的就业影响小于对哥伦比亚的影响。贝尔把两国最低工资标准就业效应的差异解释为两国最低工资标准的执行力度不同，墨西哥的执行力较哥伦比亚弱。相反，费利恰诺（Feliciano，1998）基于墨西哥 1970 年、1980 年和 1990 年三年的人口调查数据对所有不同性别的工人最低工资标准就业效应进行研究，发现最低工资标准对男性的就业几乎没有影响，而女性的最低工资标准就业弹性处于-76%~41%。最低工资标准对女性就业的负面影响明显大于男性。2004 年，马洛尼（Maloney）对 8 个拉丁美洲国家的最低工资标准就业效应进行了研究，得到了与费利恰诺一致的研究结果。

综上所述，墨西哥最低工资标准对其就业的影响不显著，可能是因为墨西哥最低工资水平较低，而且其合规率较低，执行力较弱。然而，对于最低工资水平接近平均工资的哥伦比亚来说，最低工资标准较大程度地降低了其就业水平，主要原因是其最低工资水平较高，且最低工资制度执行严格。

7.2.3 印度尼西亚最低工资标准现状及其就业效应

（1）印度尼西亚最低工资标准现状

印度尼西亚是世界上第四大人口大国和东南亚最大的群岛国家，2014年人口为2.536亿多，散居在约6000个岛屿上。20世纪80年代后期，印度尼西亚政府开始强制实行最低工资制度，并且每年由各府公布最低工资标准。在1996年以前，印度尼西亚制定最低工资的参考依据是最低物质需要，而不是最低生存需要。2000年，最低工资标准在全国341个城市和行政区得到普遍实施；而且，印度尼西亚多数省份开始在全省实行单一的最低工资标准。印度尼西亚的最低工资标准按省划分，覆盖了除家政工作者之外的所有工作者，其中包括计件工作者和自由职业者。印度尼西亚的最低工资标准还按区和街道划分，在省和区类别下还有行业最低工资标准，这个标准应至少比省或区最低工资标准高出5%。最低工资标准的制定依据衣、食、住、行等生活必须支出在内的最低生活标准，劳动者的实际工资与最低工资标准几乎处于同一水平；但也有少数省份在不同的地区实行不同的最低工资标准，如廖内、西爪哇、东爪哇、巴厘等。另外，一些省份实行行业最低工资标准，不同行业最低工资标准不同，而且不能低于地区最低工资标准。

印度尼西亚每年都调整最低工资标准，近年来其增长幅度较高，各地因最低工资标准调整产生的劳资纠纷不断。以印度尼西亚加拉横县和首都雅加达为例。加拉横县2015年的最低工资标准为2987000印尼盾/月，比2010年增长了344.8%；首都雅加达2015年最低工资标准为2700000印尼盾/月，是2010年最低工资标准的2.6倍。与中国的上海（89.6%）和泰国的罗勇府（68.5%）相比，印度尼西亚最低工资标准的增长幅度要大得多，其中，横县同期增长率为344.8%（见表7-9）。印度尼西亚各城市的最低工资标准已经接近中国北京或广州工业区最低月最低工资标准的90%。据调查，印度尼西亚最低工资标准在青少年和女性中的执行率较低。

表 7-9 最低工资标准增长动态

地区	货币	2010 年	2011 年	2012 年	2013 年	2014 年	2015 年
中国（上海）	元/月	960	1120	1280	1450	1620	1820
	增长率	—	16.7%	33.3%	51%	68.8%	89.6%
印度尼西亚（加拉横县）	印尼盾/月	671500	732000	1269227	2000000	2447450	2987000
	增长率	—	9.0%	89%	197.8%	264.5%	344.8%
印度尼西亚（雅加达）	印尼盾/月	1038461	1290000	1529150	2200000	2441301	2700000
	增长率	—	24.2%	47.3%	111.9%	135%	160%
泰国（罗勇府）	泰铢/日	178	189	264	300	300	300
	增长率	—	6.2%	48.3%	68.5%	68.5%	68.5%

资料来源：马克莱斯．亚洲各地最低工资对比［EB/OL］.（2015-01-08）［2015-12-12］. http://www.marklines.com/cn/report/oem001_201501.

（2）印度尼西亚最低工资标准就业效应分析

印度尼西亚人力资源部对 15 个中小规模的纺织企业 1993—1995 年三年期间最低工资标准的执行情况及最低工资标准对就业的影响进行了调查。这些企业位于马加拉亚和北加浪岸地区。调查结果显示：北加浪岸地区的所有企业都执行了最低工资标准，也没有减少就业数量；但在调查的马加拉亚 3 个地区的 6 家公司中有 1 家公司解雇了近 3/4 的工人。因此，1993—1995 年，最低工资标准明显降低了马加拉亚地区的就业水平。

2000 年，伊斯拉姆、娜扎拉（Islam，Nazara）通过对工会组织和雇主进行相关数据调查，发现 1990—1998 年印度尼西亚的就业没有因最低工资标准的提高受到影响。① 2001 年，拉玛（Rama）基于 1993 年劳动力调查数据，估计最低工资标准变化对印度尼西亚就业的影响，结果显示：①最低工资标准对印度尼西亚整体就业影响不显著。估算的最低工资标准整体就业弹性为 0～-0.04，15～24 岁年轻人的最低工资标准就业弹性为 0.02～-0.25。②最低工资标准对就业的影响与企业规模大小有关。最低工资标准的提高使小规模

① Islam I，Nazara. Minimum Wage and the Welfare of Indonesian Worker［R］. *Occasional Discussion Papers Series*，No. 3，International Labor Organization Jakarta Office，2000.

企业就业减少，使大规模企业就业增加。①

苏尔亚哈迪等（Suryahadi，et al.，2003）通过对不同分组的工人的最低工资标准就业效应研究发现：①最低工资制度的实施在整体上降低了城市就业水平，最低工资标准总就业弹性为-6%；②就业受最低工资标准提高影响最大的群体是女性，其次是低教育水平的工人，他们的最低工资标准就业效应明显为负，其就业弹性分别为-16%和-9%；③最低工资标准对男性、成年人和年轻人的就业有不显著的负面影响；④最低工资标准对白领工人就业有正面影响，原因是最低工资标准提高使雇主减少了对蓝领工人的需求，更多地使用白领工人。②

哈里森、斯科尔斯（Harrison，Scorse，2005）基于印度尼西亚制造业1990—1996年度调查数据研究发现：①最低工资标准的整体就业弹性处于-1.2~-1.8，即最低工资标准的提高对制造业就业有明显的抑制作用；②因最低工资标准执行力度较低，小企业的最低工资标准就业效应不显著。③

阿拉塔斯、卡梅隆（Alatas，Cameron，2003）对雅加达、西爪哇和万丹三省的制造业进行集中实证分析，结果发现：最低工资标准对大企业就业影响不显著，对小企业就业在整体上有负面影响。结果的差异可能是因为不同的成本结构造成的。④ 但最低工资标准的提高对印度尼西亚的整体就业负面影响不大，企业的员工辞退率没有增加。其他研究也得出了同样的结果。

非正式工作在印度尼西亚劳动力市场上日益普及和不断增加。非正式工作的增加在多大程度上归因于2001年以来实际最低工资的急剧增加？最低工

① Rama Martin. The Consequences of Doubling the Minimum Wage：The Case of Indonesia，Industrial and Labor［J］. *Relations Review*，2001，54（4）：864-881.

② Suryahadi Asep，Wenefrida Widyanti，Daniel Perwira，et al. Minimum Wage Policy and Its Impact on Employment in the Urban Formal Sector［J］. *Bulletin of Indonesian Economic Studies*，2003，39（1）：29-50.

③ Harrison Ann，Jason Scorse. Moving Up or Moving Out? Anti-Sweatshop Activists and Labor Market Outcomes［R］. *NBER Working Paper*，No. 10492，2005.

④ Alatas V，Cameron L. The Impact of Minimum Wages on Employment in a Low Income Country：An Evaluation Using the Difference-in-Differences Approach［J］. *Social Science Electronic Publishing*，2016，61（2）：201-223.

资标准设定何时下放给省级部门？为了回答以上相关问题，玛格丽塔、路易斯（Comola Margherita，DE Mello Luiz，2011）基于劳动力市场调查的有关家庭收入和支出的数据及工业部门1996—2004年地区数据，运用固定效应模型估算了最低工资标准变化对失业、正规部门的就业、城市非正规就业率的影响。结果显示，最低工资标准和平均工资比率的增加使就业净增加，非正规部门就业的增加超过了正规部门失业数量。①

综上所述，印度尼西亚最低工资标准对就业的影响与企业规模、工人性别及教育程度有关。一般来说，最低工资标准提高会促进大企业就业水平而抑制小企业就业水平。最低工资标准提高对女性和教育水平低的劳动者就业负效应更明显。

7.2.4 巴西最低工资标准现状及其就业效应

（1）巴西最低工资标准现状

巴西是拉丁美洲人口最多的发展中国家。2013年，巴西统计人口为2.004亿，人口数量居世界第五。巴西国内劳动力资源丰富，就业压力和贫富差距较大。早在1940年，巴西就开始实行地区最低工资制，最低工资标准为100巴币/月（约120美元/月）。1984年，巴西开始实施国家最低工资标准，所有工人都受到最低工资标准的法律保护。即使这样，巴西还是有上百万的工人工资低于最低工资标准。大量的非正规部门工资较低。巴西地理和统计研究所2012年4月27日公布的数据显示，巴西平均每3个就业者中就有1名就业者拿的是最低工资。据巴西工会组织估计，在2015年巴西近1亿有劳动能力的人口中，约4800万人要依靠最低工资标准来养家糊口。

巴西的法定最低工资标准划分为国家水平和各州水平。国家最低工资标准适用于私人部门的所有工作者，包括农村工作者和家政工作者。尽管该立法没有包括公共部门，但公职人员法规定，所有公职人员的薪酬均不得低于

---

① Comola Margherita, Mello Luiz DE. How Does Decentralized Minimum Wage Setting Affect Employment and Informalty? The Case of Indonesia [J]. *Review of Income & Wealth*, 2011, 57 (S1): 79-99.

最低工资标准。自 2000 年起，巴西推行联邦最低工资标准。里约热内卢和南里约格兰德 2 个州都制定了最低工资标准法，分别于 2000 年和 2001 年生效。在此之后，巴拉那州、圣保罗州和圣卡塔琳娜州也分别于 2006 年、2007 年和 2010 年推出了最低工资标准法。联邦最低工资标准按职业或行业划分，联邦层面的职业类别各不相同。在联邦州中，法定范围内的职业或行业的数目也会随着时间的推移而变化。例如，2009 年 6 月，里约热内卢对 9 个不同行业规定了最低工资标准，而 2005 年 1 月只有 6 个行业。最低工资标准法中规定的每个职业类别均符合巴西职业分类中的四位数类别，以识别不同的工作者。①

巴西不同的州最低工资标准规定不同，针对不同的职业实行分层最低工资制度，如对家佣的最低工资标准，不同州的最低工资标准不同。2014 年，圣保罗州家佣的最低工资标准为 810 雷亚尔/月，南大河州为 868 雷亚尔/月，巴拉那州为 983. 4 雷亚尔/月，里约热内卢州为 874. 75 雷亚尔/月，而圣卡塔琳娜州为 835 雷亚尔/月。

在巴西，一般先由政府与工会协商共同确定最低工标准资调整方案，然后再提交国会批准。20 世纪八九十年代，巴西名义最低工资标准在调整中大幅提高。1994 年 9 月，最低工资标准确定为 70 雷亚尔/月，1995 年 5 月提升到了 100 雷亚尔/月，1996 年 5 月 1 日又提升到了 112 雷亚尔/月。② 但由于通货膨胀没有得到有效的抑制，其实际最低工资水平并没有得到真正的提高。2012 年 2 月，巴西法律规定在未来 4 年里每年依据通货膨胀水平及经济增长速度对最低工资标准进行调整。2007 年，巴西的最低工资标准为 360 雷亚尔/月（约 164 美元/月），2010 年巴西的最低工资标准提高到了 510 雷亚尔/月。2003—2011 年，最低工资标准增长速度较快，与 GDP 增速基本持平，其增长速度保持在 7. 5%~7. 7%。2011 年，巴西最低工资标准提高到 545 雷亚尔/月（约 325 美元/月）。自 2012 年 1 月起，最低工资标准提高 14%，达到 622 雷亚尔/月（约 334 美元/月）。自 2013 年 1 月 1 日起，全国的最低工资标准提

① 国际劳工研究所 . 2013 年世界劳工报——重塑经济与社会结构［M］. 北京：中国财政经济出版社，2013.

② 鲍玉 . 巴西的最低工资制度［J］. 拉丁美洲研究，1997（5）：62.

高了9%，由622雷亚尔/月增加至678雷亚尔/月（约339美元/月）。2014年1月，最低工资标准调整为724雷亚尔/月（约人民币1857元/月），提高幅度为6.7%。① 2015年，最低工资标准提高幅度为8.8%，达到788雷亚尔/月（约295美元/月），具体见表7-10。

表7-10　2010—2015年巴西月最低工资标准变化

最低工资指标	2010年	2011年	2012年	2013年	2014年	2015年
最低工资标准（雷亚尔/月）	510	545	622	678	724	788
最低工资标准增长幅度（%）	—	5.88	14	9	6.7	8.8
最低工资标准（美元/月）	271	325	334	339	302	295

（2）巴西最低工资标准就业效应

2001年，法因西尔伯（Fajnzylber）选取巴西1982—1997年的就业CPS调查数据，估算了不同时段最低工资标准的就业效应。结果显示，接近最低工资标准、收入较低的正规部门和非正规部门工人的最低工资标准就业效应不同。正规部门工人第一年的最低工资标准就业弹性约为-10%，滞后就业弹性处于-8%～-5%；非正规部门工人的最低工资标准长期就业弹性处于-15%～-5%。最低工资标准提高的短期就业负效应比长期更明显，其短期就业弹性位于-35%～-25%。另外，最低工资标准对就业负面影响更明显的群体是女性和青少年劳动者。②

莱莫斯（Lemos）对巴西最低工资标准就业效应先后进行了深入研究，成果显著。2004年，莱莫斯研究发现最低工资标准提高对巴西就业的影响存在短期和长期滞后效应。他基于巴西1982—2000年的面板数据进行计量研究后发现，最低工资标准对就业的影响不显著，就业弹性接近零。他解释说这是国家统一的最低工资标准因地区物价和工资的差异不同造成的。③ 2005年，

① 王晓晨．最低工资标准国际比较借鉴研究［D］．长春：东北师范大学，2014.

② Fajnzylber Pablo. Minimum Wage Effects throughout the Wage Distribution：Evidence from Brazil's Formal and Informal Sectors［EB/OL］.（2001-06-30）［2016-01-03］. http：//www. anpec. org. br/encontro2001/artigos/200106302. pdf.

③ Lemos Sara. Minimum Wage Policy and Employment Effects：Evidence from Brazil［J］. *Economia*, 2004，5（1）：219-266.

莱莫斯研究发现最低工资标准对巴西整体就业水平影响很小，对低技能、低学历工人就业的负面影响在低通货膨胀时期表现得更为明显。他还研究了最低工资标准内生性对其就业效应结果产生的影响，发现最低工资标准如果在经济增长时期提高，就会导致最低工资标准就业弹性的估算系数比实际结果偏大。① 2006 年，莱莫斯运用两部门模型估算部门最低工资标准对其就业的影响。两部门指的是工资收入较低的非正规部门和工资水平较高的正规部门。通过实证研究，莱莫斯没有发现提高最低工资标准对两部门就业和收入的影响存在差异。最低工资标准提高对两部门的就业都没有产生明显的影响，但是两部门中低收入工人的工资因最低工资标准提高而有增加。② 纽马克（Neumark，2006）研究发现，最低工资标准在低通胀时期的就业效应在正规部门更多表现为不显著的就业负效应，可能是由于最低工资标准的长期持续增加提高了企业低工资劳动者的用工成本。纽马克还发现最低工资标准对教育水平低的工人工资增加有促进作用。③

7.2.5　韩国最低工资标准现状及其就业效应

（1）韩国最低工资标准现状

韩国 2015 年人口总数为 5062 万，是人口密度最高、人口老龄化严重的国家之一。韩国有由劳方、资方和公益团体代表组成的专门最低工资委员会，每方代表人数为 9 人。韩国劳动标准法早在 1953 年就对最低工资标准做出了相关规定，但是，首次实施最低工资法的时间是 1988 年 1 月。1988—1993 年，韩国会在每年的 11 月 30 日提前确定第二年实行的最低工资标准。从 1994 年起，韩国公布下一年最低工资标准的时间改为当年的 8 月，然后从当

① Lemos Sara. Political Variables as Instruments for the Minimum Wage [J]. *Contributions to Economic Analysis & Policy*, 2004, 4 (1): 16-31.

② Lemos Sara. Minimum Wage Effects in a Developing Country [J]. *Labor Economics*, 2009, 16 (2): 224-237.

③ Neumark David, Wendy Cunningham, Lucas Siga. The Effects of the Minimum Wage in Brazil on the Distribution of Family Incomes: 1996—2001 [J]. *Journal of Development Economics*, 2006, 80 (1): 136-159.

年的9月到第二年的8月实行新的最低工资标准。根据惯例，韩国最低工资标准适用于包括外籍人员在内的各行业所有工作场所的人员，并要求各用工单位严格遵照执行。① 从2008年起，韩国每月最低工资标准根据每周工作时间的不同分为两种，分别是以每周40小时（每月209小时）工作时间和以每周44小时（每月226小时）工作时间计算。韩国最低工资标准每年调整一次，由最低工资委员会通过会议的形式商议制定调整方案并提交政府，最终由劳动部长官公布决定。1994年，韩国最低工资标准为1085韩元/小时；1998年增加到1525韩元/小时；2012年最低工资标准在2011年4320韩元/小时的基础上提高了6%，达到了4580韩元/小时。2016年，最低工资标准增加到6030韩元/小时，按照每月工作209个小时计算，最低工资标准为126.03万韩元/月（约人民币6885元/月）。韩国每年按通货膨胀率及经济状况调整，目前年增幅以韩元计为6%~7%。韩国近10年的最低工资标准规定见表7-11。② 很明显，韩国最低工资标准相对中国来说，要高出很多。

表7-11　韩国最低工资标准表　　单位：韩元

年度	每小时工资	每日工资	每周工资	每月工资
2006	3100			
2007	3480	27840（8小时）		786480（44小时工作制）
2008	3770	30160（8小时）	150800（每周40小时） 165880（每周44小时）	852020（226小时）
2009	4000	32000（8小时）	160000（每周40小时） 176000（每周44小时）	836000（每周40小时） 904000（每周44小时）
2010	4110	32880（8小时）	164400（每周40小时） 180840（每周44小时）	858990（每周40小时） 928860（每周44小时）
2011	4320	34560（8小时）	172800（每周40小时） 190080（每周44小时）	902880（每周40小时） 976320（每周44小时）
2012	4580	36640（8小时）	183200（每周40小时） 201520（每周44小时）	957220（每周40小时） 1035080（每周44小时）

① 部分国家最低工资制度［J］. 劳动保障通讯，2004（3）：8-9.

② 韩国最低工资委员会审议通过2016年最低工资上涨案［EB/OL］.（2015-07-10）［2016-03-02］. http：//world. people. com. cn /n /2015/0710/c1002-27286814. html.

续表

年度	每小时工资	每日工资	每周工资	每月工资
2013	4860	38880（8 小时）	194400（每周 40 小时） 213840（每周 44 小时）	1015740（每周 40 小时） 1098360（每周 44 小时）
2014	5210	41680（8 小时）	208400（每周 40 小时） 229240（每周 44 小时）	1088890（每周 40 小时） 1177460（每周 44 小时）
2015	5580	44640（8 小时）	223200（每周 40 小时） 245520（每周 44 小时）	1166220（每周 40 小时） 1261080（每周 44 小时）
2016	6030	48240（8 小时）	241200（每周 40 小时） 265320（每周 44 小时）	1260300（每周 40 小时） 1362780（每周 44 小时）

资料来源：Minimum Wage Commission. Minimum Wage System［EB/OL］.（2016-03-10）［2016-03-25］. http：//www. minimumwage. go. kr/eng/sub04. html.

（2）韩国最低工资标准就业效应分析

韩国《东亚日报》2016 年报道，因为最低工资标准上调速度过快，资方对此感到不满。他们认为，最低工资标准提高会使中小企业受到严重的影响，过多地提高最低小时工资会导致小企业、个体户的破产及减小雇佣员工的规模。但是，白智善、朴宇林（Jisun Baek，WooRam Park，2016）研究了韩国最低工资制度对其就业水平的影响，结果表明，最低工资标准出台增加了雇员的平均薪酬，但对就业水平没有明显的影响。①

除了以上国家，还有学者就俄罗斯、洪都拉斯等发展中国家的最低工资标准就业效应对正规部门和非正规部门的就业影响进行了研究。俄罗斯学者亚历山大·穆拉维约夫在论文《最低工资、失业与非正式部门：来自俄罗斯地区面板数据的证据》中研究发现，对于俄罗斯 15~24 岁的劳动力人口来说，最低工资标准会对其就业产生负面影响，使其失业人数增加。但是，最低工资标准并没有对 25~72 岁的劳动者人群造成显著的失业效应。此外，最低工资标准还会使非正规部门的工人雇佣量增加。

学者安德烈斯·哈姆在《最低工资调升对存在大量非正式部门国家的影

① Jisun Baek，WooRam Park. Minimum Wage Introduction and Employment：Evidence from South Korea［J］. *Economics Letters*，2016，139（25）：18-21.

响：来自洪都拉斯共和国的证据》中就最低工资标准提高对洪都拉斯非正规部门就业的影响进行了研究。他以是否存在合同制等方式对正规部门和非正规部门进行了分类。2008 年末，洪都拉斯最低工资标准提高了近 60%。安德烈斯·哈姆研究认为，最低工资标准提高使正规部门工资增加，就业人数减少；相反，最低工资标准提高使非正规部门就业人数增加，工资减少。① 部分学者解释为因最低工资标准提高造成正规部门部分失业人口流向非正规部门，造成非正规部门就业人数增加，平均工资下降。

总之，通过对典型发展中国家墨西哥、印度尼西亚、巴西、印度、韩国、俄罗斯等进行研究，发现各国最低工资标准对就业影响的结果不完全相同。如最低工资标准对韩国就业没有负面影响。俄罗斯最低工资标准对年轻人就业有负面影响，对正规部门就业有促进作用。对于印度，最低工资标准对城镇女性就业有影响，整体就业效应不明显。最低工资标准总体上对墨西哥就业有负影响，对巴西影响不明显，对印度尼西亚就业影响不确定。由此可见，对发展中国家最低工资标准效应的研究因受到最低工资标准覆盖范围、执行力及最低工资标准等诸多因素的影响而变得复杂，也增加了对发展中国家最低工资标准就业效应估计的难度和复杂程度。

7.3 外国最低工资标准调整趋势及就业效应的启示

7.3.1 外国最低工资标准调整趋势

自新西兰 1894 年最早实施最低工资制度以来，已经有 120 多年的历史。随后，澳大利亚、英国、法国、加拿大、美国、巴西、日本、韩国等国家也都先后建立了各自的最低工资制度。即使是在德国，西区和东区的最低工资标准也一直是分别制定，在很长时间内都没有制定全国统一的最低工资标准，2015 年才首次引入全国最低工资标准。最低工资制度目前越来越完善，也呈

① 朱梦冰，方芳．关于发展中国家最低工资制度的调查和分析［N］．中国劳动保障报，2014-11-05.

现出了多层次、多类别的最低工资标准运行模式，其针对性和科学性不断提高。很多国家在最低工资的制定、调整和评估方面已形成了科学、规范的体系。

（1）不同国家最低工资标准的调整周期存在差异

随着经济发展和物价上涨，绝大多数国家都对最低工资标准不断地进行调整，且其水平呈不断上升趋势。但调整最低工资标准的周期存在差异，有一年多次调整、一年调整一次，还有2~3年调整一次，甚至有些国家调整周期没有规律性。英国、澳大利亚、巴西、法国、荷兰等国最低工资标准在一些年份调整超过一次。英国最低工资标准一年调整两次，在每年的1月和7月进行；法国最低工资在2008年、2011年和2012年每年调整了两次。哥斯达黎加、日本、墨西哥、西班牙、土耳其等国最低工资标准则是每年调整一次；美国、加拿大等国调整的周期较长，一般是每2~3年上调一次，有时调整周期更长，像美国联邦最低工资标准自2009年以来没有进行调整；其他大部分发展中国家，如阿尔及利亚、摩洛哥等国，最低工资标准调整周期没有明显的规律性和明确的调整时间表，常常受政治、经济形势左右，当生活费用和经济形势变化较大时，才会对最低工资标准进行调整。

（2）最低工资标准调整涉及的指标体系越来越全面

很多国家近年来在调整最低工资标准时，在考虑调整因素、涉及的指标体系时较以往更加全面和系统。除考虑关键因素如经济增长率、物价水平、基本消费支出外，日本提出了最低工资标准应与基本公共援助标准相适应。韩国为了发挥最低工资标准对缩小收入差距的作用，在调整最低工资标准时会考虑劳动者报酬占全国收入的比例。最低工资标准调整还应充分发挥政府、企业、工会三重协商机制，以减少企业的不执行率，提高最低工资标准的合规程度。

（3）最低工资标准的调整幅度整体由大幅上升逐步转向微调

国外最低工资标准在实施过程中不断地进行调整，最低工资水平逐步提高，如英国在2003—2006年，因经济形势较好，最低工资标准显著提高。但是，随着经济形势的变化，特别是近年来世界整体经济增速放缓，包括欧洲在内的大部分国家逐渐降低了最低工资标准的提高幅度，由大幅提高转向轻微上调。例如，随着2008年金融危机的爆发，英国最低工资标准从2008年7月的1149.89欧元/月降到了2009年1月的995欧元/月。2009年7月，英国采取谨慎的态度，对最低工资标准进行了微调。美国在调整最低工资标准时比英国更加谨慎，美国联邦最低工资标准自2009年以来一直是7.25美元/小时。

（4）最低工资标准的基本形式趋向多样化

外国最低工资标准，最初更多地趋向全国统一划定标准。随着最低工资制度的不断发展和完善，很多国家考虑的因素越来越全面，在制定和调整最低工资标准时更具有针对性和灵活性，逐步建立了行业性（德国、韩国、意大利等）、地区性（美国、日本等）和工种性（英国、澳大利亚等）最低工资标准；有些国家还建立了特殊劳动者群体的最低工资标准，如澳大利亚建立了伤残人员最低工资标准。可见，最低工资标准呈现出了多类别化。同时，有些国家的最低工资标准层次化比较明显，在经济发达地区最低工资水平高，不发达地区最低工资水平低。在中国，绝大部分地区的最低工资标准分为3~5个档次，每个档次的最低工资标准存在不同程度的差别。这样，有利于提高最低工资标准的合理性和可操作性，也有利于促进经济发展，以及最低工资标准和就业的相互协调。

表7-12　部分西方国家最低工资制度运行模式

模式	国家
全国性	美国、巴西、荷兰、日本、法国
地区性	美国、日本、澳大利亚、印度
工种性	新西兰、英国、澳大利亚
行业性	瑞典、德国、意大利、韩国、丹麦、澳大利亚

注：韩兆洲，等．劳动工资与社会保障——广东最低工资调研与统计测算模型研究［M］．北京：经济科学出版社，2006.

7.3.2　典型国家最低工资标准就业效应对中国的启示

通过对典型国家有关最低工资标准调整的就业效应进行分析，发现最低工资标准对就业的影响程度取决于经济形势、最低工资水平及提高幅度、合规程度与执法力度，以及每个国家的劳动者群体特征。

（1）最低工资标准提高的就业效应与经济形势有关

经济快速发展时期，最低工资标准适度提高会促进就业的发展。当经济形势下滑时，企业经济效益会受到影响，提高最低工资标准会给企业的人工成本带来压力，阻碍劳动者就业。此时，对最低工资标准暂缓调整或降低提高幅度，是政府宏观调控中稳定就业、帮助企业渡过难关的明智之举。如在 2008 年世界金融危机爆发后，2008—2009 年很多国家没有调整最低工资标准；中国在 2008 年有一半省份没有调整或提高最低工资标准，2009 年全国各地对最低工资标准的调整全面停止。

（2）最低工资标准提高的就业效应与其相对水平及提高幅度有关

从对外国有关最低工资标准效应实证研究结果分析中发现，最低工资标准的高低及提高幅度对就业水平有直接影响。一般来说，最低工资水平适度提高能促进就业，最低工资水平过高、调整过快对就业会产生消极影响。如在墨西哥和哥伦比亚，制造业的最低工资标准分别为平均工资的 13%和 53%时，对墨西哥就业没有影响，哥伦比亚就业弹性约为-2%。在德国，统一的最低工资标准对东区就业有抑制作用，对西区就业则没有影响，因为西区的平均工资水平相对较高，最低工资标准对其没有约束力。因此，最低工资政策的成功与否取决于所设定的最低工资水平。最低工资标准太低，可能无法确保劳动者及其家庭获得维持生活的最低收入，更不能自动稳定总需求；最低工资标准过高或意外提高，超过企业对成本提高的可承受力时，就会导致最低工资违规和就业减少。合理有效的最低工资标准，才能实现经济和就业的协调发展。

（3）最低工资标准提高的就业效应与制度的合规程度有关

最低工资制度的合规程度可以用合规率来衡量，即最低工资制度实际执行和执行符合规定的比率。合规程度的高低与最低工资水平的高低、制度的复杂性程度及其执行机制的完善程度密切相关。最低工资制度越简单、越容易实施，其合规率越高，如巴西；最低工资水平低，合规率相对较高，如越南和墨西哥；最低工资水平越高，则合规程度越低，如秘鲁，2005 年最低工资标准为中等工资的 92%时其合规率只有 60%，2010 年最低工资标准相对于中等工资的比例降低，其合规率也相应得到了提高。合规程度还与其执行机制有关，执行机制越完善，越有利于合规率的提高，哥斯达黎加就是很好的例证。

（4）最低工资标准提高对就业的影响与劳动者群体特征有关

最低工资标准提高对就业的影响与劳动者的性别、文化程度及年龄等特征有关。在相同的情况下，最低工资标准提高对女性、青少年和低技能劳动者群体就业的负面影响更明显。如布朗、吉尔雷和科亨（Brown，Gliroy & Kohen，1982）研究发现，美国最低工资标准提高 10%时，女性的最低工资标准就业负效应大于男性。苏尔亚哈迪（Suryahadi，2003）研究发现，印度尼西亚女性的最低工资标准就业弹性为-16%，学历低的最低工资标准就业弹性为-9%，而男性最低工资标准就业弹性不显著，白领的最低工资标准就业弹性为正。2004 年，纽马克（Neumark）研究发现，最低工资标准提高对巴西女性和青少年就业的负面影响更明显。穆拉维约夫研究后发现，最低工资标准会对俄罗斯 15~24 岁青年就业产生负面影响。

7.4 最低工资标准就业效应研究结果的中外比较

7.4.1 中外有关最低工资标准就业效应研究结果的相似之处

（1）最低工资标准提高的就业效应是多种因素共同作用的结果

中国作为一个发展中国家，最低工资制度与其他国家一样，其制定的主要目的是对低收入劳动者群体的基本生活进行保障。最低工资标准随着经济的发展和社会的进步在调整中不断提高。最低工资标准的提高对国家的就业和收入分配产生了影响。最低工资标准提高的就业效应会受到多种因素的影响，即与经济发展形势、最低工资水平及提高幅度、合规程度，以及劳动者群体特征相关。

（2）最低工资标准提高会使不同的劳动者群体就业效应产生差异

首先，最低工资标准提高对中国城镇单位整体就业几乎没有影响，而且不同行业、不同类型的用人单位及不同地区最低工资提高就业效应存在差异。这与大多数国家的实证研究结果基本一致。其次，中国与大多数发展中国家相似，最低工资标准的执行力度和合规程度有待进一步加强和提高。这在一定程度上低估了最低工资标准提高给就业带来的负面效应，同时对劳动者的保障功能也有所减弱。

7.4.2 中外有关最低工资标准就业效应研究结果的不同之处

（1）中国最低工资标准就业负效应不明显

中国最低工资标准相对较低，就业的负效应相对不明显。中国最低工资标准就业效应与国外不同，从整体上来说，中国城镇单位最低工资标准提高对就业几乎没有显著的影响。不同行业（制造业、零售业、住宿和餐饮业、房地产业、采矿业、建筑业）、外出农民工及除贵州、云南外的所有地区和不同类型单位（城镇国有经济单位就业效应为负）的最低工资标准提高的就业效应都为正。这与外国存在差异。大量国外实证研究结果显示，最低工资标准的提高对低技能、低学历劳动者的就业产生了负面效应。

（2）中国最低工资标准合规率较低

中国最低工资标准的合规程度相对于发达国家来说较低，执行力度有待加强。从问卷调查的结果来看，中国最低工资标准虽然不高，但最低工资标准的合规程度只有 74.8%，相较墨西哥、越南和哥斯达黎加这些合规程度较高的国家来说是较低的。最低工资标准的执行力度和合规程度对其提高的就业效应有直接的影响。在一定程度上，较低的最低工资标准合规率会低估其对就业的负面影响。

（3）中国最低工资制度相对宏观

中国的最低工资制度相对宏观。只有地区性的最低工资标准，没有建立起针对性较强的行业性、工种性和特殊劳动者的最低工资标准。每个地区的工资标准不同，制定的随意性和主观性相对较强。因此，最低工资制度受益的对象很难评估，在一定程度上高估了最低工资标准对就业的积极影响。

7.4.3 中外最低工资标准就业效应存在差别的原因分析

（1）最低工资标准的立法层次和管理体制存在差异

中国最低工资标准立法层次仅限于部门和地方，没有上升到国家法律层面，强制性和约束力较弱。三方协商机制的作用发挥不充分，最低工资标准的制定和调整方法不是十分科学，直接影响了最低工资的有效性。很多国家制定了最低工资法，如英国、新西兰、美国、澳大利亚等；而且，它们有专门的最低工资委员会，对最低工资标准的制定、调整、审核、修订和违规制裁全面负责。最低工资委员会由多方代表组成，提高了决策的科学性和有效性。

（2）工会力量的差别

中国的工会力量相对较弱，在三方协商机制中，处于弱势地位。在最低工资标准制定和调整的过程中，很大程度上由政府主导，企业力量相对较弱。因此，在最低工资标准确定时三方力量博弈失衡。政府在做决策时，有时缺乏对企业和劳动者情况的充分了解，最低工资标准的有效性不高。在最低工资标准调整时，有一定的主观性。从近几年的情况来看，首先，最低工资标准调整的力度和频率较高，在经济形势下滑时对部分劳动密集型的中小企业产生了影响，一些地方出现了企业倒闭和减员的情况，对劳动者的需求减少。中国劳动者对最低工资标准的认知度较低，维权意识薄弱，这也是中国最低工资标准合规程度不高的原因之一。在工会力量强大的国家，工会、企业代表和政府三方力量均衡，能平等地进行谈判和协商，形成最低工资标准协议，最低工资标准的有效性更强，能充分体现三方利益。

（3）劳动力市场存在差异

中国作为一个劳动力数量庞大的发展中国家，低端劳动力数量大，劳动力供给和需求不平衡，整体工资水平和劳动生产率较低。中国劳动力市场机制不完善，二元性质明显，政府往往通过行政干预最低工资标准的制定和调整对低收入劳动者进行保障，企业、政府和劳动者三方利益缺乏协调性。而在一些发达国家，大都通过协商的形式制定最低工资标准，更能体现劳动者和企业代表（或行业代表）的利益，最低工资的有效性更强，实施的合规率也较高。当然，国外一些国家劳动力数量相对短缺，资本比较丰富，劳动力价格即工资水平较高，最低工资标准也相对较高。最低工资标准提高的就业效应受到较多因素的影响，其中也包括劳动力市场的群体特征。

第8章　主要结论与政策建议

本书从理论分析、问卷调查和实证研究方面分析了最低工资标准提高对中国就业的影响，得到了一些具有价值的结论，在此基础上提出了促进最低工资标准和就业相互协调的政策建议。

8.1　主要结论

本书主要对最低工资标准的现状及调整、最低工资标准提高对中国就业的影响进行了系统分析和研究，得到了以下主要结论：

（1）关于中国最低工资标准的现状及调整研究

①中国最低工资标准整体上还有提高的空间。中国最低工资标准在调整中不断提高，但与世界其他国家相比，还有提高的空间。从最低工资标准的平均值来看，中国2000年平均最低工资标准为268元/月，2009年平均最低工资标准为623元/月，2015年提高到了1425元/月。从各地区最低工资标准增长来看，河北和内蒙古是增长幅度最大的省份，1996年和2014年最低工资标准增长率分别为747%和744%。增长最慢的省份是广东和海南，其最低工资标准增长幅度大大低于全国平均增长幅度。全国最低工资与人均GDP的比值从2009年的29%提高到了2015年的33%。人力资源和社会保障部劳动工资研究所测算，2014年，在中国31个直辖市和省会城市中，最低工资标准占从业人员平均工资40%的城市只有9个，占30%~40%的是18个，其中，比重最低的仅为26%。2015年，中国平均最低工资占平均工资的比重为30.4%，与40%的标准还有差距。多数地区的最低工资与平均工资的比重低于40%。

②中国最低工资标准调整幅度较大，调整频率较快。中国最低工资标准

在实施的 20 余年中不断调整提高。从调整的幅度来看，中国 2000 年平均最低工资标准为 268 元/月，2015 年提高到了 1425 元/月。2000—2015 年的最低工资标准增长幅度为 431%。2004—2015 年，中国月最低工资标准年均增幅约为 12. 3%。2015 年，中国 28 个地区调整了月最低工资标准，月最低工资平均增幅约为 14%。“十二五”期间，中国最低工资标准年均增长 13. 1%。从调整频率看，2010—2015 年是中国最低工资标准调整范围最大、调整频率最快的时期。例如，2010 年和 2015 年中国分别有 30 个和 28 个地区调整了最低工资标准，调整地区比例分别为 96. 8%和 90. 3%。2016 年 4 月 1 日，上海实行了新的最低工资标准，最低工资标准从 2015 年的 2020 元/月提高到了 2190 元/月，成为全国最低工资标准最高的地区，这也是上海实施最低工资制度以来第 23 次提高最低工资标准，差不多一年调整一次。由此可见，中国的最低工资标准整体调整频率高于《最低工资规定》中的“每两年至少调整一次”的要求。从整体上来看，随着经济的快速发展，中国最低工资标准的增长幅度在不断加大。

（2）关于中国最低工资制度现状的调查分析

通过对中国最低工资制度实施问卷调查，并对调查数据进行描述性统计分析，得到以下结论：

①劳动者对最低工资制度的认知度不高。目前，中国劳动者对最低工资标准的知晓程度和认知度较低，不知道当地最低工资标准和不能准确说出当地最低工资标准的就业者比例达到 46. 2%。可见，需要加大宣传力度来提高劳动者对最低工资制度的认知度。

②中国最低工资标准的合规程度较低，执行和监管力度有待加强。中国最低工资标准的合规程度相对发达国家来说较低，执行力度有待加强。从问卷调查的结果来看，中国最低工资标准不高，最低工资标准的合规程度为 74. 8%，相对越南 95%的合规率来说，还是比较低的。这与中国最低工资标准的执行和监管力度较弱有密切的关系。不同行业和不同性质的用人单位最低工资制度实施情况差别较大。其中，有 60%的建筑业劳动者和 55. 2%的城镇集体单位的劳动者认为没有执行最低工资制度。因此，有必要进一步提高

中国最低工资标准的合规程度。

（3）关于最低工资标准提高对中国就业影响的实证研究

本书通过选取中国相关的宏观统计数据，运用面板数据分析法，就最低工资标准提高对中国就业的影响进行计量分析，得到以下基本结论：

①最低工资标准提高对中国城镇整体就业水平影响不明显。计量分析结果显示，最低工资标准的提高促进了中国城镇单位的整体就业，其变量系数为-0.000291，结果不显著。这说明在中国最低工资标准偏低的基础上进行适度提高，对中国城镇单位整体就业几乎不会造成影响。

②不同地区最低工资标准提高的就业效应存在差异。本书分别从30个地区和七大区域两个角度对最低工资标准提高的就业效应进行了计量分析。对中国30个地区（不含西藏）的最低工资标准提高的就业效应计量结果显示，最低工资标准提高对贵州和云南两省的就业产生了负面影响，其变量系数分别为-0.1050和-0.0364，其余28个地区的最低工资变量系数为正。首先，最低工资标准提高对江苏省、上海市和天津市的就业促进作用最为显著。其次，最低工资标准提高对华东、西南、华南、华中、华北、西北和东北七大区域的就业影响存在差异。西南地区对最低工资标准提高最为敏感，其就业正效应最低；正效应最明显的是华中地区和华东地区，经济的快速发展和最低工资标准的不断提高，吸引了更多的劳动者就业，从而使这两个区域的就业水平明显提高。

③最低工资标准提高对中国不同行业的就业影响程度不同。从计量分析的结果发现，最低工资标准的提高对中国的住宿和餐饮业、建筑业、批发零售业、采矿业、房地产业及制造业的就业都具有正效应，只是就业效应值存在差异。其中，批发零售业的最低工资标准变量系数最大，为1.7303。这与行业的平均工资及最低工资标准执行力度有关。最低工资标准执行力度在一定程度上高估了批发零售业最低工资标准就业正效应。而且，各行业人均行业增加值的变量系数均为负值，说明人均行业增加值与各行业就业量反向变化，表明了中国最低工资标准的提高对产业升级和优化的促进作用初显成效。

④不同注册类型城镇单位最低工资标准提高的就业效应不同。计量结果

显示，最低工资标准提高对中国城镇国有单位的就业有抑制作用，变量系数为-0.0797。最低工资标准提高对城镇集体单位、城镇外商投资单位及城镇其他单位的就业有促进作用，最低工资标准的就业弹性系数分别为 0.2472、1.0886 和 1.6926。可见，最低工资标准提高对城镇其他单位的就业促进作用最明显。

⑤最低工资标准提高促进了中国外出农民工的就业。提高最低工资标准，促进了外出农民工工资收入的整体上升。运用 2000—2014 年中国外出农民工工资、就业数量等数据进行计量分析，得知最低工资标准就业弹性系数为 1.0407，表明外出农民工就业水平随着最低工资标准的提高而提高。

（4）关于对国外最低工资标准调整趋势及其就业效应结果的分析

①国外最低工资标准调整趋势变化：首先，从调整周期来看，不同国家的调整周期存在差异。例如，澳大利亚、法国等国在某些年份调整次数超过一次；英国、日本、墨西哥等国的最低工资标准每年调整一次；美国和加拿大的最低工资标准调整的周期相对较长，一般两年至三年调整一次；大部分发展中国家如摩洛哥、阿尔及利亚等国的最低工资标准调整没有严格的周期性，只有在生活费用和经济形势发生大的变化时，最低工资标准才进行调整，但大部分国家都会根据经济发展和物价上涨指标对其进行不断调整。其次，从调整幅度来看，由于世界整体经济形势的变化，目前大部分国家对最低工资标准调整采取非常谨慎的态度，从以前的大幅调整改为小幅轻微的调整。最后，从运行模式来看，很多国家的最低工资标准由最初的统一制定和调整逐渐改为不同范围的多种形式分类制定和调整。例如，行业性、工种性和地区性最低工资标准及特殊群体的最低工资标准陆续出台，模式的多样性提高了其有效性和针对性。在进行最低工资标准调整时，可以选择性地调高或维持不变，灵活性较大，有利于促进经济、最低工资标准和就业的协调。

②关于对国外最低工资标准就业效应结果的分析。通过对典型发达国家美国、英国、法国和德国与典型发展中国家墨西哥、哥伦比亚、印度、巴西、印度尼西亚和韩国等国的最低工资标准提高的就业效应的研究结果进行梳理和总结，发现各国最低工资标准提高的就业效应存在差异。这与最低工资水

平的高低及调整的幅度、最低工资标准的合规程度和执行监管力度、劳动者群体特征（如性别、年龄和技能水平）及经济形势有关。一般地，在经济形势下滑的情况下，最低工资水平越高，提高的幅度越大，合规程度越高，对低学历、青少年、女性劳动者就业的负面影响越明显；反之，经济发展较快，最低工资水平提高适度，越能促进劳动者的就业。在不同的国家，其具体情况不同。从整体上来看，在发达国家，美国最低工资标准提高的就业负效应相对明显；英国虽然呈现负效应，但比较轻微；法国最低工资标准提高的就业效应不显著；而德国的就业效应具有区域性，东区更多的表现为负效应，经济相对发达的西区的就业不受最低工资标准的影响。在发展中国家，墨西哥最低工资标准就业效应整体上表现为负效应，巴西最低工资标准就业效应不明显，印度最低工资标准阻碍了女性就业。在韩国，最低工资标准提高没有影响其就业；在中国，最低工资标准整体就业效应表现为正效应。由于最低工资标准对就业的影响与较多因素联系在一起，故变得相对复杂。

8.2 促进最低工资标准和就业相互协调的政策建议

关于最低工资标准和就业能否相互协调与劳动者、用人单位、社会等主体关系密切。对劳动者来说，最低工资标准的高低对低收入劳动者及其家庭成员的基本生活保障和劳动者就业质量有直接影响。对用人单位来说，最低工资标准的高低对其用工成本有直接影响。最低工资标准的提高，不仅使用人单位低技能劳动者的工资成本增加，其加班费用、社会保险成本也随之增加；同时，最低工资标准提高对其他员工还存在水涨船高的“溢出效应”。对社会来说，最低工资标准过高会影响社会就业水平。因此，我们要综合平衡最低工资标准提高对劳动者、用人单位和社会带来的影响，处理好最低工资标准和就业的关系，促进最低工资标准和就业的相互协调是很重要的。从国外最低工资标准就业效应分析结果中，我们得到了大量的启示。在借鉴国外经验的同时，更要注重和考虑中国目前处于经济下行的新常态的实际情况。

促进最低工资标准和就业的相互协调，一方面，要提高最低工资标准的有效性。首先要突出最低工资标准的保障性，这也是最低工资制度制定的基本目标；其次要强化最低工资标准的合理性，这是最低工资标准得到有效实施和实现最低工资标准目标的基本要求。另一方面，要提高最低工资标准的合规程度，即最低工资标准实际执行及执行符合规定的比率或程度。合规程度太低，最低工资标准形同虚设，也就失去了最低工资制度存在的意义和价值。我们不仅要提高最低工资标准的有效性和合规率，还要完善相关配套措施，提高用人单位的支付能力。政府应对用人单位提供政策支持及提高劳动者就业能力等，从而保证就业率。下面主要从提高最低工资标准的有效性和合规程度及完善配套措施保证就业率三个方面提出促进最低工资和就业协调的政策建议。

8.2.1 提高最低工资标准的有效性

最低工资标准设置的主要目标是对劳动者提供基本的生活保障和促进劳动者体面就业，而其有效性主要表现为最低工资标准的保障性和合理性。过低的最低工资标准不能充分发挥基本保障作用，过高的最低工资标准不利于低技能劳动者的就业，更难以实现体面就业。只有合理的最低工资标准才能得到有效的实施，才能实现最低工资标准和就业的相互协调发展。因此，突出保障性和强化合理性是体现最低工资标准有效性的基本要求，可以通过建立和完善最低工资标准的形成、调整和评估机制来提高其有效性。

（1）完善最低工资标准形成机制

笔者在对最低工资标准就业效应的调查和分析中发现，中国最低工资标准的形成机制并不完善：一是三方协商机制作用发挥不充分；二是最低工资标准制定时考虑的因素欠全面，难以满足新时期劳动者的保障需求；三是最低工资标准测算不够科学，主观性较强。因此，需要改进和完善最低工资标准的形成机制。

①完善最低工资标准形成的三方协商机制。最低工资标准的制定主体和方式直接关系着其作用的发挥。世界上大多数国家公认的最理性的办法是政府邀请社会伙伴共同确定一个适度的最低工资标准，使用可信的数据和其他

实证信息作为社会伙伴协商的基础。国际劳工组织在第131号公约中也提出，在制定最低工资标准的过程中要有平等的雇主代表、劳动者代表及国家整体利益的代表（由公认的、有能力的、独立的专家组成）。没有三方协商机制和实证经验进行的决策可能会使制定的最低工资标准偏高或偏低，从而造成决策失误。

政府劳动部门、工会、企业协会构成了中国三方协商机制的主体。由于三方力量不均衡，协商机制不够健全，难以充分发挥三方机制的协商作用，也就难以实现博弈效果的最大化。最低工资标准的制定，是政府代表弱势的劳动者与资方的强制博弈，带有强烈的福利和社会公正色彩。政府劳动部门的地位相对强势，作为劳动者利益代表的工会力量偏弱。企业组织代表在协商过程中参与度不高、协商能力不足，三方协商不能对等地进行，在某种程度上只是流于形式。这直接影响了最低工资标准的科学性。因此，完善最低工资制度的三方协商机制很有必要。

在中国，建议借鉴英国、韩国等一些国家的做法，设立专门的最低工资委员会，通常为最低工资标准制定、支付、实施和监管提供技术支持和决策咨询。最低工资委员会可以吸纳雇主、工会、学者等多方专家代表，更好地发挥劳动者、企业联合会等社会伙伴力量参与最低工资标准制定的决策。坚持公正、效率与公平并重的原则，积极协调好政府、劳动者与雇主的利益，提高劳动者代表和企业代表的谈判能力，更好地突出三方协商机制的作用，从而提高最低工资标准的科学性和有效性。

②提高最低工资标准的科学性。首先，要提高对最低工资标准内涵的认识。作为中国一项基本的工资制度和保障制度，最低工资制度应具有规范性。目前，中国最低工资标准的内涵不统一，即对最低工资标准是否包含劳动者个人应缴纳的公积金和社会保险费还没有形成共识。造成内涵不统一的原因主要是《最低工资规定》及其他相关法规对此都没有做出明确的规定。大部分地区最低工资标准没有剔除劳动者个人需缴纳的“五险一金”，如浙江、湖北、广西等。只有少数地区社会保险费和住房公积金由用人单位另行支付，最低工资标准剔除了个人应缴纳的“五险一金”，如上海、北京、江苏等地。

从保障劳动者利益和制度规范的角度出发，最低工资标准应扣除劳动者个人缴纳的社会保险费。因为这部分费用实际上并没有真正参与当前的基本生活消费支出，而是存到了个人的社会保险账户。可以将个人应缴纳的“五险一金”费用统一发放给劳动者，既可以提高劳动者的参保率，还可以提高未参保劳动者的收入，更好地发挥最低工资标准的保障作用，还有利于促进社会保险工作的进展。其次，要从发展的角度提高对最低工资标准的认识。随着社会的进步和生活水平的提高，低技能劳动者对基本生活的期望标准值会发生变化。因此，应适当扩大最低工资标准的内涵，在一定程度上满足劳动者文化娱乐和医疗保健的发展需要。最低工资标准按消费支出标准可以分为生存线、温饱线和发展线，处于这三条线的最低工资分别占社会平均工资的30%、35%和40%。中国政府在“十二五”规划中提出了2015年最低工资标准达到社会平均工资40%的要求，这符合最低工资发展线的目标。在实际中，随着经济社会的发展，最低工资标准以此为标准丰富其内涵，制定体面的最低工资标准，既满足了劳动者的基本生活消费水平的需要，也符合时代进步和社会发展的要求。

③通过全面考察和科学测算，确定最低工资标准的相关因素。虽然在《最低工资规定》中对确定中国最低工资标准的因素做了具体规定，如基本生活费用、价格制度、平均工资、就业状况等，但对各个指标的认定和衡量没有给出明确的标准。例如，关于对劳动者的基本生活消费水平的衡量和测算，没有使用职工平均工资，而是用一定比例低收入家庭的人均消费水平为依据。学者贾东岚提出，使用按居民家庭收入五等分法时，以城镇20%低收入户的人均消费水平，或者使用按居民家庭收入七分法时，以城镇10%低收入户的人均消费水平作为各地区最低工资标准测算和制定的主要依据，这样才能真正起到保证低收入劳动者的基本生活和反贫困的作用。① 关于对平均工资指标的测算，在中国统计部门公布的数据中，有多种表达形式，如职工平均工资、从业人员平均工资、社会平均工资等，还有城镇单位平均工资和城镇私营单

① 贾东岚．国外最低工资发展趋势及对中国的启示［N］．中国劳动保障报，2014-04-03.

位平均工资分开统计，而且两者差别比较大。那么，在制定最低工资标准的时候，哪个指标能作为最终的参照依据？结果并不明确。甚至有学者提出最低工资标准的制定和调整应该只参考10%最基层工人的平均收入，而不是整体的平均工资，理由是受最低工资标准影响的主要是低收入劳动者。最低工资标准对中国就业者影响的范围和比例到底是多少？这个也需要做进一步的调查和研究。关于经济发展和就业状况指标，目前的主导思想是经济发展越快，最低工资标准提高幅度越大；失业率越低，最低工资标准提高的可行性越高。对于指标具体量化和测算问题，缺乏技术支持和统一的计算概念，主观性较强，随意性较大，这样确定的最低工资标准的科学性和合理性不充分。以上指标的计算概念直接影响各地最低工资标准的测算结果。因此，各地在确定中国最低工资标准时，应根据实际情况，借鉴英国和澳大利亚等国的先进做法，统一最低工资标准计算概念，采用完善的测算方法，采取严密的制定程序，全面考虑生产力及公司竞争力、就业增长等指标，满足工人的相对生活需要，保证就业增加，促进社会参与，从而提高最低工资标准的合理性和科学性。

④建立行业和特殊劳动者群体的最低工资标准。首先，建立行业最低工资标准，体现行业的差异性。中国现行的最低工资制度是基于地区差异的最低工资标准模型，不同地区由于经济发展、物价水平、平均工资及就业状况的不同确定的最低工资标准也不同，这在一定程度上促进了不同地区之间劳动力的合理流动；同时，在提高劳动者素质和维护社会稳定方面也发挥了重要作用。我们在问卷调查和实证研究中也发现最低工资标准提高的就业效应在不同行业中也存在差异。因此，中国可以借鉴外国的一些先进做法，如瑞典、法国、德国、意大利、韩国、澳大利亚等国家基于行业存在的差异，实行行业最低工资标准。例如，德国由雇主协会与工会共同协商确定行业的最低工资标准，各行业的最低工资标准高低不同。可喜的是，在中国个别地区行业已经开始自行探索建立行业最低工资标准。例如，2011 年 6 月，海南省出台了全国第一个省级的行业工资集体合同——《海南省酒店与餐饮行业工资专项集体合同》，通过行业工资集体协商的形式，首次制定了行业最低工资

标准，即在海南省一、二、三类地区最低工资标准的基础上，分别上浮 20%、15%、10%。海南省酒店和餐饮行业还制定了经理、主管、领班等十大工种和服务员、保安员、清洁工、传菜员等岗位的最低工资标准。上海市总工会也提出了建立行业最低工资标准的建议。不同行业的劳动生产率、平均工资和用工成本构成存在较大差异，因此，可以通过设立行业最低工资标准来解决行业的差异性问题，保障不同行业劳动者获得与本地区经济和行业发展相匹配的工资报酬，有利于增强最低工资标准的合理性和适用性。其次，建立特殊劳动者群体最低工资标准，提高人性化程度。目前，中国暂未对伤残人员及特殊职业等劳动者制定最低工资标准。我们可以借鉴英国的做法，对不同年龄段的劳动者制定不同的最低工资标准。除英国外，澳大利亚也专门对伤残雇员、见习雇员制定了最低工资标准。为了提高最低工资标准的针对性和人性化程度，应借鉴外国相关方面的做法，建立特殊劳动者群体的最低工资标准，如残疾劳动者、试用期员工及特定职业的员工等劳动者群体的最低工资模式，坚持人本主义管理理念，保护更多低收入群体的权益。最后，完善中国地区性最低工资标准。目前，中国每个省份按照行政区域分为不同的档次，大部分省份分为三档，有些省份分为四档、五档，甚至八档，每档最低工资标准存在一定的差距，这有其存在的合理性。但既有的最低工资标准过于分散和繁杂，也增加了最低工资标准的实施难度。中国可以在此基础上探索建立全国分区域的最低工资标准，在充分考虑经济发展、物价水平、平均工资、就业状况、消费支出水平等因素的基础上，提高最低工资标准的统筹度。这样，有利于很好地分析和评估最低工资制度的实施效果和有效性。

（2）完善最低工资标准调整机制

2015 年 10 月通过的《中共中央关于制定国民经济和社会发展第十三个五年规划的建议》明确提出，未来五年要求“完善最低工资标准增长机制”。为什么要完善中国最低工资标准增长机制呢？主要是由于中国有些地区在调整最低工资标准的时候存在相关问题：统筹考虑不够，不能很好地处理企业承受能力和职工权益维护的关系；三方协商机制的作用发挥不充分；最低工资标准调整中主观性比较强，对调整依据因素和调整幅度考虑不周到。目前，中国在进行最低工资标准调整时，各地普遍运用的是平均工资法，即以上年平均工资增长幅度、当年国民经济发展速度和当年居民消费价格调控目标三个指标为参照指标计算出当年最低工资标准。这一方法操作简单，数据收集容易，但科学性有待提高。学者宁光杰在实际研究中发现，赡养系数的提高对最低工资水平增长没有促进作用反而有抑制作用，最低工资标准提高的幅度相对劳动生产率和平均工资上涨的幅度偏小。①

①最低工资标准调整的原则。首先，兼顾劳动者当前利益和长远利益的原则。也就是说，最低工资标准的调整不仅要能保证劳动者当前的基本生活，维持其实际生活水平不下降；同时，最低工资标准的调整还要与时俱进保持可持续增长。因此，最低工资标准的调整幅度和调整频率不能大起大落，要与各项经济指标保持协调。其次，坚持劳动者和用人单位利益与社会就业协调的原则。在调整最低工资标准时，要坚持最低工资标准与就业的协调和平衡。最低工资标准调整幅度的高低，既要考虑到劳动者基本生活的权益保障，又要考虑最低工资标准调整对企业造成的成本增加不能过大从而对社会就业造成不良影响。最低工资标准调整幅度低于物价的增长会造成劳动者实际报酬水平下降，在经济增长时期不能充分分享经济发展的成果。因此，最低工资标准的调整应坚持劳动者权益、企业利益与社会就业的协调和平衡，既要合理地调整最低工资水平，也要考虑企业对成本的承受能力。最后，坚持最低工资标准动态调整的原则。由于中国的经济发展速度、物价水平和劳动力市场状况等均处于不断变化之中，最低工资标准的调整要反映这些指标的变化趋势。例如，在中国新常态背景下，经济增长速度放慢，经济结构不断优化和升级。最低工资标准调整要与经济发展速度、企业劳动生产率、城镇居民消费价格变动相协调，实现最低工资标准与上述指标相联动的动态调整机制。

②完善最低工资标准调整的参照因素。《最低工资规定》规定中国最低工资标准的调整应参考相关的经济因素，如最低生活费用、消费价格指数、“五

---

① 宁光杰．中国最低工资标准制定及调整依据的实证分析［J］．中国人口科学，2011（1）：26-35.

险一金”、职工平均工资、经济发展水平及就业状况等因素。① 笔者认为，在中国经济发展新常态的背景下，最低工资标准的调整不仅要考虑《最低工资规定》中要求的上述指标，还应考虑企业对人工成本提高的承受能力、劳动生产率水平，建立与经济发展、劳动生产率、企业可承受能力相匹配，与物价水平、平均工资相联动的最低工资标准调整机制。

首先，建立与经济发展相适应的最低工资调整机制。在经济快速发展时期，建立与经济发展水平相匹配的最低工资调整机制，是保证低收入劳动者分享经济发展成果的重要体现。中国经济经历了十几年的高速发展，最低工资标准在调整中也不断提高；但从两者增长幅度来看，匹配程度有待加强。我们对 2001—2015 年两者增幅进行比较，可以看出，从 2012 年开始，最低工资标准增长的幅度明显快于经济增长的幅度，这与中国“十二五”规划时期最低工资标准增长的目标相一致。而在此之前，最低工资标准在大多数时期低于经济增长的幅度。从最低工资标准调整与经济发展相适应的角度来看，在中国经济增长减缓的条件下，最低工资标准增长的幅度应适当放缓。最低工资标准的增长应建立在经济增长的基础上，随着经济增长速度的下降，最低工资标准增长的幅度也应下调，但并不意味着最低工资标准不再增长，否则会导致最低工资标准增长与经济发展不相匹配。人力资源和社会保障部劳动工资研究所提出，“十三五”期间最低工资标准调整的基本定位是“兜底线、可持续”。

① 中国 2004 年颁布的《最低工资规定》第六条。

表 8-1　中国经济增长和最低工资标准增长幅度比较

年份	经济增长率（%）	最低工资标准增长率（%）	两者相差幅度（%）
2001	8.3	7.8	0.5
2002	9.1	8.6	0.5
2003	10.0	4.5	5.5
2004	10.1	21.9	-11.8
2005	11.3	6.0	5.3
2006	12.7	18.9	-6.2
2007	14.2	10.9	3.3
2008	9.6	11.3	-1.7
2009	9.2	0	9.2
2010	10.6	23.9	13.3
2011	9.5	16.7	7.2
2012	7.7	13.2	-5.5
2013	7.7	14.4	-6.7
2014	7.3	7.40	-0.1
2015	6.9	13.8	-6.9

资料来源：根据国家统计局和政府网站整理而得。

其次，建立与劳动生产率相协调的最低工资标准调整机制。一般来说，劳动者工资水平的高低与劳动生产率、劳动力市场供求状况等因素相关。最低工资标准作为劳动者工资的一种表现形式，其调整也应与劳动生产率的增长相协调，其提高才具有可持续性，才能符合客观经济规律的要求。中国劳动工资专家苏海南认为，目前，中国第二、三产业劳动生产率有所下降，GDP 增速放缓到 7%左右，最低工资标准的增幅也需要相应下调。[①] 浙江省政府 2016 年提出，最低工资标准原则上每两年调整一次，调整幅度基本与劳动生产率相协调。

再次，建立与物价相联动的最低工资标准调整机制。建立与物价相联动的最低工资标准调整机制，就是最低工资标准应随城镇居民消费价格指数的

① 白天亮．最低工资涨得太快了吗？［N］．人民日报，2016-03-25.

变化进行调整，使最低工资标准与职工生活水平相适应，从而满足低收入劳动者及其赡养人口的基本生活需要。从理论上来讲，最低工资标准调整的幅度一般应高于物价上涨的幅度，否则将会导致低收入劳动者的工资购买力和实际生活水平下降。只有建立与物价相联动的最低工资标准调整机制，才能适时地消除通货膨胀的影响。当前最低工资标准应适当高于当地居民最低生活保障水平和失业保险金水平；否则，工资和失业收入没有拉开差距，会对劳动力供给产生消极的影响，从而减小劳动力参与率。

最后，建立与平均工资水平相协调的最低工资标准调整机制，因为这样有利于缩小低收入劳动者的工资收入与其他劳动者收入的差距。最低工资标准增长幅度原则上不超过当地同期城镇单位就业人员平均工资的增幅。最近几年是中国最低工资标准快速增长的时期，最低工资标准提高的幅度明显高于各地职工平均工资的涨幅，这样可能会给用人单位带来成本增加的压力。同时，最低工资标准的调整还应考虑企业的承受能力。尤其是在中国经济增速放缓的背景下，应适当降低最低工资标准的增长幅度；而且，最低工资标准的计算方法应该与国际接轨。虽然，中国目前大多数城市的最低工资标准未达到职工平均工资的 40%，与 40%～60%的国际参考标准还存在一定的差距，但这不是一蹴而就的事情，需要通过逐步提高最低工资标准来实现。

③合理把握最低工资标准的调整幅度和调整方法。首先，合理把握最低工资标准的提高幅度。在确定好最低工资标准调整的参照指标后，还应合理把握其调整的时间、周期和百分比。“十二五”期间，中国最低工资标准调整的范围广、幅度快，平均涨幅达到 13.1%，超过了 GDP 的增长幅度。这是在中国最低工资标准较低基础上进行的。如果再继续大幅度地提高最低工资标准，可能会给中国的企业和就业带来较大的压力，影响社会的协调发展。人力资源和社会保障部提出，今后调整最低工资标准要把握好度，在经济新常态下要谨慎控制好最低工资的调整幅度和节奏，放慢最低工资增长速度，与经济社会发展指标相匹配，促进社会和谐与稳定。广东省也提出，按照 2015 年 5 月发布的最低工资标准执行，即在 2016 年、2017 年暂时不提高最低工资标准，以后会逐步降低其提高的幅度。

其次，完善最低工资标准的调整方法。在最低工资标准调整的过程中，要充分研究恩格尔系数法、比重法及“菜篮子法”对最低工资标准的影响，科学测算其调整的幅度和方法，减少调整的随意性和主观人为因素。同时，要充分考虑劳动者、企业和社会等多方利益的平衡，科学测算相关调整数据和指标，依法、依规进行决策和调整。

总而言之，最低工资标准具有双重性，即绝对性和相对性。最低工资标准的绝对性是与它的保障性联系在一起的，即最低工资标准不仅要能保障低收入劳动者本人的基本生活需要，还要保证其家庭的基本生活。最低工资的相对性是与职工的平均工资、经济发展、消费水平、劳动生产率和企业可承受能力相较而言的。因此，最低工资标准在保障低端劳动者基本生活水平的基础上，还要根据以上相关经济指标的变化进行不断的调整，以维持它存在的相对合理性和有效性。

（3）建立最低工资标准评估机制

最低工资标准是否有效与其科学的评估机制是分不开的。最低工资制度在中国虽然实施已有 20 余年，但至今尚未建立起相应的评估标准和评估机制，以至于最低工资制度在实施的过程中，宏观调控能力不足，难以实施有效的监督和管理。虽然，中国人力资源和社会保障部早在 2012 年就提出了“加快建立最低工资标准评估机制”，但这项工作一直缺乏实质性的进展。而且，英国、韩国、澳大利亚、加拿大等国家的实践证明，科学的评估制度对规范最低工资标准、提高其有效性起着重要的作用。因此，需要形成一套比较科学、实用的最低工资标准评估机制对其进行定期、科学的评估，不仅可以为其调整提供科学依据和技术性支持，还有利于提高中国最低工资标准的有效性。

在建立最低工资标准评估机制的过程中，我们可以借鉴一些国家的宝贵经验和先进做法。例如，加拿大、英国等每年都会全面分析上一年最低工资标准的相关数据，对最低工资标准的实施情况和实施效果进行全面评价，并形成翔实的最低工资标准评估报告。在建立评估机制的过程中，应重视多方协作、丰富评估数据来源、采用多元化的评估方法及评估指标设置的全面性。

具体来说，可以从以下几个方面进行：

①设立专业评估委员会。最低工资专业评估委员会由代表多方利益的成员组成，如人力资源和社会保障部的相关人员、科研机构、工会代表、大学院所专家、企业代表、企业联合会代表和行业协会代表等，这样便于咨询或征求来自社会各方的意见。在此基础上做出审议和评估，能够进一步发挥三方协商机制的作用。

②丰富评估数据来源。在对最低工资标准评估的过程中，充分利用来自各方的劳动力、工资等相关数据结果，如国家统计局发布的官方调查数据、人力资源和社会保障部的劳动力调查数据、国际劳工组织和世界银行相关数据库、专家学者提供的第一手调查研究数据及其他专业机构和协会提供的数据等。在这些丰富的数据资料基础上，基于多方代表进行咨询和考量，对最低工资标准的有效性、实施效果及存在的问题等形成详细的评估报告。

③评估方法多元化。在许多发达国家，对最低工资标准的评估比较成熟的是采用正规的经济模型和统计技术对实施效果进行评估。首先，应了解最低工资标准对收入分配、就业及员工福利的影响等。其次，对劳动力市场和经济趋势的各项指标进行分析，这是最直接、最普遍的方法。最后，进行专门调查。美国、英国等在进行最低工资标准评估时，采用的是多种方法的结合，这样评估的效果准确性更强。

④设置全面的评估指标。大多数国家的最低工资标准评估指标包括受益者群体特征、就业、劳动力市场、工资收入、单位用工成本、贫富差距等实施效果及影响方面的指标。

总之，中国应加快建立最低工资标准评估机制，对最低工资标准做出适时、有效的评价。这有利于及时发现最低工资标准在实施和调整过程中存在的问题，并及时加以解决，对提高中国最低工资标准的有效性也具有重要意义。

8.2.2 提高最低工资标准的合规程度

最低工资制度的合规程度与其制度本身的复杂程度、执行机制的完善程度及水平的高低密切相关。具体来说，有下列三种情况：①制度越简单易执行，并且有违规惩罚措施，合规程度越高。例如，巴西的合规率高与它采用单一的国家最低工资制度有关。②最低工资水平越低，合规程度越高。例如，越南（合规率为95%）、墨西哥就是例证。③执行机制越完善，执行力度越强，合规程度越高。例如，印度和哥斯达黎加采用复杂的最低工资制度和高水平的最低工资标准，因为执行制度完善，合规率也较高。最低工资标准合规程度在很大程度上可以体现最低工资标准执行的效果和存在的价值。提高中国最低工资标准的合规程度可以从提高认知度、完善执行机制及提高用人单位支付能力三个方面来进行。

（1）提高对最低工资标准的认知度

对最低工资标准的认知度可以解释为人们认识和理解的程度。提高对最低工资标准的认知度，首先，应加大宣传力度，提高认识。有关“是否知道当地的最低工资标准”问卷的调查结果显示，46.2%的被调查人员不知道或者不能准确地知道当地的最低工资标准，知晓程度接近50%。可见，中国劳动者对最低工资标准的知晓程度较低，对自身劳动报酬权益关心不够。其次，部分就业者不能准确地理解最低工资标准的含义，如对补贴、津贴在哪些情况下不包括在最低工资标准内，所在单位是否违反了最低工资标准规定等都不清楚。这对劳动者权益的维护产生了不利的影响。部分劳动者对最低工资制度认知度较高，明明知道自己的权益被侵犯，但为了保住自己的工作心甘情愿接受低于最低工资标准的工资。在调查中发现，被调查的劳动者中有17.1%的愿意接受低于最低工资标准的工作。因此，有必要加大力度宣传中国的最低工资制度，接受群众监督，使所有的劳动者熟知最低工资标准。

（2）完善最低工资标准执行机制

最低工资制度作为一项规范的且具有强制性的国家制度，如果得不到严格执行，就名存实亡，它的保障功能、分配功能等就得不到有效发挥。中国最低工资制度的执行情况并不理想。完善中国最低工资标准执行机制，可以从提高最低工资标准的立法层次、加强对最低工资制度的监督管理、提高对最低工资标准违规的惩罚力度和建立用人单位最低工资标准诚信公示制度等方面进行。

①提高最低工资标准的立法层次，颁布《最低工资法》。中国实行最低工资制度以来，实行的是非专门立法，没有专门的最低工资法。中国最低工资标准的非专门立法分为三个层次：一是《劳动法》和《劳动合同法》。《劳动法》规定，由各省、市、自治区人民政府规定各地的具体最低工资标准，然后报国务院备案。中国《劳动合同法》在《劳动法》的基础上增加了集体最低工资标准的规定，同时，对违反最低工资标准的行为所需承担的有关行政和民事责任做出了具体规定。二是部门规章。1993 年实施的《企业最低工资规定》和 2004 年实施的《最低工资规定》，分别是劳动部与劳动和社会保障部专门制定的部门规章，强制性和约束力小。三是由省、自治区和直辖市颁布制定的有关最低工资标准的地方性法规。例如，《西安市农民工工资保障办法》《深圳经济特区最低工资条例》《河南省进城务工人员权益保护条例》和《北京市最低工资规定》分别是西安市、深圳市、河南省和北京市政府出台的地方性法规，适合本省市执行。这在一定程度上保护了劳动者的权益，但与外国专门的最低工资法相比层次低，效力弱。例如，新西兰 1894 年颁布了《劳资协调及仲裁法》、英国 1998 年颁布了跨行业《最低工资法》、美国 2007 年出台了《公平最低工资法》，以国家立法的形式对领取最低工资的劳动者进行收入保护。中国个别用人单位往往在没有受到严重惩罚的情况下会违反该规定，因此，有必要尽快制定《国家最低工资法》，对最低工资标准的制定、实施、调整及违法惩罚措施进行具体、明确的规定，以法律的形式明确地方政府的责任，以法律的强制力来推动最低工资制度的合规程度。

②加强对最低工资制度的监督管理。在最低工资标准就业效应的问卷调查中，笔者发现实施效果并不令人满意。调查结果显示，18. 3%的用人单位会采取裁员的方式应对最低工资标准提高后带来的成本增加，38. 7%的用人单位会采取减少员工的福利，以及 16. 2%的用人单位会采取延长劳动者的劳动时间来应对最低工资标准提高带来的成本压力；还有一部分用人单位为了规避最低工资标准提高带来的用工风险，为了节约成本严格按照最低工资标准给员工支付工资，或者以食宿费、福利费冲抵工资，变相地违反最低工资

标准规定。而且，在中国违反最低工资标准规定没有任何刑事方面的惩罚，违法成本比较低，使执行力度减弱，合规程度大打折扣。国家应该重视最低工资标准的立法工作，把规章提升到法律的层次。在加强立法透明度的同时，加强执法的力度和监管的力度，保障低收入群体的劳动利益。中国应该借鉴哥斯达黎加的先进经验，在最低工资水平相对较高的情况下也能成功地提高合规率。中国应该适当地增加劳动监察人员，提高接受定期检查的单位的比例。如果在检查中被发现多次违规或多次被投诉，则视为劳动争议纠纷，通过法律手段来解决，并对违法者处以罚金。哥斯达黎加为了提高最低工资标准的合规率，2010 年在全国发起了一次关于最低工资标准的活动，鼓励劳动者对那些向员工支付低于最低工资标准的工资的雇主进行指责；同时，增强投诉中心处理投诉的能力，使最低工资标准真正落到实处。

③提高对最低工资标准违法的惩罚力度。中国《劳动合同法》和《劳动保障监察条例》中规定，低于当地最低工资标准的支付劳动者工资的，雇主应当在规定的时间内支付其差额部分；如果逾期不支付差额部分的，责令用人单位加付劳动者赔偿金，赔偿金标准为应付金额的 50%～100%。目前，中国对违反最低工资标准规定的处罚方式主要有三种：责令限期补发、责令支付赔偿金和罚款。其中，赔偿金支付的额度与欠付数额所占最低工资比例的不同而不同。欠付数额比例越高，赔偿金比例越大。当欠付数额分别低于最低工资标准 25%、25%～50%和大于最低工资 50%时，赔偿金占最低工资标准的比例相应为 20%、50%和 100%。情节严重的，还要进行罚款。一般来说，罚款数额为欠付数额的 2～5 倍。可见，中国对违反最低工资标准规定的处罚力度较小，使单位的违规成本较低，违反规定的可能性较大。因此，中国可以借鉴国外的经验，提高罚款的额度，情节严重的可采取刑事处罚、吊销单位营业执照等。只有这样，才能改变现状，提高最低工资标准执行的合规程度。

④建立用人单位最低工资标准诚信制度。由于中国最低工资标准整体上执行情况不是十分乐观，合规率相对较低，执行和监管部门在加强执法减少违规现象外，还可通过舆论的力量对用人单位加强监督。例如，建立最低工

资标准信息公示制度，加快建立最低工资标准诚信体系。具体来说，在建立用人单位基本信息档案的基础上，对违反《最低工资规定》《劳动合同法》及地方保障法规的用人单位，通过劳动部门向社会公布，增加其失信的成本。这样，才能形成良好的社会舆论监督氛围，规范最低工资制度的实施。

因此，最低工资制度能否真正发挥其保障作用，切实维护劳动者的权益，执行和监督管理机制是否完善起着重要作用。因此，我们应严格执行最低工资制度，提高其合规程度，从而最大限度地保障低收入劳动者的权益，发挥最低工资标准应有的保障功能和稳定作用。

（3）提高用人单位的支付能力

用人单位是最低工资制度的执行主体，因此，最低工资标准的实施与用人单位的用工成本和利益密切相关。对于那些经济效益差、利润低甚至亏损的用人单位来说，最低工资标准的支付能力不够，员工的劳动报酬权益往往得不到保障。在调查中发现，有 1.5%的被调查者认为现行的最低工资标准偏高。这部分被调查者很可能是用人单位的负责人，而且这些单位效益不太好，最低工资标准提高给他们带来了较大的成本压力。他们还认为，最低工资标准的提高会增加员工的惰性和怠工现象，出工不出力，是一种变相的奖懒罚勤。国家在调整最低工资标准的时候的确需要充分评估用人单位的支付能力，必要的时候给予相应的补贴；但用人单位也要加强内部管理，提高管理效率。同时，完善员工的激励机制，调动员工的工作积极性和主动性，提高劳动生产率。只有这样，企业才能健康、持续地发展，靠降低员工工资来减少成本的做法不是长远之计。一个用人单位如果连最低工资标准都支付不起，谈何发展，迟早都会被市场淘汰。

因此，在提高对最低工资标准的认知度和完善其执行机制的同时，用人单位要注重自身的发展，提高自己的支付能力。只有这样，才能从根本上提高最低工资标准的合规程度。

8.2.3 完善配套措施保证就业率

中国的社会结构不同于西欧国家，目前呈“金字塔”形。最低工资标准的提高对需求的拉动效果相对于西欧国家的“橄榄型”结构要显著一些，但这并不能说明中国可以无限制地运用最低工资制度。为了更好地促进最低工资标准与就业的相互协调，在提高最低工资标准的有效性和合规程度的同时，还应完善相关的配套措施，同时保证就业率不下降。例如，完善劳动者权益的保障制度、减免劳动密集型低利润企业的税费、加强劳动者培训提高其就业能力及最低限度地支持创业带动就业等，最大限度地解决好最低工资标准提高与就业协调发展的问题，这也是最大的民生问题之一。

（1）完善劳动者权益的保障制度

中国的社会保障制度虽然在不断完善过程中，但与西方发达国家相比，保障水平相对较低，保障对象有待进一步扩大。例如，中国的“五险一金”覆盖范围和比例有待进一步提高，特别是农民工群体，劳动者权益保障制度完善的空间更大。我们会看到有关工资拖欠、社会保险缺失、劳动争议纠纷不断，劳动者的基本权益得不到有效的保障及合法权益受到侵害，维权成本过高、劳动救济制度不完善等。为了进一步完善劳动者权益保障制度，有必要采取措施扩大劳动保障对象、完善社会保障体系和劳动救济制度。

①完善中国社会保障体系。首先，要大力提高中国社会保险覆盖率。根据2015年国民经济和社会发展统计公报的数据可知，2015年中国就业人数为77451万人，其中，参加失业保险的人数为17326万人，占总就业人数的22.37%；参加城镇基本医疗保险的人数为66570万人，占85.95%；参加城镇基本养老保险的人数为35361万人，占45.66%；参加工伤保险和生育保险所占比例分别为26.64%和22.94%。从整体上来看，中国社会保险的覆盖范围有待进一步扩大，特别是失业保险和养老保险参保比例偏低。例如，中国农民工2014年参加失业保险的比例仅为9%，只有14.3%的农民工参加了养老保险。其次，要加强社会保险的保障和监管作用。部分用人单位欠缴职工的社会保险费，或者挪作他用，有些甚至不给员工缴纳任何社会保险费，使劳动者的社会保险不能发挥应有的保障作用。最后，要提高社会保险的统筹层次，理顺社会保险的转接手续。中国社会保险的统筹层次较低，只能在限定地区使用。换了工作地方，社会保险手续不能顺利转移，使保险的作用大大

降低，这也是部分劳动者特别是农民工不愿意参保的重要原因。因此，中国应加强社会保障制度改革，提高社会保险的覆盖率和保障水平，实行全国网络化统一管理，建立覆盖面广、保障性强的全方位保障体系，消除劳动者的后顾之忧。

②完善中国劳动报酬权的救济制度。首先，劳动报酬权是指劳动者因付出劳动而获得报酬的权利，受到中国法律的保护。《劳动法》规定，工资分配应遵循按劳分配原则，实行同工同酬；用人单位不得无故拖欠、克扣劳动者的工资等。在实践中，劳动者的劳动报酬权时常受到侵害，如农民工工资时常被拖欠，部分用人单位不给员工支付加班工资，劳动者实得工资比当地最低工资标准还低。当劳动报酬权受到侵犯时，在现行法律框架内可以通过劳动监察处、劳动争议仲裁和司法诉讼等救济途径寻求帮助。但中国目前存在不同部门之间救济范围重叠和职能界定不清的情况，劳动者维权难度加大。其次，对侵害劳动报酬权的惩处力度不足，用人单位违法成本过低。最后，中国存在劳动报酬权救济期限过长、法律程序复杂、强制手段欠缺、调查取证困难、维权成本过高等问题。因此，中国应该尽快完善劳动报酬权的救济制度，明确相关机构的法定职责，加强劳动用工监察力度，建立劳动救济援助制度等，以切实维护劳动者的合法权益。

（2）提高低端劳动者的就业能力

中国低端劳动力资源丰富，数量庞大。虽然中国每年的就业总人数在不断增加，但失业率一直没有明显的下降；而且，中国就业的结构性矛盾比较突出，就业质量不高、就业稳定性不强，劳动者“就业难”、用人单位“招工难”的尴尬局面长期存在。解决的根本途径在于，只有不断提高劳动者的就业能力，才能满足产业结构升级的需要。从长远来看，低工资、高就业是不符合现代社会发展趋势的。因此，中国政府要加大对低端劳动力的就业技能培训，有针对性地提高其就业能力，实现就业质量提升，既保证了企业用工的需求，也促进了劳动力就业。

在保证就业率的同时，还应注重提高中国劳动者的就业质量。目前，中国存在一些劳动者包括高校毕业生虽然实现了就业，但工资只能满足其基本的生活开销，没有社会保险和住房公积金，只能租便宜的郊区房，没钱买房。这样的就业状态是很不乐观的。在北京这样的一线城市，博士毕业生也存在类似的情况。因此，从长远的角度来看，劳动者就业能力的提高是工资提高和就业保障的前提条件。不断提高劳动者的就业技能和就业素质，有利于劳动生产率的提高。用人单位更愿意提供更高的工资来雇佣高素质的劳动者，也就更有利于促进社会就业，实现劳动者、企业和国家的共同发展。例如，在英国，最低工资标准提高没有使其就业率显著降低，一方面，是因为最低工资标准提高促使企业通过增加工人培训、鼓舞士气等措施提高生产率，从而部分抵消了因最低工资标准提高带来的成本增加。另一方面，英国为长期失业人员提供津贴、职位保证、平等机会政策、职业培训等促进积极就业的措施，同时与改善劳工法例、职位创造政策和全民性社会保障制度相结合，减少就业贫穷，提高就业率。

（3）完善企业财税减免和补贴制度

中国在2012年就出台了《关于进一步支持小型微型企业健康发展的意见》，提出了“减”“补”“增”“引”四字方针，表达了国家对中小型企业及微型企业健康发展的财税支持。意思是，减免中小企业的税、费负担，完善中小企业吸纳就业的补贴政策，加大中小企业财政资金投入和加强对中小企业公共服务平台建设的服务和政策引导，促进中小企业的市场竞争力和稳健经营能力。一般来说，最低工资标准会给中小型劳动密集型企业的人工成本带来一定的压力，最低工资标准过高会减少对劳动力的需求。因此，对于这部分企业，国家应该加大支持力度，采取适当的税收减免政策和补贴制度，以便保证就业率，促进最低工资标准和就业的协调发展。同时，政府要加大对创业、就业的支持力度，以创业带动就业，为劳动者创造更多的就业岗位。

8.3　有待进一步研究的问题

尽管本书在撰写过程中参考了大量的资料，就最低工资标准提高对中国就业的影响进行了较为深入的研究和探讨，但由于最低工资标准提高的就业效应比较复杂，以及受到资料、时间等因素的限制，取得的成果只是初步的，还有一些问题需要深入研究，具体来说包括：

（1）加大对完善最低工资增长机制的研究工作。中国自从实施最低工资制度以来，最低工资标准一直处于增长态势，其增长频率、幅度及参考因素是确定合理的最低工资标准的重要内容，也是完善中国最低工资增长机制的要求，这方面有待进一步研究。

（2）重视对建立最低工资评估机制的研究工作。科学的评估机制与最低工资标准的有效性密切相关。目前，已经提出了建立最低工资评估机制的理论，还需要在实践中形成一套科学、实用、可操作性强的评估机制。

（3）加大对分类制定最低工资标准机制的深入研究。本书初步提出了在地区性最低工资标准的基础上，建立行业和特殊劳动者群体的最低工资标准。在实践中，中国个别地区开始了行业性最低工资标准的试点，目前还需要对其进行全面调查和科学设计。针对特殊劳动者群体的最低工资标准，可以提高制度的人性化，有待进一步研究。

（4）从福利经济学角度加大对最低工资标准就业效应的研究工作。最低工资标准的提高很可能对员工的福利及其工资结构产生影响，它与最低工资标准就业效应有一定的相关性，其研究结果可以为完善最低工资制度提供参考依据。这方面的研究还比较缺乏。

参考文献

[1] Kramarz F, Abowd J M, Margolis D N, et al. The Tail of Two Countries: Minimum Wages and Employment in France and the United States [R]. *IZA Disscussion Paper*, No. 203, September 2000.

[2] Abowd J M, Kramarz F, Margolis D N. Minimum Wages and Employment in France and the United States [R]. *National Bureau of Economic Research Working Paper* 6996, 1999.

[3] Agénor PR, Aizenman J. Macroeconomic Adjustment with Segmented Labor Markets [J]. *Journal of Development Economics*, 1999, 58 (2): 277–296.

[4] Aizenman. Technological Change, Relative Wages, and Unemployment [J]. *European Economic Review*, 1997, 41 (2): 187–205.

[5] Alatas V, Cameron L. The Impact of Minimum Wages on Employment in a Low Income Country: An Evaluation Using the Difference–in–Differences Approach [J]. *Social Science Electronic Publishing*, 2016, 61 (2): 201–223.

[6] Anindya Sen, Kathleen Rybczynski, Corey Van De Waal. Teen Employment, Poverty, and the Minimum Wage: Evidence from Canada [J]. *Labour Economics*, 2011, 18 (1): 36–47.

[7] Peter Arcidiacono, Tom Ahn. Minimum Wages and Job Search: What Do Employment Effect Really Measure [EB/OL]. (2004–08–12) [2015–09–15]. http://www.doc88.com/p–7486958416567.html.

[8] Aretz Bodo, Arntz Melanie, Gregory Terry. The Minimum Wage Affects Them All: Evidence on Employment Spillovers in the Roofing Sector [J]. *German Economic Review*, 2013, 14 (3): 282–315.

[9] Bazen S, Marimoutou V. Looking for a Needle in a Haystack? A Re–examination of the Time Series Relationship between Teenage Employment and Minimum Wages in the United States [J]. *Oxford Bulletin of Economics and Statistics*, 2002, 64 (supplement): 699–725.

[10] Bazen Stephan, Nicolas Skourias. Is There a Negative Effect of Minimum Wages in France? [J]. *European Economic Review*, 1997, 57 (3-5): 723-732.

[11] Bachmann Ronald, Bauer Thomas K, Frings Hanna. Minimum Wages as a Barrier to Entry: Evidence from Germany [J]. *Labor: Review of Labor Economics & Industrial Relations*, 2014, 28 (3): 338-357.

[12] Bauer Thomas K, Kluve Jochen, Schaffner Sandra, et al. Fiscal Effects of Minimum Wages: An Analysis for Germany [J]. *German Economic Review*, 2009, 10 (2): 224-242.

[13] Belman Dale L, Wolfson Paul. The Effect of Legislated Minimum Wage Increases on Employment and Hours: A Dynamic Analysis [J]. *Labor: Review of Labor Economics & Industrial Relations*, 2010, 24 (1): 1-25.

[14] Brown Charles, Curtis Gilroy, Andrew Kohen. The Effect of the Minimum Wage on Employment and Unemployment [J]. *Journal of Economic Literature*, 1982, 20 (2): 487-528.

[15] Brown Charles, Curtis Gilroy, Andrew Kohen. Time-Series Evidence of the Effect of the Minimum Wage on Youth Employment and Unemployment [J]. *Journal of Human Resources*, 1983, 18 (1): 3-31.

[16] Burkhauser R V, Couch K A, Wittenburg D C. Who Minimum Wage Increases Bite: An Analysis Using Monthly Data from the SIPP and the CPS [J]. *Southern Economic Jounal*, 2000, 67 (1): 16-40.

[17] Brown L R. Massachusetts and the Minimum Wage [J]. *Annals of American Academy of Political & Social Science*, 1913 (48): 13-21.

[18] Burkhauser R V, Kenneth A Couch, David C Wittenburg. A Reassessment of the New Economics of the Mininum Wage Literature with Monthly Data from the Current Population Survey [J]. *Journal of Labor Economics*, 2000, 18 (4): 653-680.

[19] Campolieti Michele, Gunderson Morley, Lee Byron. The (Non) Impact of Minimum Wages on Poverty: Regression and Simulation Evidence for Canada [J]. *Journal of Labor Research*, 2012, 33 (3): 287-302.

[20] Card D, Krueger A B. Myth and Measurement: The New Economics of the Minimum Wage [M]. *Princeton: Princeton University Press*, 1995.

[21] Card D. Using Regional Variation in Wages to Measure the Effects of the Federal Minimum Wage [J]. *Industrial and Labor Relations Review*, 1992, 46 (1) : 22-37.

［22］ Card D, Krueger A B. Minimum Wages and Employment: A Case Study of the Fast-Food Industry in New Jersey and Pennsylvania ［J］. *The American Economic Review*, 1994, 84 (5): 772-793.

［23］ Card David, Lawrence F Katz, Alan B Krueger. Comment on David Neumark and William Wascher, Employment Effects of Minimum and Subminimum Wages: Panel Data on State Minimum Wage Laws ［J］. *Industrial and Labor Relations Review*, 1994, 47 (3): 487-496.

［24］ Charles Brown, Curtis Gilroy, Andrew Kohen. The Effect of the Minimum Wage on Employment and Unemployment: A Survey ［R］. *NBER Working Paper*, No. 846, 1982.

［25］ Cahuc P, Postel Vinay F, Robin J. Wage Bargaining with On-the-Job Search: Theory and Evidence ［J］. *Econometrica*, 2006, 74 (2): 323-364.

［26］ Cahuc P, Foque G Lg. Optimal Taxation and Monopsonistic Labor Market: Does Monopsony Justify the Minimum Wage? ［J］. *Journal of Public Economic Theory*, 2014, 16 (2): 259-273.

［27］ Comola Margherita, Mello Luiz DE. How Does Decentralized Minimum Wage Setting Affect Employment and Informality? The Case of Indonesia ［J］. *Review of Income & Wealth*, 2011, 57 (S1): 79-99.

［28］ Cubbit Hargeraves. Minimum Wage Legislation, Investment and Human Capital ［J］. *Scotish Jounal of Political Economy*, 1999, 46 (2): 135-155.

［29］ David Neumark, William Wascher. Minimum Wages and Employment ［R］. *IZA DP*, No. 2570, January 2007.

［30］ Dickens R, Machin S, Manning A. The Effects of Minimum Wages on Employment: Theory and Evidence ［J］. *Journal of Labor Economics*, 1999, 17 (1): 1-22.

［31］ Dolado J, Felgueroo F, Jimeno J. The Role of the Minimum Wage in the Welfare State: An Appraisal ［R］. *IZA Disscussion Paper*, No. 152, May 2000.

［32］ Dolado J, Francis Kramarz, Stephen Machin, et al. The Economic Impact of Minimum Wages in Europe ［J］. *Economic Policy*, 1996, 11 (23): 317-372.

［33］ Dolton Peter, Bondibene Chiara Rosazza, Wadsworth Jonathan. Employment, Inequality and the UK National Minimum Wage over the Medium-Term ［J］. *Oxford Bulletin of Economics & Statistics*, 2012, 74 (1): 78-106.

［34］ Engle Robert F, Granger C W J. Co-integration and Error Correction: Representation,

Estimation, and Testing [J]. *Econometrica*, 1987, 55 (2): 251–276.

[35] Even William E, Macpherson David A. The Effect of the Tipped Minimum Wage on Employees in the U. S. Restaurant Industry [J]. *Southern Economic Journal*, 2014, 80 (3): 633–655.

[36] Fabián Slonimczyk, Peter Skott. Employment and Distribution Effects of the Minimum Wage [J]. *Journal of Economic Behavior & Organization*, 2012, 84 (1): 245–264.

[37] Fang Tony, Gunderson Morley. Minimum Wage Impacts on Older Workers: Longitudinal Estimates from Canada [J]. *British Journal of Industrial Relations*, 2009, 47 (2): 371–387.

[38] Fajnzylber Pablo. Minimum Wage Effects throughout the Wage Distribution: Evidence from Brazil' s Formal and Informal Sectors [EB/OL]. (2001–06–30) [2016–01–03]. http: // www. anpec. org. br/encontro2001/artigos/200106302. pdf.

[39] Hoffman S D. Employment Effects of the 2009 Minimum Wage Increase: New Evidence from State–Based Comparisons of Workers by Skill Level [J]. *Journal of Economic Analysis & Policy*, 2014, 14 (3): 695–721.

[40] Fraja G D. Minimum Wage Legislation, Productivity and Employment [J]. *Economica*, 2000, 66 (264): 473–488.

[41] Freeman R B. The Minimum Wage as a Redistributive Tool [J]. *The Economic Journal*, 1996, 106 (436): 639–649.

[42] Frédéric Gavrel, Isabelle Lebon, Thérèse Rebière. Minimum Wage, on – the – Job Search and Employment: On the Sectoral and Aggregate Equilibrium Effect of the Mandatory Minimum Wage [J]. *Economic Modelling*, 2012, 29 (3): 691–699.

[43] Frings Hanna. The Employment Effect of Industry – Specific, Collectively Bargained Minimum Wages [J]. *German Economic Review*, 2013, 14 (3): 258–281.

[44] Flinn Christopher. Minimum Wage Effects on Labor Market Outcomes under Search, Matching, and Endogenous Contact Rates [J]. *Econometrica*, 2006, 74 (4): 1013–1062.

[45] Gibert Benhayoun. The Impact of Minimum Wages on Youth Employment in France Revisited: A Note on the Robustness of the Relationship [J]. *International Journal of Manpower*, 1994, 15 (2): 82–85.

[46] Gorostiaga A, Rubio–Ramírez J F. Optimal Minimum Wage in a Competitive Economy:

An Alternative Modelling Approach [J]. *Economic Modelling*, 2007, 24 (5): 778–796.

[47] Harrison Ann, Jason Scorse. Moving Up or Moving Out? Anti–Sweatshop Activists and Labor Market Outcomes [R]. *NBER Working Paper*, No. 10492, 2005.

[48] Hashimoto. Minimum Wage Effects on Training on the Job [J]. *The American Economic Review*, 1982, 72 (5): 1070–1087.

[49] Higuchi Yoshio. The Dynamics of Poverty and the Promotion of Transition from Non–Regular to Regular Employment in Japan: Economic Effects of Minimum Wage Revision and Job Training Support [J]. *Japanese Economic Review*, 2013, 64 (2): 147–200.

[50] United States Department of Labor. History of Federal Minimum Wage Rates Under the Fair Labor Standards Act, 1938—2009 [EB/OL]. (2009–12–01) [2016–10–12]. https://www.dol.gov/whd/minwage/chart.htm.

[51] Hoffman S D. Are the Effects of Minimum Wage Increases Always Small? A Reanalysis of Sabia, Burkhauser, and Hansen [J]. *Industrial & Labor Relations Review*, 2016, 69 (2): 295–311.

[52] Islam I, Nazara. Minimum Wage and the Welfare of Indonesian Worker [R]. *Occasional Discussion Papers Series*, No. 3, International Labor Organization Jakarta Office, 2000.

[53] Jisun Baek, WooRam Park. Minimum Wage Introduction and Employment: Evidence from South Korea [J]. *Economics Letters*, 2016, 139 (25): 18–21.

[54] John T Addison, McKinley L Blackburn, Chad D Cotti. Do Minimum Wages Raise Employment? Evidence from the U. S. Retail–trade Sector [J]. *Labour Economics*, 2009, 16 (4): 397–408.

[55] Joo–Ee Gan. Minimum Wage and the Hospitality Industry in Malaysia: An Analysis of Employee Perceptions [J]. *Journal of Human Resources in Hospitality & Tourism*, 2016, 15 (1): 29–44.

[56] Joseph J Sabia. The Effects of Minimum Wage Increases on Retail Employment and Hours: New Evidence from Monthly CPS Data [J]. *Journal of Labor Research*, 2009, 30 (1): 75–97.

[57] Justine Schneider, Ken Simons, Greg Everatt. Impact of the National Minimum Wage on Disabled People [J]. *Disability & Society*, 2001, 16 (5): 729–747.

[58] Katz L F, Krueger A B. The Effect of the Minimum Wage on the Fast Food Industry

[J]. *Industrial and Labor Relations Review*, 1992, 46 (1): 6-21.

[59] Kalenkoski Charlene M, Lacombe Donald J. Minimum Wages and Teen Employment: A Spatial Panel Approach [J]. *Papers in Regional Science*, 2013, 92 (2): 407-417.

[60] Laporšek S. Minimum Wage Effects on Youth Employment in the European Union [J]. *Applied Economics Letters*, 2013, 20 (14): 1288-1292.

[61] Lemos S. Minimum Wage Effects across the Private and Public Sectors in Brazil [J]. *Journal of Development Studies*, 2007, 43 (4): 700-720.

[62] Lemos S. Minimum Wage Policy and Employment Effects: Evidence from Brazil [J]. *Economia*, 2004, 5 (1): 219-266.

[63] Lemos S. Minimum Wage Effects in a Developing Country [J]. *Labor Economics*, 2009 (16): 224-237.

[64] Lemos S. Political Variables as Instruments for the Minimum Wage [J]. *Contributions to Economic Analysis & Policy*, 2004, 4 (1): 16-31.

[65] Linda A Bell. The Impact of MinimumWages in Mexico and Colobia [J]. *Labor Economics*, 1997, 15 (S3): 102-135.

[66] Linde Leonard Megan, Stanley T D, Doucouliagos Hristos. Does the UK Minimum Wage Reduce Employment? A Meta-Regression Analysis [J]. *British Journal of Industrial Relations*, 2014, 52 (3): 499-520.

[67] Maurices Charles. Monopsony and the Effects of an Externally Imposed Minimum Wage [J]. *Southern Economic Journal*, 1974, 41 (2): 283-287.

[68] Mincer J. Unemployment Effects of Minimum Wages [J]. *J. P. E*, 1976 (84): 175-201.

[69] Manning A. How Do We Know that Real Wages Are Too High? [J]. *Quarterly Journal of Economics*, 1995, 110 (4): 1111-l125.

[70] Neumark D, Wascher W. The Effect of New Jersey's Minimum Wage Increase on Fast-Food Employment: A Re-Evaluation Using Payroll Records [J]. *The American Economic Review*, 2000, 90 (5): 1362-1396.

[71] Neumark D, Wascher W. Minimum Wages and Employment: A Review of Evidence from the New Minimum Wage Research [R]. *NBER Working Paper* 12663, November 2006.

[72] Neumark D, Wascher W. Employment Effects of Minimum and Subminimum Wages:

Panel Data on State Minimum Wage Laws [J]. *Industrial and Labor Relations Review*, 1992, 46 (1): 155-181.

[73] Neumark D, Wascher W. Minimum Wages and Skill Acquisition: Another Look at Schooling Effects [J]. *Economics of Education Review*, 2003, 22 (1): 1-10.

[74] Neumark D, Wascher W. Minimum Wages, Labor Market Institutions, and Youth Employment: A Cross-National Analysis [J]. *Industrial and Labor Relations Review*, 2004, 57 (2): 223-248.

[75] Neumark D, Wendy Cunningham, Lucas Siga. The Effects of the Minimum Wage in Brazil on the Distribution of Family Incomes: 1996—2001 [J]. *Journal of Development Economics*, 2006, 80 (1): 136-159.

[76] Pacheco Gail. Estimating Employment Impacts with Binding Minimum Wage Constraints [J]. *Economic Record*, 2011, 87 (279): 587-602.

[77] Pandelis Mitsis. Effects of Minimum Wages on Total Employment: Evidence from Cyprus [J]. *Journal of Labor Research*, 2015, 36 (3): 318-345.

[78] Pedace Roberto, Rohn Stephanie. The Impact of Minimum Wages on Unemployment Duration: Estimating the Effects Using the Displaced Worker Survey [J]. *Industrial Relations*, 2011, 50 (1): 57-75.

[79] Peter Flaschel, Alfred Greiner. Employment Cycles and Minimum Wages. A Macro View [J]. *Structural Change and Economic Dynamics*, 2009, 20 (4): 279-287.

[80] Piore M J. The Dual Labor Market: Theory and Application [M] //Beer S H & Barringer R E. The State and the Poor [M]. Cambridge, MA: Winthrop Publishers, 1970.

[81] Peter Dolton, Chiara Rosazza Bondibene, Michael Stops. Identifying the Employment Effect of Invoking and Changing the Minimum Wage: A Spatial Analysis of the UK. [J]. *Labor Economics*, 2015 (37): 54-76.

[82] Agénor PR. Employment Effects of Stabilization Policies [J]. *European Journal of Political Economy*, 2001, 17 (4): 853-875.

[83] Rattenhuber Pia. Building the Minimum Wage: The Distributional Impact of Germany' s First Sectoral Minimum Wage on Wages and Hours across Different Wage Bargaining Regimes [J]. *Empirical Economics*, 2014, 46 (4): 1429-1446.

[84] Richard Dickens, Stephen Machin, Alan Manning. Minimum Wages and

Employment: A Theoretical Framework with an Application to the UK Wages Councils [J]. *International Journal of Manpower*, 1994, 15 (2/3): 26-48.

[85] Reynolds, Peter Gregory. Wages, Productivity and Industrialization in Puerto Rico [M]. Homewood: Richard D. Irwin, 1965.

[86] Rama Martin. The Consequences of Doubling the Minimum Wage: The Case of Indonesia, Industrial and Labor [J]. *Relations Review*, 2001, 54 (4): 864-881.

[87] Sabia Joseph. The Effects of Minimum Wages over the Business Cycle [J]. *Journal of Labor Research*, 2014, 35 (3): 227-245.

[88] Schmitt John. Explaining the Small Employment Effects of the Minimum Wage in the United States [J]. *Industrial Relations*, 2015, 54 (4): 547-581.

[89] Stephen Bazen, Julie Le Gallo. The State - federal Dichotomy in the Effects of Minimum Wages on Teenage Employment in the United States [J]. *Economics Letters*, 2009, 105 (3): 267-269.

[90] Shannon Michael. The Employment Effects of Lower Minimum Wage Rates for Young Workers: Canadian Evidence [J]. *Industrial Relations*, 2011, 50 (4): 629-655.

[91] Stewart Mark B. The Impact of the Introduction of the U. K. Minimum Wage on the Employment Probabilities of Low-Wage Workers [J]. *Journal of the European Economic Association*, 2004, 2 (1): 67-97.

[92] Stewart Mark B. Estimating the Impact of the Minimum Wage Using Geographical Wage Variation [J]. *Oxford Bulletin of Economics & Statistics*, 2002, 64 (supplement): 583-605.

[93] Stewart Mark B, Joanna K Swaffield. The Other Margin: Do Minimum Wages Cause Working Hours Adjustments for Low - Wage Workers? [J]. Unpublished Paper, *Economica*, 2008, 75 (297): 148-167.

[94] Stigler George. Economics of Minimum Wage Legislation [J]. *American Economic Review*, 1946, 36 (3): 358-365.

[95] Suryahadi Asep, Wenefrida Widyanti, Daniel Perwira, et al. Minimum Wage Policy and Its Impact on Employment in the Urban Formal Sector [J]. *Bulletin of Indonesian Economic Studies*, 2003, 39 (1): 29-50.

[96] West E G, Mckee M. Monopsony and "Shock" Arguments for Minimum Wages [J]. *Southern Economic Journal*, 1980, 46 (3): 883-891.

[97] Werner Thomas, Sell Friedrich L. Price Effects of the Minimum Wage: A Survey Data Analysis for the German Construction Sector [J]. *Labour: Review of Labour Economics & Industrial Relations*, 2015, 29 (3): 310-326.

[98] William F Ford, Travis Minor, Mark F Owens. State Minimum Wage Differences: Economic Factors or Political Inclinations? [J]. *Business Economics*, 2012, 47 (1): 57-67.

[99] Yuen Terence. The Effect of Minimum Wages on Youth Employment in Canada: A Panel Study [J]. *The Journal of Human Resources*, 2003, 38 (3): 647-672.

[100] 2016年春节后招工难，月薪4000仍难招人 [EB/OL]. (2016-02-23) [2016-03-25]. http://www.chinanews.com/cj/2016/02-23/7768164.shtml.

[101] 章惠琴. 提升最低工资不能影响整体社会福利 [EB/OL]. (2013-08-14) [2016-03-15]. http://www.guancha.cn/ZhangHuiqin/2013_08_14_165660.shtml.

[102] 白天亮. 最低工资，10年涨了两倍多 [N]. 人民日报，2015-03-24.

[103] 宁光杰. 中国最低工资标准制定及调整依据的实证分析 [J]. 中国人口科学，2011 (1): 26-35.

[104] 李小彤. 最低工资对就业影响有多大 [N]. 中国劳动保障报，2014-11-05.

[105] 十三五规划建议：完善最低工资增长机制 [EB/OL]. (2015-11-04) [2016-03-16]. http://www.kuaiji.com/news/2969169.

[106] 平新乔. 关注民企劳资关系 [J]. 中国改革，2005 (4): 61-62.

[107] 中国居民贫富收入差距达23倍 [N]. 广州日报，2010-03-04.

[108] 冯华. 中国贫富差距到底有多大? [EB/OL]. (2015-02-09) [2015-12-10]. http://gongyi.qq.com/a/20150209/017361.htm.

[109] 最低工资对就业影响有多大 [N]. 中国劳动保障报，2014-11-05.

[110] 亚当·斯密. 国富论 [M]. 唐日松，译. 北京：华夏出版社，2005.

[111] 胡珊珊. 最低工资制度研究 [D]. 长春：吉林大学，2007.

[112] 亚当·斯密. 国民财富的性质和原因的研究 [M]. 郭大力，王亚南，译. 北京：商务印书馆，1988.

[113] 大卫·李嘉图. 政治经济学及赋税原理 [M]. 郭大力，王亚南，译. 北京：商务印书馆，1976.

[114] 马克思，恩格斯. 马克思恩格斯全集（第4卷） [M]. 北京：人民出版社，1963.

［115］马克思，恩格斯. 马克思恩格斯全集（第 47 卷）［M］. 北京：人民出版社，1963.

［116］陈晴晔. 西方经济学就业理论及政策的演进［J］. 经济问题，2008（2）：23-25.

［117］十三五规划建议：完善最低工资增长机制［EB/OL］.（2015-11-04）［2016-03-12］. http：//www. kuaiji. com/news/2969169.

［118］刘玉成. 最低工资对就业的影响：模型评述及理论阐释［J］. 荆楚学刊，2015，16（1）：63-67.

［119］罗燕，韩冰. 广东省最低工资标准的就业效应研究——基于 21 个城市面板数据的实证分析［J］. 产经评论，2013（4）：142-145.

［120］孙中伟，舒玢玢. 最低工资标准与农民工工资——基于珠三角的实证研究［J］. 管理世界，2011（8）：45-56.

［121］刘苓玲，黄钢. 最低工资标准的就业效应研究——基于 30 个省际面板数据的实证分析［J］. 产经评论，2015（1）：143-160.

［122］威廉·配第. 爱尔兰的政治解剖（配第经济著作选集）［M］. 陈冬野，译. 北京：商务印书馆，1981.

［123］权衡，李凌. 上海提高最低工资标准的收入分配效应：实证与模拟［J］. 上海经济研究，2011（4）：96-108.

［124］戴小勇，成力为. 最低工资标准提升的结构性就业效应——来自我国工业企业的自然实验［J］. 现代财经-天津财经大学学报，2014（5）：105-113.

［125］兰岚，金喜在，李盛基. 最低工资制度的就业效应研究——基于面板数据的分析［J］. 税务与经济，2015（6）：23-28.

［126］张璐，徐雷. 最低工资水平对城镇正规部门劳动力就业的效应分析［J］. 首都经济贸易大学学报，2014（1）：70-76.

［127］杨翠迎，王国洪. 最低工资标准对就业：是促进，还是抑制？——基于中国省级面板数据的空间计量研究［J］. 经济管理，2015，37（3）：12-22.

［128］吴游. 我国最低工资就业效应的实证研究［D］. 杭州：浙江财经大学，2015.

［129］田贵贤. 最低工资对就业的影响及作用机制——基于建筑业面板数据的分析［J］. 财经论丛，2015（5）：16-23.

［130］鲍春雷. 最低工资标准上调的就业效应研究［J］. 中国劳动，2015（7）：4-9.

［131］张五常. 中国大陆应该学习香港不搞最低工资［EB/OL］.（2006-09-15）

[2016-03-16]. http://news. 163. com/06/0915/18/2R361UNC000121EQ. html.

[132] 赵珊. 劳动保障研究专家：设最低工资不会造成就业减少 [EB/OL]. (2006-10-09) [2016-01-18]. http://info. finance. hc360. com/2006/10/09083955527. shtml.

[133] 张建国，石毅. 实行最低工资制度的现实意义 [EB/OL]. (2010-07-07) [2016-01-08]. http://www. 360doc. com/content/10/0707/18/535749_ 37484644. shtml.

[134] 童大焕. 提高低收入人群收入是分好财富蛋糕的重点 [N]. 广州日报，2010-03-04.

[135] 劳动和社会保障部课题组. 关于民工短缺的调查报告 [N]. 经济参考报，2004-09-08.

[136] 蒋悦飞. 节后缺工 90 万　广东将提高企业最低工资标准 [N]. 广州日报，2010-02-25.

[137] 盛大林. 最低工资标准不利于企业脱困 [N]. 钱江晚报，2009-02-17.

[138] 宋桂芳. 取消最低工资标准需有前提 [N]. 广州日报，2009-02-16.

[139] 马克思，恩格斯. 马克思恩格斯选集（第 1 卷）[M]. 北京：人民出版社，1972.

[140] 康世勇. 薪酬设计与薪酬管理 [M]. 北京：中国劳动社会保障出版社，2005.

[141] 伊兰伯格，史密斯. 现代劳动经济学（第 6 版）[M]. 潘功胜，等，译. 北京：中国人民大学出版社，1997.

[142] 战梦霞. 技术创新的就业效应 [D]. 北京：中共中央党校，2007.

[143] 胡学琴，秦兴方. 劳动经济学 [M]. 北京：高等教育出版社，2004.

[144] 杨河清. 劳动经济学 [M]. 北京：中国人民大学出版社，2002.

[145] 白天亮. 最低工资涨得太快了吗？[N]. 人民日报，2016-03-25.

[146] 白天亮. 最低工资标准年均增长 12. 8%，地区差距缩小 [N]. 人民日报，2015-03-24.

[147] 马双. 劳动力成本变化与制造业企业行为研究 [D]. 成都：西南财经大学，2011.

[148] 徐洁茹. 最低工资制度的公共政策执行研究 [D]. 上海：上海交通大学，2010.

[149] 刘晋. 马克思工资理论的思想史考察及理论指导意义 [D]. 天津：南开大学，2013.

[150] 赵红. 西方失业理论及其就业对策 [J]. 云南财贸学院学报，2000，16 (5):

8-12.

［151］路易斯·所罗门. 经济学自修入门［M］. 黄江南，江北辰，译. 北京：北京出版社，1983.

［152］厉以宁，吴世泰. 西方就业理论的演变［M］. 北京：华夏出版社，1988.

［153］弗里德曼. 货币政策的作用［M］//现代国外经济学论文选第1集. 北京：商务印书馆，1979.

［154］胡金波. 21世纪初中国充分就业及其实现途径研究［D］. 南京：河海大学，2001.

［155］胡锦涛. 十七大报告［EB/OL］.（2007-10-25）［2017-09-22］. http：//cpc.people. com. cn/GB/104019/104099/6429414. html.

［156］孙书青. 调整最低工资政策对中国就业影响的经济分析［J］. 湖北财经高等专科学校学报，2006，18（5）：13-15.

［157］罗小兰. 中国劳动力市场买方垄断条件下最低工资就业效应分析［J］. 财贸研究，2007（4）：1-5.

［158］姚先国，王光新. 最低工资对就业影响的理论研究［J］. 重庆大学学报（社会科学版），2008，14（1）：17-22.

［159］韩兆洲，等. 劳动工资与社会保障——广东最低工资调研与统计测算模型研究［M］. 北京：经济科学出版社，2006.

［160］黄泰岩. 国外经济热点前沿［M］. 北京：经济科学出版社，2008.

［161］蔡昉，都阳. 我们需要什么样的劳动力市场制度［J］. 吉林大学社会科学学报，2005（9）：29-35.

［162］魏章进，韩兆洲. 国外最低工资制度理论研究及启示［J］. 商业时代，2006（14）：48，50.

［163］魏章进，韩兆洲. 中国最低工资标准实证研究［J］. 统计研究，2006（1）：35-38.

［164］王一江. 政府应积极保护劳动者利益但要适度［N］. 财经时报，2006-03-27.

［165］薛兆丰. 最低工资法不可取［N］. 21世纪经济报道，2001-04-02.

［166］孔善广. 最低工资标准对低技能人员更加有害［EB/OL］.（2006-05-11）［2016-02-13］. http：//www. chinavalue. net/Finance/Article/2006-5-11/30420. html.

［167］夏小林. 社会责任、最低工资和经济学革命［EB/OL］.（2005-02-27）［2015-

12-15]. http: //www. theory. people. com. cn.

[168] 顾则徐. 李剑阁凭什么说涨工资对穷人有害 [N]. 第一财经日报, 2005-11-18.

[169] 李琪. 最低工资制度对劳动力市场的影响 [J]. 江西金融职工大学学报, 2006, 19 (6): 71-72.

[170] 崔宇. 最低工资是一个真问题 [EB/OL]. (2006-05-19) [2015-12-14]. http: //finance. sina. com. cn.

[171] 丁守海. 最低工资管制的就业影响分析 [J]. 人文杂志, 2008 (5): 77-82.

[172] 李晓芳. 最低工资对农民工就业的影响 [D]. 长沙: 湖南大学, 2006.

[173] 陈然. 最低工资对农民工就业和市场效率的影响研究 [J]. 平原大学学报, 2007, 24 (6): 19-21.

[174] 袁乐平, 李龚飞. 中国劳动力市场上最低工资制度对失业率的影响 [J]. 湖南财经高等专科学校学报, 2007, 23 (109): 126-128.

[175] 韩兆洲, 安宁宁. 最低工资、劳动力供给和失业——基于 VAR 模型的实证分析 [J]. 暨南学报 (哲学社会科学版), 2007 (1): 38-44.

[176] 王梅. 最低工资制度对劳动力试场影响的实证研究 [J]. 开放导报, 2008 (2): 41-45.

[177] 石娟. 中国最低工资标准与就业关系的实证研究 [J]. 当代经济, 2009 (7): 152-154.

[178] 汪贵浦, 麻晔. 失业率与最低工资相关性的实证分析 [J]. 经济论坛, 2009 (13): 87-89.

[179] 张凌. 中国最低工资对青少年就业的影响 [D]. 武汉: 华中科技大学, 2006.

[180] 高铁梅. 计量经济分析方法与建模: Eviews 应用及实例 [M]. 北京: 清华大学出版社, 2009.

[181] 罗小兰. 我国最低工资标准农民工就业效应分析——对全国、地区及行业的实证研究 [J]. 财经研究, 2007, 33 (11): 114-123.

[182] 罗小兰. 最低工资、最低生活保障与就业积极性: 上海的经验分析 [J]. 南京审计学院学报, 2007, 4 (3): 15-18.

[183] 丁守海. 最低工资管制的就业效应分析——兼论《劳动合同法》的交互影响 [J]. 中国社会科学, 2010 (1): 85-102.

[184] 各省最低工资纷纷上调　机制缺陷侵蚀职工利益 [N]. 南京日报, 2010-06-12.

[185] 国家统计局农村司. 2009 年农民工监测调查报告 [R].(2010-03-19) [2018-01-12]. http://www. stats. gov. cn/ztjc/ztfx/fxbg/201003/t20100319_ 16135. html.

[186] 唐炜，任保平. 中国“二元经济”研究述评及转型路径探索 [N]. 光明日报，2007-05-25.

[187] 王询，姜广东. 劳动经济学 [M]. 北京：首都经济贸易大学出版社，2008.

[188] 都阳，王美艳. 中国最低工资制度的实施状况及其效果 [J]. 中国社会科学院研究生院学报，2008 (6)：56-62.

[189] 刘植荣. 世界工资调查：非洲 32 个国家最低工资超中国 [EB/OL]. (2010-02-10) [2015-04-05]. http://www. 360doc. com/content/10/0213/09/12016_ 15773299. shtml.

[190] 刘淼. 经济学家：最低工资不会影响就业率 [EB/OL].(2009-05-18) [2015-03-15]. http://suqiankuaile. blog. 163. com/blog/static/1165677542009425101832531/.

[191] 袁东振. 墨西哥经济改革进程中的工资问题 [J]. 拉丁美洲研究，1999 (2)：38-40.

[192] 上海市普陀区建筑业公开 18 个工种的人工成本规范 [N]. 工人日报，2010-03-04.

[193] 马欣欣，李实. 关于最低工资制度对中国城镇性别工资差异的影响的经验分析 [EB/OL].(2014-02-13) [2015-10-15]. http://www. ciidbnu. org/news/201402/20140213124654706. html.

[194] 王第海. 从收入分配和经济发展的角度看中国的最低工资制度 [J]. 浙江社会科学，2011 (2)：11-17.

[195] 马双，张劼，朱喜. 最低工资对中国就业和工资水平的影响 [J]. 经济研究，2012 (5)：132-146.

[196] 贾朋，张世伟. 最低工资标准提升的溢出效应 [J]. 统计研究，2013，30 (4)：37-41.

[197] 贾芳. 论中国最低工资制度存在的问题和完善途径 [EB/OL]. (2009-03-06) [2015-10-12]. http://www. chinacourt. org/article/detail/2009/03/id/348306. shtml.

[198] 国家统计局农村司. 2014 年全国农民工监测调查报告 [EB/OL]. (2015-04-29) [2016-02-10]. http://www. stats. gov. cn/tjsj/zxfb/201504/t20150429_ 797821. html.

[199] 人力资源和社会保障部. 2014 年度全国部分城市公共就业服务机构市场供求状

况分析［EB/OL］.（2015-01-12）［2015-12-13］. http：//news. hexun. com/2015-01-12/172287650. html.

［200］全球最低工资排行榜：中国17位［EB/OL］.（2013-08-21）［2015-09-12］. http：//finance. china. com. cn/roll/20130821/1744465. shtml.

［201］谢增毅. 英国的最低工资制度：经验与启示［J］. 中国社会科学院研究生院学报，2008（6）：63-68.

［202］蒙田研究所. 法国最低工资水平过高［EB/OL］.（2015-03-05）［2015-04-05］. http：//www. cnfrance. com/info/pinglun/20150305/11965. html.

［203］老任. 法国失业率高，奥朗德宣布进入“经济紧急状态”［EB/OL］.（2016-01-19）［2016-02-08］. http：//world. people. com. cn/n1/2016/0119 /c1002-28066827. html.

［204］黎文宇. 法国高失业率从何而来？［EB/OL］.（2013-05-06）［2015-09-12］. http：//news. sina. com. cn/w/gc/2013-05-06/173075. shtml.

［205］张智勇. 德国最低工资［EB/OL］.（2016-03-18）［2016-03-19］. http：//www. ldbj. com/zuidigongzi/deguo_ zuidigongzi. htm.

［206］国际劳工研究所. 2013年世界劳工报——重塑经济与社会结构［M］. 北京：中国财政经济出版社，2013.

［207］鲍玉. 巴西的最低工资制度［J］. 拉丁美洲研究，1997（5）：62.

［208］王晓晨. 最低工资标准国际比较借鉴研究［D］. 长春：东北师范大学，2014.

［209］王蕾. 印度政府将每日最低工资标准提高至160卢比［EB/OL］.（2015-07-08）［2015-09-11］. http：//www. mofcom. gov. cn/article/i/jyjl/j/201507/20150701038672. shtml.

［210］王京奇. 印度拟将最低工资水平与生活必需品价格挂钩［EB/OL］.（2012-02-14）［2015-12-26］. http：//intl. ce. cn/specials/zxgjzh/201202/14/t20120214_ 23070810. shtml.

［211］邱红. 中国劳动力市场供求变化分析［D］. 长春：吉林大学，2011.

［212］朱梦冰，方芳. 关于发展中国家最低工资制度的调查和分析［N］. 中国劳动保障报，2014-11-05.

［213］部分国家最低工资制度［J］. 劳动保障通讯，2004（3）：8-9.

［214］关于发展中国家最低工资政策的调查与分析［N］. 中国劳动保障报，2014-11-05.

［215］马克莱斯. 亚洲各地最低工资对比［EB/OL］.（2015-01-08）［2015-12-12］. http：//www. marklines. com/cn/report/oem001_ 201501.

［216］王学军. 让青春扬帆启航——中国儿基会联合智联招聘支持大学生就业创业［N］. 慈善公益报，2016-04-12.

［217］贾东岚. 国外最低工资发展趋势及对中国的启示［N］. 中国劳动保障报，2014-04-03.

［218］傅端香. 中国最低工资就业效应研究［D］. 北京：北京交通大学，2011.

［219］傅端香. 国外最低工资就业效应分析及对中国的启示［J］. 现代经济探讨，2013（8）：75-78.

［220］傅端香. 中国最低工资标准和就业相互协调的思考［J］. 经济研究参考，2013（47）：93-95.

［221］邓聿文. 提高最低工资有助社会发展［N］. 民主与法制时报，2010-02-24.

附录　关于最低工资标准实施现状及其就业效应的调查问卷

说明：本问卷为不记名调查问卷，目的是开展科学研究。调查者承诺为被调查者保密。谢谢您的合作！

一、本人及家庭基本情况（在相应的选项上打"√"）

1. 性别：

A. 男　　B. 女

2. 年龄：

A. 20 岁及以下　　B. 21~35 岁　　C. 36~50 岁　　D. 50 岁以上

3. 文化程度：

A. 中学及以下　　B. 专科　　C. 本科　　D. 研究生及以上

4. 您的职称：

A. 无职称　　B. 初级　　C. 中级　　D. 高级

5. 您所在的岗位：

A. 管理人员　　B. 技术人员　　C. 生产工人　　D. 后勤服务人员

6. 您是全日制还是非全日制职工？

A. 全日制　　B. 非全日制

7. 您是否是单位的负责人？

A. 是　　B. 不是

8. 户籍所在地类别：

A. 城镇（请注明：　　省　　市）　B. 农村

9. 您认为您的家庭人均每月的开销（包括食品支出、衣着费用、居住费用、交通通信费及教育文化费用支出）为：

A. 1600 元及以下　　B. 1601~3200 元　C. 3201~4800 元　D. 4801 元以上

10. 您目前的月工资收入为：

A. 1600 元及以下　　B. 1601~3200 元　　C. 3201~4800 元　　D. 4801 元以上

11. 您目前的工作年限：

A. 2 年以下　　B. 2~5 年　　C. 6~10 年　　D. 10 年以上

二、本人所在单位情况

1. 您所在单位所属行业：

A. 住宿和餐饮业　　B. 建筑业　　C. 批发零售业

D. 制造业　　E. 采矿业　　F. 房地产业

G. 其他（具体是　　　　）

2. 单位注册类型：

A. 国有单位　　B. 集体单位　　C. 外资单位

D. 民营单位　　E. 科研等事业单位

3. 您所在单位的职工人数：

A. 100 人以下　　B. 100~500 人　　C. 501~2000 人　　D. 2000 人以上

三、最低工资情况

1. 您知道所在城市的最低工资标准吗？知道的话，当地最低工资是________元。

A. 不知道　　B. 知道

2. 您所在单位是否执行了最低工资制度？

A. 根本没执行　　B. 执行得很好

3. 如果您的单位没有执行最低工资标准，您认为主要原因是（可多选）：

A. 单位利润空间太小　　B. 最低工资标准太高

C. 无人监管　　D. 其他

4. 您认为单位所在地的最低工资标准：

A. 偏低　　B. 合理　　C. 偏高

5. 本单位在提高最低工资标准后通常采取的措施是：

A. 裁减员工

B. 减少职工福利或降低食宿条件

C. 不采取对策，执行最低工资标准

D. 延长劳动时间

E. 其他

6. 最低工资标准对单位人工成本的影响程度：

A. 没什么影响　　　B. 影响较小　　　C. 影响较大

7. 您是否觉得应该按“行业、区域和企业性质”实行不同的最低工资标准？

A. 没必要　　　　　B. 有必要

8. 您是否觉得应该“按同行业不同岗位”实行不同的最低工资标准？

A. 没必要　　　　　B. 有必要

9. 您认为本地的最低工资与职工平均工资之比为多少时比较符合中国国情？（注：国际收入比例法为40%~60%）

A. 20%~30%　　　　B. 31%~40%　　　C. 41%~50%

D. 51%~60%　　　　E. 60%以上

10. 如果提高最低工资标准，是否会影响本人就业的稳定性？

A. 一般不会　　　　B. 会（提高的具体百分比为：　　　　）

11. 假如您的工资低于当地的最低工资标准，您是否愿意继续参加此工作？

A. 愿意　　　　　　B. 不愿意

12. 您今年是否有过月工资低于最低工资标准的情况？

A. 有　　　　　　　B. 没有

13. 假如将当地的最低工资标准提高10%，您认为对就业是否有影响？

A. 没有　　　　　　B. 有较小的影响　　C. 有较大的影响

14. 如果您觉得提高最低工资标准对就业有影响，对以下哪些人群影响比较明显？

A. 技能水平较低的农民工和城镇工人

B. 刚毕业的大学生

C. 中高级技术人员

15. 要实现社会经济和就业的协调发展，您觉得应该：

A. 随着经济的发展适当地提高最低工资标准

B. 降低最低工资标准

C. 取消最低工资制度，由市场决定工资水平

16. 您认为当地合理的最低工资标准为________元/月。

17. 您认为确立最低工资标准有哪些好处？（可多选）

A. 保障劳动者基本生活水平

B. 防止工资持续下滑

C. 增强员工归属感

D. 促进社会公平

E. 没有好处

18. 您认为最低工资制度对于维护您的合法劳动报酬权益，提高您的工资收入水平的作用如何？

A. 有很大的作用　　B. 有些作用　　C. 没什么作用　　D. 不知道

19. 您认为政府劳动监察机构在制止和纠正违反《最低工资规定》支付劳动者工资的行为方面发挥了怎样的作用？

A. 有很大的作用　　B. 有一些作用　　C. 完全没有作用　　D. 不知道

四、您认为当前最低工资制度存在什么问题？如何兼顾最低工资对员工的经济收入保障和就业保障？

索　引